Über den Autor

Marc Bielefeld, geb. 1966, lebt in Hamburg und schreibt u. a. für DIE ZEIT, Süddeutsche Zeitung, mare, Merian. Bisher sind von ihm erschienen »Wilde Dichter« (2005), »Die Herausforderer« (2006) und zuletzt »We spe@k Deutsch« bei Heyne (2008).

Marc Bielefeld

STURZFLUG MIT KROKODIL

Abenteuer zwischen
Himmel, Hölle und sonstwo –
Nachmachen erlaubt!

WILHELM HEYNE VERLAG
MÜNCHEN

Verlagsgruppe Random House FSC-DEU-0100
Das für dieses Buch verwendete
FSC®-zertifizierte Papier *Lux Cream*
liefert Stora Enso, Finnland.

Deutsche Originalausgabe 04/2011

Copyright © 2011 by Wilhelm Heyne Verlag, München,
in der Verlagsgruppe Random House GmbH
Karten nach einer Vorlage der website
https://www.cia.gov/library/publications/the-world-factbook/index.html
Printed in Germany 2011
Umschlaggestaltung: Büro Überland, München
Umschlagfoto: © Frank Thomas Müller, International-Photo
Satz: C. Schaber Datentechnik, Wels
Druck und Bindung: GGP Media GmbH, Pößneck

ISBN: 978-3-453-60165-9

www.heyne.de

»*Man kann erst steuern, wenn man Fahrt hat.*«

– Emil Gött, Schriftsteller

»*Helga, ich bin zwei Wochen weg, England plündern.*«

– Hägar der Schreckliche

Der Mensch staunt gerne über die Ameise. Bewundert ihre Fähigkeiten nimmermüde zu marschieren, Blätter zu schleppen, senkrecht die Wände hochzugehen, das Siebenfache ihres Gewichts zu tragen und auf Wasser zu wandeln. Doch frage ich mich, wie die Ameise erst staunen würde, sähe sie den Menschen.

– Nur so ein Gedanke vom Autor

Inhalt

Vorwort — 11

Sturzflug im Abendrot
Am Fallschirm viertausend Meter aus heiterem Himmel
NORDDEUTSCHLAND — 15

Krokodile küsst man nicht
Allein auf einer wilden Dschungelinsel
AUSTRALIEN — 44

Gefrorene Hölle
Mit dem Weltmeister in der Bobbahn
BERCHTESGADEN, BAYERN — 62

Der Mandarinfisch
Auf der Suche nach der schönsten Kreatur der Meere
PHILIPPINEN — 74

Einer geht noch
Wie eine Weinverkostung zur Härtetour wird
FRANKREICH — 90

Wüstenlohn
Mit den Tuareg durch die Sahara
NIGER — 107

Ausflug ins Blaue
Mit Biwak und Paragleiter durch die Alpen
TIROL — 124

Die Fischer von Dodanduwa
Auf Thunjagd im Indischen Ozean
SRI LANKA — 140

Bullen, Staub und Glut
Auf dem Pferderücken beim Rindertreck im Outback
AUSTRALIEN — 171

Atemlos
Apnoetauchen im Roten Meer
ÄGYPTEN — 189

Der kleine Lord
Gefangen im mächtigsten Pilgerstrom Indiens
ANDHRA PRADESH — 207

In einem anderen Land
Offroad zu den türkischen Bergnomaden
HOHER TAURUS — 223

Ein großer Schluck Wind
Fünfhundert Seemeilen auf einem alten Segelboot
SCHWEDEN, DÄNEMARK — 238

Jenseits von Agadez
Lagerfeuergeflüster mit Trekkingtouristen
TÉNÉRÉ-WÜSTE   259

Vom Winter verweht
In der eisigen Ereignislosigkeit der dänischen Inseln
FÜNEN   277

Bis zum letzten Wipfel
Mit Biologen beim Baumklettern
TAUNUS, HESSEN   292

Der Tanz der weißen Segel
Am Start zur größten Dhau-Regatta der Welt
PERSISCHER GOLF   307

Die überaus erträgliche Leichtigkeit des Seins
Beim Parabelflug im Kotzbomber über der Nordsee
NORDDEUTSCHLAND   326

Rendezvous in der Tiefe
Tauchgang zu einem vergessenen U-Boot-Wrack
MALTA   343

Zu den Geschichten   365

Zitatnachweise   366

Vorwort

Ich bin ein ganz normaler Mensch. Ich rauche. Ich trinke gerne mal ein, zwei Gläschen Weißwein, meistens ein paar Grad kälter, als die Experten empfehlen, aber die wissen schließlich auch nicht alles. Niemals würde ich freiwillig mit dem Fahrrad durch China radeln oder solo irgendeine Wüste durchqueren. Bei dem Wort Sonntagsspaziergang wallt Abscheu in mir. Ich besitze einen Segelschein und ein kleines Boot, das ja. Und ich schwimme für mein Leben gern. Am liebsten in klarem, sehr blauen Wasser.

Doch ein Abenteurer, bewahre, das bin ich nicht.

Einmal sollte ich auf einem Pferd durchs Outback reiten, obwohl ich gar nicht reiten kann. Die Sonne glühte, mir lief der Schweiß vom Körper, der Schädel so rot wie ein Streichholzkopf. Und mitten in der Wüste blieb das Pferd stehen.

Ein anderes Mal sollte ich aus einem Flugzeug springen. Aus viertausend Meter Höhe, kopfüber, mit Blick auf Nordsee und Ostsee gleichzeitig. Den Fallschirm zog ich, da war ich schon dreitausend Meter in die Tiefe geschossen. Und nein, es war keiner dieser mit Musikvideo garnierten Tandemhopser, die heute unter Geburtstagsgag laufen. Ich musste solo springen.

Wenn's das nur gewesen wäre. Eine Woche sollte ich allein auf einer hitzegeprügelten Dschungelinsel ausharren, auf der sechs Meter lange Krokodile leben. Musste mit einem Weltcup-Profi eine Bobbahn hinunterrasen und wurde an der Elfenbeinküste mit einem todesmutigen Fotografen beinahe verhaftet. Im gewaltigsten Pilgerstrom Indiens begegnete ich einem Supergott.

Es mag unglaubwürdig klingen. Doch mit solchen Sachen verdiene ich mein Geld.

Die Magazine und Zeitungen mögen abenteuerliche Geschichten. Artikel, Storys, Reportagen. Damit bestücken die Redaktionen allwöchentlich, jeden Monat ihre Reiseteile.

Ich bin dabei nichts anderes als ein Lieferant. Nur dass ich keine Schweinehälften, DVD-Player oder IT-Solutions liefere – sondern Geschichten. Meine Aufgabe ist schnell beschrieben. Losfliegen, die Welt bereisen, mehr oder weniger skurrile Dinge tun. Danach das Erlebte aufschreiben.

Es gibt Schlimmeres. Ich mag meinen Job, ich mag ihn wirklich.

Ab einem gewissen Punkt war es nicht mehr rückgängig zu machen. Um Banker oder Bootsbauer zu werden, dafür war es zu spät. Stattdessen schrieb ich stapelweise Geschichten aufs Papier, getippt mit zwei spitz abstehenden Zeigefingern. Und schon bald musste ich, um meine Brötchen zu verdienen, immer kuriosere Aufträge erledigen. Wüsten durchtrekken. U-Boot-Wracks betauchen. In leergeräumten Jets, auch bekannt als Kotzbomber, Parabeln fliegen.

Die Branche, die den Menschen abenteuerliche Reisen und Erlebnisse andreht, boomt nach wie vor. Jeder will mal weg, aus der Tretmühle fliehen. Also breche ich auf. Recherchiere. Schwitze, friere, staune – und schreibe anschließend auf, welche Tollheiten die Welt zu bieten hat. Dafür bin ich sogar schon mal in einer klapprigen Cessna auf einer winzigen Insel im Südpazifik gelandet, wo der Pilot vor der Landung erst dreimal im Tiefflug über die Piste rasen musste, um die dort grasenden Schafe und Kühe zu vertreiben. Das alles wäre ja noch wunderbar. Nur dass exakt jene scheppernde Maschine, in der ich saß, zwei Tage später ins Meer krachte. Und so gerne schwimme ich nun auch wieder nicht.

Ich bin in meinem Leben schätzungsweise zwanzigmal um die Erde geflogen. Das ist immerhin so weit wie zum Mond und zurück. Nachtflüge mag ich besonders. Die nach Westen nicht so sehr. Schöner sind die Flüge ins Abendlicht hinein, was meistens gen Osten geschieht. Ich bestelle einen Drink, stöpsel den iPod in die Ohren, schaue in den Sonnenuntergang über den Wolken. Blau. Rosa. Lila. Schwarz. Wegen dieser Momente mag ich meinen abwegigen Beruf am meisten. Ich will nicht die Welt verbessern.

Doch möchte ich Sie mitnehmen. Auf abenteuerliche Reisen: die schönsten, wundersamsten und schweißtreibendsten Unternehmungen, die ich in den letzten Jahren erlebt und überlebt habe.

Ich will Sie nicht bekehren. Grillen macht jede Menge Spaß. Im Park dösen, mal an die Ostsee fahren. Und doch, hier und da einmal aus der gewohnten Kartografie auszubrechen – das hat schon etwas. Es lässt das Adrenalin schießen, obendrein lernt der Reisende mit Kuhbutter eingeölte Inder kennen, die behaupten, den Schlüssel zum Nirvana zu besitzen.

Nach solchen Reisen und Märchen betrachtet man die Welt und sich selbst eine Spur leichtherziger. Klüger, vielleicht. Gelassener, bestimmt. Die Fische werden das Wasser als Letzte entdecken.

Dieses Buch könnte den einen oder anderen zu mehr als nur zum Lesen anregen. Selbst aufbrechen. In die Wüste. Aufs Meer. In den Himmel. Herzklopfen hinterm Horizont. Nur zu. Genau darum werde ich Ihnen auch verraten, wie und wo Sie die einzelnen Abenteuer selbst erleben können. Was sollten Sie dafür beherrschen? Was wissen? Und was sollten Sie besser nicht wissen?

Wie gesagt, ich bin in der Regel ein ganz normaler Mensch. Verdiene nur mein Geld mit solchen Sachen. Erst kürzlich rief ein Magazin an und fragte, ob ich nicht Lust und Zeit hätte, vor Grönland eine Woche auf einer Eisscholle zu campieren. Man sollte positiv denken. Danach weiß ich wenigstens, ob mein iPod vereisungssicher ist und wie man mit einem Steyr Mannlicher .308 Repetiergewehr Eisbären erlegt.

Ich muss jetzt nur noch die Eisscholle überleben.

Sturzflug im Abendrot

*Am Fallschirm viertausend Meter
aus heiterem Himmel*

NORDDEUTSCHLAND

Wir waren so hoch, dass die Menschenwelt bereits an Format verloren hatte. Die Straßen waren Linien, die Häuser Punkte. Die Kuhwiesen und Kartoffeläcker lagen unter der Sonne, braune Flecken, grüne Tupfer im Land.

Die Nordsee dehnte sich im Westen, silbrig in die Weite gegossen, am anderen Saum des Horizonts die Ostsee. Für Details waren die Augen hier oben nicht mehr gemacht. Sie sahen nur noch, was ein Maler sieht, kneift er die Augen zusammen, um eine erste, grobe Architektur für sein Bild zu schüren. Konturen, Flächen, die Erde als Riss.

Es wehte ein schneidend kalter Wind, als der Mann mit der Glatze in viertausend Meter Höhe die Tür öffnete. Dieser Wind, der plötzlich in das Flugzeug einbog, fühlte sich anders an als jeder Wind auf dem Boden. Er war dünn, schmeckte nach Metall, nach Eis.

Um mich herum saßen und hockten vierzehn Menschen. Sie kauerten dicht an dicht, ich konnte die Knie meines Hintermanns im Rücken spüren. An meinen Knien lehnte, ebenfalls auf ihrem Hosenboden sitzend, eine junge Frau. Einmal drehte sie sich um und lächelte. Sie hatte rotgefärbte Haare. Ansonsten blickten die meisten ernst, wie Rekruten, die vor einer Kaserne angetreten waren, um zu einer Winterübung auszurücken.

Dabei waren wir ja keineswegs zu Kriegszwecken hier – für welche diese Art der, sagen wir: Fortbewegung, einmal ersonnen wurde. Nein, nein. Wir waren hier, um den wohl heftigsten Rausch zu erleben, den die Spaßgesellschaft zu bieten hat.

Wir saßen in einer Cessna Caravan, in der sie sämtliche Passagiersitze ausgebaut hatten. Lediglich ein grauer Filzteppich bekleidete den Boden der einmotorigen Maschine, ein Boden, der bereits abgetreten war. Die Caravan war ein schönes Flugzeug, wie ich fand. Ein Hochdecker, weiß lackiert, mit blauen und türkisfarbenen Streifen.

Der Mann mit der Glatze, einer der Sprunglehrer und zudem ein breitschultriger Hüne, hing sich nun aus der gähnenden Tür, ein wenig wie ein Klammeraffe, und starrte aus viertausend Meter senkrecht nach unten. Er wollte sehen, wo der kleine Flugplatz lag und ob unter uns andere Flugzeuge flogen.

Ich sah nur noch seinen Rücken, halb aus der Öffnung gebeugt, und seine seitlich abgewinkelten Arme, die den Körper festhielten und den großen Mann daran hinderten, aus der geöffneten Tür zu entschwinden.

Dann kroch er kniend wieder ins Innere der Maschine. Anschließend nickte er und machte eine Handbewegung, die die ersten zur geöffneten Tür befahl.

Die Leute mit den Rekrutengesichtern rückten nun vor, blickten sich kurz an oder schlugen sich ein letztes Mal mutmachend in die Hände. Ab diesem Moment musste es schnell gehen. Es gab kein Zurück mehr. Ich würde als Nummer elf oder zwölf dran sein, in meinem Bauch detonierten Torpedos und galoppierten Antilopen.

Dies musste die Antwort sein. Ich hatte vorab schon geahnt, dass es nicht helfen würde, die Menschen zu fragen, warum sie es taten. Warum? Warum? Ich musste es selbst spüren, im Bauch, im Kopf, in den Eingeweiden.

Darum also.

Einer nach dem anderen verschwand nun aus der Maschine, und jedes Mal, wenn ein Springer durch die offene Tür ins Freie ging, gab es drinnen einen Windstoß, ein kurzes Aufbrausen, bis der Wind wieder zu seinem Zischen abgeklungen war. Die Cessna hatte den Motor gedrosselt und flog mit hundertzwanzig Kilometern pro Stunde. Dies war die Ausstiegsgeschwindigkeit.

Dann sprang die Rothaarige. Als Letztes sah ich ihre linke Hand, bevor auch diese aus der Tür gesogen wurde.

Nun, ich brauchte mich gar nicht mehr umzublicken, war ich an der Reihe. Dies sollte mein siebenundzwanzigster Sprung werden und in gewisser Weise ein Sonderfall. Unten nämlich, kurz vor dem Start und mit augurenhaftem Blick, hatte mir einer der Lehrer noch gesagt, ich solle keine Mimose sein, kein Langweiler, kein Spießer. Ich solle doch nicht, wie bei den bisherigen Sprüngen, mit dem Kopf zuerst raus. Ich solle also nicht per *Dive-Exit*, wie das Manöver hieß, aus der Tür springen, den Oberkörper und die Arme schulmäßig vorausschickend.

Diesmal, nach sechsundzwanzigen Sprüngen bitteschön, solle ich zur Abwechslung doch einmal rückwärts raus. Mich einfach falsch herum aus dem Flugzeug fallen lassen. Mal schauen, was geschieht. *Ein wenig spielen, im Himmel.*

Das hatte er gesagt.

Wir trugen papierdünne Nylonanzüge, meiner saß hauteng, war hellblau und mochte noch nicht einmal zweihundert Gramm wiegen. Ich hatte inzwischen die Erlaubnis, eine kleine Ausführung jenes lebensrettenden Geschirrs zu tragen, das wir uns auf den Rücken schnallten. Breite schwarze Gurte schnürten mich ein, liefen durch meinen Schritt, über meine Schultern und vor meinem Bauch. Wie ich diese Gurte mochte. Oft fasste ich sie an, befühlte sie, den soliden Stoff und die dicken festen Nähte.

Die Tür kam näher. Eine viereckige Öffnung in der Flugzeugwand, circa anderthalb Meter hoch, anderthalb Meter breit. Es wurde laut. Ab hier wurde jedes gesprochene Wort vom Wind zerrissen.

Ich, der Absprungspießer, tat wie mir geraten. Als ich ganz nah war, das Himmelsblau klaffte schon, positionierte ich die Füße direkt an der Schwelle und hielt mich an den beiden eisernen Stangen fest, die links und rechts der Tür verliefen. Ich stand nun also rückwärts in dieser Tür, direkt an der Kante zum Universum, und blickte ins Innere der Kabine.

Mein Rücken sah nichts. Aber ich wusste ja, was er sähe, würde er sehen können.

Ich schaute die beiden anderen an, die noch hinten im Flieger hockten, doch ich erfasste sie nicht mehr realitätsgetreu. Der Hüne hatte einen Melonenkopf mit Spinnenaugen. Ich weiß nicht mehr, was ich in den nächsten vier, fünf Sekunden sah, in denen ich mich weiterhin korrekt positionierte und krampfhaft festhielt. Ich glaube, ich sah nichts mehr. Die Gedanken, sofern noch von Gedanken zu sprechen war, vollzogen einen Veitstanz, sausten funkenhaft durch die Hirnregionen, peitschten von innen gegen die Schädeldecke.

So also fühlte sich der Gipfel der Spaßgesellschaft an. Dies war das Verschärfteste, was im Sortiment war, *Haute Cuisine*, die maximale Ekstase.

Als Nächstes setzte die Zeit aus. Sie tat das immer in diesem Moment, denn nichts jemals Erlebtes kam diesem Augenblick gleich. Das gesamte Orchester meiner Drüsen, Synapsen und Nerven schwoll an, raste, begann zu brüllen.

Ich schrie zum Melonenkopf, unter voller Körperspannung in den Türrahmen gepresst: »Okay?«

Der Melonenkopf schrie zurück: »Go!«

Draußen zerrte der Wind mit hundertzwanzig Kilometern pro Stunde an meinem Rücken, nur noch meine Hände hielten mich im Flugzeug, meine Wahrnehmung explodierte in einem inneren Gewitter; und so ließ ich die beiden Eisenstangen gehen und fiel rückwärts in den offenen, viertausend Meter tiefen Himmel.

Das Nächste, was ich sah, war das Flugzeug. Als die Bilder wieder in meinem Hirn ankamen, war die Cessna vielleicht hundert Meter über mir und flog weiß und schnell schrumpfend vor hellblauem Hintergrund. Ich gewann an Geschwindigkeit, wie ein Stein, der vom Himmel schlägt. Der Wind umtobte mich in großer Gier, wobei der horizontale Gegenwind meiner Ausstiegskurve in dem Maße abnahm, in dem der vertikale Gegenwind des freien Falls zunahm.

Nach dreihundert Metern würde ich schneller sein als das Flugzeug. Würde mit zweihundert Kilometern pro Stunde auf Schleswig-Holsteins Kartoffeläcker zurasen; das sind über fünfzig Meter pro Sekunde. Den kürbisköpfigen Hünen sah ich schon nicht mehr, als er sprang. Die Cessna war nur noch ein Punkt, und überhaupt, ich hatte längst anderes im Kopf.

Ich breitete, noch immer in Rückenlage, die Arme aus, griff in den Wind und fühlte das dicke Luftpolster, welches mich umströmte. Die Beine galt es leicht zu spreizen, um den Sturz zu stabilisieren; so lag ich also, ein wenig wie eine arme Patientin auf einem Gynäkologiestuhl, im Himmel, flitzte, nun auf bereits dreitausendsiebenhundert Meter gesunken, durch den Molekülrausch und blickte abwechselnd auf den Höhenmesser an meinem linken Handgelenk und irgendwo ins Blaue.

Eine ganze Weile fiel ich so dahin. Drehte mich schließlich auf den Bauch und sah die Felder, die Nordsee, die Ostsee. Um mich herum war nichts als Luft, aber ich würde es niemals begreifen. Im Grunde fiel ich durch verdichtete Zeit, durch einen gläsernen Schlauch. Ich eilte auf einer anderen Ebene. Dies war Surrealismus.

Der Fallschirm öffnete sich nach einer Ewigkeit mit einem heftigen, gütigen Ruck.

Ich steuerte eine Wolke an und streichelte sie mit der rechten Hand.

Die Felder waren nun nah und kamen näher, und ich konnte die Landewiese ausmachen. Die Luft war warm, und der Rausch wirkte noch nach, als es galt, zum Landen anzusetzen.

Unten zwitscherten Vögel. Das Flugzeug touchierte gerade die Bahn, als ich meinen Fallschirm knautschte, ihn mir über die Schulter warf und über die Wiese zurück zum Hangar ging.

In Wahrheit begann die Geschichte viel früher. Sie begann nachts mit Träumen, die Schweiß trieben und den Schlaf jäh enden ließen. Anderen war es ebenso gegangen, sie hatten die Frage jedenfalls mit Ja beantwortet. Alpträume und heftige Szenen rüttelten des Nachts an vielen, die sich dazu entschlossen hatten, sich in den nächsten Tagen aus einem Flugzeug zu schmeißen, dreitausend Meter in die Tiefe zu stürzen und anschließend an einem Schirm zu landen.

Die Filme im Kopf liefen schnell und unsortiert ab. Oft drehte ich mich im Schlaf unterm Schirm, stets wilder rotierend, um schließlich abgeworfen zu werden wie von einem geisteskranken Pferd und dann frei und ohne Rückenpaket hinabzufallen. Die Erde griff nach mir, schließlich aber dehnte sich der Himmelsraum zu einer großen Woge und schleuderte mich in eine nicht weiter definierbare Grauzone, in der die Bäume auf dem Kopf wuchsen und Männer mit schwarzen Kapuzen, vermutlich Henker, umherliefen.

Dann wachte ich meistens auf.

Einige Tage später, es war Frühsommer, folgte die Fahrt in den Norden Hamburgs, um Fallschirmspringen zu lernen.

Meine beiden Lehrer hießen Michi und Markus, der eine war strohblond, der andere trug sein Haar rötlich, und vermutlich, weil sie so lustig aussahen, nannten sich die beiden »M & M's«, ebenso wie die kleinen bunten Schokolinsen. Mit Schokolinsen aber hatte das hier alles rein gar nichts zu tun, schon weil einem bei der Vorstellung der Hunger schwand, zu verrückt, zu schwindelerregend lag einem das Vorhaben im Magen.

Die beiden M & M's waren in ihrem Leben schon über fünftausend Mal abgesprungen. Michi war derjenige, der vor den Sprüngen immer sagte, dass wir nun ein wenig *spielen* gehen würden.

Einmal fragte ich ihn, warum er es immer wieder tat. Wieso nur?

Er guckte mich an.

Ja, warum springst du in viertausend Meter Höhe aus einem Flugzeug, wieder und wieder?

Er sagte nichts, blickte mich an.

Ich sah ihn an.

»Tja«, sagte er, »wie soll ich's dir erklären.« Seine Haare leuchteten feuerfarben in der Sonne, er trug einen Ohrring, im Hangar lief Rockmusik.

Die beiden, von denen die Rede ist, waren AFF-Instruktoren, wobei das AFF für *Accelarated Free Fall* stand, beschleunigter Freifall. Dies bedeutete, dass der Schüler gleich beim ersten Versuch aus viertausend Meter Höhe abspringen, fast eine Minute freien Fall erleben und mutterseelenallein an seinem eigenem Schirm landen würde.

Mit den um sich greifenden Tandemsprüngen, die an Geburtstagen und bei Firmenausflügen zur Gaudi wurden, hatte dies nichts zu tun.

Die beiden Lehrer würden während der ersten Absprünge wie Kletten an der Seite des Schülers kleben, um zu schauen, ob dieser alle Flugaufgaben meistert. Auch griffen sie ein, würde der Neuling im freien Fall ohnmächtig oder in eine Art Panikstarre verfallen, was sich bei einigen in einem Tunnelblick äußerte, sowie darin, dass sie keinerlei Reaktionen mehr zeigten und folglich wie leblose Kartoffelsäcke vom Himmel krachten.

Im besten Fall sollte der Sprungnovize von Beginn an funktionieren. Musste das Ausstiegsmanöver selbst einleiten, die bei zweihundert Stundenkilometer erforderliche Körperhaltung einnehmen, selbst den Schirm ziehen und ohne Hilfe landen.

Spätestens bei dem enormen Ruck der Fallschirmöffnung würden die beiden Lehrer an der Seite des Schülers davonsausen, diesen einsam am Himmel zurücklassen, würden jedoch, spaßeshalber, weiter hinabstürzen, die eigenen Schirme so spät wie möglich ziehen, um sich in sturzflugartigen Korkenzieherkurven zu Boden zu schrauben.

Die beiden M & M's trugen immer die gleiche Kluft. Dünne Fallschirmanzüge, die sie bei Sonne bis zu den Hüften herunterkrempelten und erst kurz vor den Starts wieder komplett anlegten. Michi trug schwarz, Markus weiß. Während der Sprünge selbst waren ihre Lausbubengesichter unter Integralhelmen mit dunklen Visieren verborgen.

Freilich empfingen die beiden nicht jeden. Sie nahmen nur solche in ihre Obhut, die zuvor drei Tage lang gezielte Übungen, theoretische Betrachtungen zum Sport sowie einige Tests überstanden hatten. Erst dann würden sie in Aktion treten, ein paar ernste Worte zu ihren Schülern sprechen, um anschließend mit diesen im Himmel *spielen* zu gehen.

Die ersten Lehrer, auf die die Schüler in der Vorphase trafen, sozusagen die Theoretiker und Driller, waren unaufgeregte Menschen, die selbst schon zigtausend Mal vom Firmament gefallen waren. Die Instruktoren schienen während der theoretischen Ausbildung stets ein wenig mit den Nerven runter. Dies höchstwahrscheinlich, weil sie gerade nicht selbst springen konnten, sondern mit den verfluchten Schülern das Basiswissen durchkauen mussten.

Für die Schüler geriet bereits das Erlernen dieses Basiswissens zum inneren Sturzflug – denn erstmals kamen ihnen nun die Details, die wahren Ingredienzien dieses Sports zu Ohren. Techniken, Risiken, Flugbahnen, Notfallprozeduren. Diese ersten zwei Tage hatten nichts mit dem Drücken einer normalen Schulbank gemein. Die Konzentration nahm im Laufe der Stunden keineswegs ab, im Gegenteil, das Interesse am Gehörten steigerte sich, erhob sich zu einem gespannten Schweigen und stillen Kopfnicken.

Dies mochte einen guten Grund haben. Das neue Wissen würde in den nächsten Tagen über das eigene Leben entscheiden können.

Ein bisschen Spaß musste es heute schon sein.

Das Wolkenwissen und die Thermikkunde gestalteten sich noch harmlos. Auch die Gesetze zum Auftrieb sowie Strömungslehre, Materialkunde, Gravitation und das Thema Bodenbeschaffenheiten bei Außenlandungen waren im Nu verschlungen. Kitzeliger wurde es bei den Varianten, aus dem Flugzeug auszusteigen, die uns Schülern noch in Form von Zeichnungen und Verrenkungen des Lehrers dargeboten wurden.

Für eine weitere Pulserhöhung sorgte das Thema Motorausfall des Flugzeugs beim Start und während des Fluges. Den Adamsapfel endgültig zum Fahrstuhlfahren aber brachte schließlich jenes letzte Kapitel, welches der Instruktor mit dem Wort *Störungen* umriss.

Der Lehrer, ein noch junger Mann, ohne Allüren, aber mit einem Kinnbart, begann mit den Worten: »Wir sind hier nicht beim Kegeln.«

Keiner lachte.

Der Lehrer kam nun zu den sogenannten *Low-Speed-* und *High-Speed-*Störungen. Eine sachliche Umschreibung, war doch nichts anderes gemeint als der größtmögliche Horror beim Ausüben dieses Sports: Der Springer zieht die Reißleine – doch nichts geschieht, der rasende Fall wird nicht wie ersehnt gebremst. Die *Low-Speed*-Störungen bestanden darin, dass der Schirm sich zwar öffnete, über dem Springer jedoch verheddert, verknäult oder sonstwie zusammengefaltet im Wind zittern würde.

»Ihr müsst euch in einer solchen Situation ein Herz nehmen, ihr habt nicht viel Zeit.« Der Lehrer räusperte sich, malte dann die möglichen Geschehnisse am Himmel wortreich in den Raum.

Der Schüler, durch den fehlerhaft oder asymmetrisch geöffneten Schirm womöglich immer schneller unter dem zerknüllten Tuch rotierend, müsste also schleunigst entscheiden, ob er die Störung durch bestimmte Maßnahmen in der Luft würde beheben können – oder ob er besser gleich den Notschirm ziehen sollte. »Hängt von eurer Fallgeschwindigkeit ab.«

Es gab in der Tat gelegentlich Schüler, bei denen sich der Schirm gleich beim ersten Sprung nicht öffnete. Eine Feuertaufe, die sich nur der Leibhaftige ausdenken konnte. Diese Feuertaufe nämlich würde sich auf circa tausendvierhundert Meter Öffnungshöhe ereignen – dort, wo die Felder bereits verflucht schnell auf einen zukamen. Der Lehrer fummelte in seinem Kinnbart, widmete sich anschließend den *High-Speed*-Störungen.

Bei diesen nun würde sich der Schirm überhaupt nicht öffnen, nur unzureichend oder, noch prekärer, als komplett verdrehter und zerknüllter Schlauch hinter dem Rücken des Springers im Luftstrom flattern. Der Springer hätte jetzt nur noch Sekunden zum Reagieren, und es kam lediglich eine einzige rettende Reaktion in Frage. Sie lautete: rechts vor links.

Ich verstand. Es war wichtig, die Finessen, die feinen Tücken des Sports zu begreifen – nur so wäre auszuloten, warum die Menschen es taten. Worin das Wesen dieses Vergnügens lag.

Der Lehrer verstieg sich in die Details. Rechts an jenem Gurt, in dem der von der *High-Speed*-Störung heimgesuchte Schüler steckte, befand sich ein Griff. Dieser Griff, etwa auf Brusthöhe, musste zuerst gezogen werden, um den zerknüllten Hauptschirm abzutrennen. Erst dann würde das Ziehen eines anderen Griffs links den Reserveschirm öffnen.

Eben diese zwei schnellen Handgriffe würden in Sekunden über Leben oder Tod entscheiden, dies bei einem Tempo von zweihundert Stundenkilometern, während der Springer weiterhin im freien Fall Richtung Kartoffelflure schoss, das norddeutsche Agrarland schon die Ähren nach ihm ausstreckte und ihn zu schlucken drohte. Ein so schlichtes wie dramatisches Spiel, eine Kreuzung aus Klassischer Tragödie und Russischem Roulette, man musste dabei lediglich die Beherrschung bewahren – und die Griffe in der richtigen Reihenfolge ziehen.

Rechts vor links. Niemals anders herum. Niemals!

Denn das Fatale an den *High-Speed*-Störungen: Würde der Springer zuerst links den Reserveschirm betätigen, würde sich dieser in den verhedderten Hauptschirm öffnen – das sichere Aus.

Welche Brisanz. War dies der Reiz? War es das?

Am Nachmittag traten wir ins Freie. Wir legten das erste Mal das Gurtzeug an, standen im Kreis in der Sonne und mussten es hundertmal, zweihundertmal, dreihundertmal üben, bis Hirn, Hände, Poren und Nerven die simple, aber im Notfall alles entscheidende Prozedur für immer gespeichert hatten.

Kein Denken mehr. Gucken, greifen, ziehen.

Rechts vor links. Rechts vor links. Rechts vor links. Rechts vor links. Rechts vor links. Rechts vor links. Rechts vor links.

»Es geht doch«, sagte der Lehrer. »Ihr werdet das euer Leben lang nicht mehr vergessen.« Er hatte kurzgeschorenes Haar und lächelte breitwandig. Aber da war noch etwas. »Jetzt, zum Schluss, müsst ihr noch einmal überlegen, das Gehörte und Gelernte euch zu Herzen nehmen, und dann müsst ihr, für den Fall, dass ihr wirklich diesen Kurs absolvieren wollt, uns euer Jawort geben. Und ihr müsst es uns schriftlich geben.«

Dies war keine Zirkusnummer. Die Schüler mussten es aufschreiben: Ja, ich will das wirklich tun – nach allen vernommenen Belehrungen. Die Unterschriften flossen schweigend aufs Papier. Jedem schlich wohl Ähnliches durch den Kopf.

Es folgte der praktische Teil der Bodenausbildung. Wir lernten das Abrollen für harte Landungen, sprangen von metallenen Gerüsten, exerzierten die fünf Kontrollschritte, die nach jedem Öffnen des Schirms zu leisten waren. Wir lernten Checklisten, büffelten Anflugkurse. Hingen in Simulatoren unter der Hangardecke, zogen hier, zogen da. Wir mussten das Gelernte jederzeit abrufen können.

Dann klemmten wir uns in einen Metallrahmen, der die Flugzeugtür darstellte. Hier übten wir den Absprung, noch aus einem Meter Höhe. Wie sollten wir uns festhalten? Wie den Kopf in Position bringen? Wie die Kommandos der an unseren Hüften hängenden Lehrer annehmen, bestätigen und befolgen?

Wir lernten Zeichensprache. Lernten mit den Fingern Signale zu geben und mit dem Helm Ja und Nein zu sagen. Oben, während des freien Falls, würden wir nicht mehr sprechen, nicht einmal schreien können. Der Gegenwind würde unsere Gesichter zu Fratzen quetschen.

Es dauerte zwei Tage. Wir bekamen ein Logbuch. Es wurde offiziell. Morgen sollten wir springen.

Die Symptome der Angst waren unverkennbar, sie durchfuhren den Körper schon bei der Fahrt zum Gelände. Auf dem Gelände wurde es schlimmer, es wurde schlimmer, je näher der Sprung rückte. Häufiges Pinkeln, trockener Mund, nasse Hände. Ich hörte auf, zu trinken. Rieb meine Hände an meinem T-Shirt. Doch es war anders als bei anderen Ängsten, diese Angst war hohler, sie war sehr physisch, und sie machte einen wackelig und wortkarg.

Der Tag war warm, über uns wölbte sich ein makelloser Himmel. Jetzt betraten die beiden M & M's die Bühne. Sie waren frisch rasiert, als sie mich brieften. Ich lag auf dem Boden, später auf einem Drehteller. Das letzte Mal die Sprunghaltung üben.

Wir machten uns mittags fertig. Es gab eine letzte Einweisung, wir besprachen den Wind, blickten auf eine Karte des Flugplatzes, um in der richtigen Richtung zu landen. Gegen den Wind. Immer gegen den Wind. Ich musste noch einmal. Musste schon wieder, obschon die Blase leer war. Trocknete die Hände, wischte sie fortwährend an dem dünnen Nylonanzug ab. Das Flugzeug stand parat. Wir legten die Schirme an, schlossen die Klettbänder der Höhenmesser um unsere linken Handgelenke. Wir setzen die Helme auf. Dann gingen wir zum Flugzeug. Die Verrückten, die Dauerspringer, schon frotzelnd, frohlockend, gierig. Es flackerte in ihren Augen.

Im Flugzeug, gleich neben der Tür, durch die wir nun einstiegen und durch die wir in etwa zwanzig Minuten hinausspringen würden, klebte ein Sticker. »Hinsetzen. Kippe aus. Schnauze halten!«

Die Luft wurde dünner, als wir stiegen, die Welt kleiner. Die Springer saßen aneinander gepresst in der Maschine, und schon bald waren wir weit über den Wolken. »Über den Wolken, ich sehe die Wolken von oben«, dachte ich, die Perspektive kannte ich von Passagierflügen. Gleich wirst du auf diese Wolken drauffallen.

Ab und zu drehten sich die beiden M & M's zu mir um, sie saßen neben und vor mir. Sie redeten ein wenig, stellten ein, zwei Fragen. Sie wollten nur wissen, ob ich funktionstüchtig war, bei Verstand. Oder ob ich womöglich schon jetzt, kurz vor dem Sprung, »tilten« würde. Sie benutzten dieses Verb oft. Tilten. *Error. Malfunction.*

Im Geiste ging ich die Aufgaben durch, die während des ersten Sprungs zu absolvieren waren. Markus, der Blonde der M & M's, fragte noch einmal die Handzeichen ab, mit denen wir uns im freien Fall verständigen würden. Dann setzten die beiden ihre Integralhelme auf und sahen aus wie insektenköpfige Astronauten.

Die Nadel des Höhenmessers stieg beharrlich. Dann stockte sie und zeigte an, dass wir uns auf viertausendeinhundert Metern befanden. Sie öffneten die Tür. Michi sagte sein »Lass uns spielen gehen« auf, der hoffnungslose Versuch, die Anspannung eine Gradzahl zu reduzieren. Er klappte sein Visier runter.

Wir sollten als Vorletzte springen, alles verlief, wie auf dem Boden geübt, doch die Intensität der nächsten sechzig Sekunden war ungeheuerlich. Sinne und Gehirn waren noch nie so beschossen worden, und es gab nur einen Weg, dies zu schaffen. Es galt, dem inneren Schweinehund, all jenen Ängsten und Evolutionsstimmen, die mich anschrien, *nicht* aus diesem Flugzeug zu springen, eins mit dem Knüppel zu geben. Man musste sehr hart zuschlagen, alle Zweifel zertrümmern, jetzt oder nie, vergiss alles andere, du springst da jetzt raus.

Es kam der Zeittunnel.

Michi und Markus hatten mich fest am Gurtzeug gegriffen, hingen links und rechts neben mir. Ich stellte mich seitlich in die Tür, in leichter Hocke. Sah nicht nach draußen, sah nichts mehr. Die beiden hielten mich. Dann das Ausstiegskommando, das ich durch Kopfbewegungen zu geben hatte. Ich reckte meinen Hals nach links, streckte meinen behelmten Kopf aus dem Flugzeug, nach draußen in den Orkan. Nicht mehr denken. Jetzt. Kopf hoch, Kopf runter, bei der nächsten Kopfbewegung nach oben waren wir schon draußen.

Dieser erste Sprung war wie Eis. Es ging sehr schnell, und ich sah zuerst weder die Felder noch die Wolken noch den Himmel. Der Horizont drehte sich einmal um sich selbst, Himmel unten, Erde oben, ich meine, so etwas zwischenzeitlich gesehen zu haben.

Alles lief in einem anderen Film, Standbilder, die fragmentarisch aufblitzten. Alles schien tausendfach komprimiert. Ich flog durch eine Stahlpresse.

Diesem ersten Sprung jedoch wohnte, in Anbetracht der Situation, auch etwas zutiefst Bürokratisches inne, galt es doch, nun auch noch bestimmten Aufgaben nachzugehen. Doch obgleich diese Aufgaben äußerst simpel waren, jetzt, im freien Fall, als der Stress auf ein Maximum anschwoll, war übermächtige Konzentration nötig, um diese schlichten Schritte zu bewältigen, sie in der richtigen Reihenfolge durchzugehen, ja, sich überhaupt an die paar Dinge zu erinnern, die ich zu tun hatte, während wir drei irgendwo durch den Himmel über Norddeutschland fielen.

Aufbau, Check, Count positiv. Der Absprung war gelungen, Manöver gut. Stabile Lage. Erster Beobachtungskreis. Blick auf den Höhenmesser. Dreitausendsechshundert Meter. Ich schrie die Zahl in den Wind. Niemand hörte mich. Michi und Markus lasen von meinen Lippen. Sie wollten sehen, ob ich überhaupt etwas tat, reagierte, lebte, dachte. Wir fielen. Michi streckte mir zwei lange Finger vor die Nase. Das Victory-Zeichen, hier bedeutete es: Beine länger! Mach deine Beine länger!

Arch, Englisch Wölbung, diese galt es nachzuahmen, die korrekte Sprunghaltung, extremes Hohlkreuz, Körper durchbiegen wie einen Flitzebogen – Eier in den Wind, Eier in den Wind! –, so hatten wir es unten geübt, so hatten es die beiden zigmal gesagt. Wer diese Haltung nicht einnahm, stürzte unkontrolliert, drehte sich auf den Rücken, rotierte sonstwie durch die Luft. Ich reagierte, bog mich in den Wind.

Dreitausend Meter. Dreimal Scheingriff. Dreimal zur Reißleine greifen, nur so tun, als wolle man den Schirm öffnen. Würde ich die Reißleine an meiner rechten Hüfte überhaupt finden? Ich ertastete den roten Knauf, an dem der Öffnungsmechanismus saß, erfühlte ihn dreimal hintereinander. Vergaß mit der linken Hand auszugleichen.

Hand auf den Helm! Hand auf den Helm!
Arch!
Beine länger!
Fingerspiele vor meinem Gesicht.

Wieder die Höhe ablesen. Zweitausendvierhundert Meter. Ein großer Schrei in den Sturm. Die beiden Insekten hingen neben mir, an mir, hielten mich jeweils mit einer Hand am Gurtzeug, tänzelten in der Luft, schwebten, flogen direkt neben mir. Ich krallte mich in den Wind, fiel frontal durch einen Hurrikan.

Freizeit. Der Schüler durfte nun ein paar Sekunden genießen. Durfte schauen, diesen Fall erleben. Ich sah die Felder, die Felder kamen nicht näher, wir waren noch immer über den Wolken. Die Welt war weit.

Die Felder kamen doch näher. Kamen nun auf einmal zunehmend schneller heran. Jäher Wechsel des Erblickten, die Welt vergrößerte sich, sie kam von unten auf mich emporgestiegen, als würde man bei Google Earth ranzoomen.

Tausendachthundert Meter. Die Augen hafteten auf dem Höhenmesser, der Zeiger kletterte nach unten, aus meinem Inneren stieg der Drang, den Ruck des Schirms zu spüren, die Bremsung, die Rettung.

Tausendfünfhundert Meter. Griff zur Reißleine. Ich fummelte nach dem Knauf, zog. Zeitgerinnsel. Dann krachte ich aus dem Zeittunnel hinaus, jemand trat mir in den Rücken, riss an meinen Schultern, die M & M's waren nicht mehr da, waren weg, einfach weg.

Nach fünfzig Sekunden des freien Falls die Erlösung. Schlagartig herrschte Stille. Ein sanfter, warmer Wind umwehte mich. Ich schwebte allein unterm Schirm, segelte durch den Himmel.

Der Flug zur Erde geriet federleicht. Die gute Wiese kam näher, vier Minuten dauerte es bis unten. Unter dem großen Schulungsschirm fühlte sich die Landung so weich an, als wäre ich von einem Stuhl hinabgestiegen.

Draußen war Sommer.

Das Buch war aufgeschlagen, und es wurde mit jeder Seite drängender, zwingender. Allmählich begriff ich, wurde in die Handlung nun regelrecht hineingezogen. Da riss etwas an einem, da waren tiefe, seltsame Kräfte am Werk. Wir sprangen am nächsten Tag und die Tage darauf. Das Knistern zwischen den Zeilen steigerte sich, es war ansteckend, und als ich das erste Mal kurz durch eine Wolke flog, dachte ich an Märchen.

Lass uns spielen gehen.

Michi sagte es immer wieder, in der Zwischenzeit war er wohl schon hundertmal gesprungen.

Die Angst aber blieb, sie war nicht totzukriegen. Sie ging bei keinem; selbst den Verrückten, die es schon tausendmal getan hatten, durchbrauste im Moment des Absprungs derselbe geballte Adrenalinschub wie ihn ein Novize erlebte. Wissenschaftler hatten dies gemessen, hatten Sensoren und Fühler an den Springern angeschlossen.

Die Angst, dieses gebieterische Gefühl, sie ging nicht weg.

War es das Spiel mit der Angst? War es die Sucht nach der Überwindung dieser Angst?

Oder waren es die träumerischen Passagen in diesem Buch?

Ich musste acht Sprünge absolvieren und alle Aufgaben meistern, bevor ich das erste Mal allein springen durfte. Kein Lehrer mehr an meiner Seite, niemand über mir, vor mir, unter mir. Der ganze Himmel für mich reserviert.

Ich lernte mich zu drehen, über Kopf, auf den Rücken. Ich legte die Arme an den Körper, schoss wie ein Projektil durch den Wind, die Geschwindigkeit nahm noch zu, zweihundertfünfzig Kilometer pro Stunde, so schnell wie ein getriebener Porsche, das Wunder aber war an jeder Pore zu spüren, im Gesicht, in den Händen, greifbar, absurd.

Ja, es war das Absurde, das Folgewidrige. Es konnte nicht sein. Ich stürzte nicht wirklich durch den Himmel, lediglich ein kleines Paket auf dem Rücken, auf Luft gebettet, die Sinne glühend, links die Nordsee, rechts die Ostsee, der Blick weit, über die halbe Erde. Dies, meine Herren, konnte nicht sein.

Aber so war es.

Poet müsste man sein. Denn die Sekunden des freien Falls mochten das Numerische nicht, das Faktische, das Psychologische. Diese Sekunden verweigerten sich einer Erklärung, wie die Musik, die Bilder, die Jahrmillionen. Der Sturz vom Himmel war ein alter, wilder Traum.

Den letzten Sprung, den ich in meinem Leben absolvierte, war Nummer dreiunddreißig. Wir flogen mit der letzten Fuhre, die sie an guten Tagen nach oben brachten, sie nannten sie *Sunset-Load*. Alle liebten diesen späten Aufstieg, denn es folgte der Sprung in den Sonnenuntergang, und es lag etwas Stilles, etwas Feierliches über dem Flug.

Unten war es warm, Sommer, oben in viertausend Meter herrschten nur vier, fünf Grad. Ich trug Turnschuhe, kurze Hose, T-Shirt. Die Temperatur spielte keine Rolle mehr, man registrierte sie nicht, sie wischte an einem vorbei.

Wie soll ich's dir erklären?

Ich hatte den Satz nun auch gesagt.

Er hatte viele Zutaten.

Ich schloss das Buch.

Es war verrückt, es war einfach zu verrückt.

Dann fiel ich das letzte Mal aus der Tür, das Orchester spielte Hendrix im Abendrot.

Fallschirmspringen

Was Sie wissen sollten

Ich wollte nur ein einziges Mal springen. Der Auftrag des Magazins lautete, den ersten Sprung eines AFF-Kurses, der beschleunigten Freifallausbildung, zu beschreiben. Wie lernen Schüler heute das Fallschirmspringen? Wie ist es, sich nicht nur per Tandemhopser aus dem Himmel befördern zu lassen, sondern selbst zu springen, am eigenen Schirm zu landen?

Ich absolvierte die Grundausbildung am Boden, schließlich den ersten Sprung. Dann geschah es. Ich hatte begonnen, steckte mit Haut und Haaren in der Sache drin. Sie ergriff mich, obwohl der Text längst geschrieben war. »Wenn du einmal angefangen hast, ist es schwer aufzuhören.« Dies hatten mir einige Springer auf dem Gelände gesagt. Und so war es. Der Moment des Absprungs, das

Fallen, die Bilder, die sich in rasenden Sequenzen im Kopf meldeten – dies ließ mich nicht los.

Gut, ich hatte schon immer ein Faible für Flugzeuge, Flugplätze, vor allem kleine Wald- und Wiesenflugplätze, wo meist eine besondere Atmosphäre herrscht. Aber das allein konnte es nicht sein. Viele haben versucht, das Phänomen zu erklären. Warum tun Menschen so etwas? Bungeejumping, Abfahrtsrennen, Bobfahren, Wüstendurchquerungen, Fallschirmspringen? Warum das Risiko suchen?

Die Erklärungen sind vielschichtig. Einige glauben, in den Aktiven Snobs zu erkennen, gelangweilt vom Überdruss am Überfluss; Spinner, die sich auf extreme Weise stimulieren müssen. Spaßfetischisten des dritten Milleniums.

Wieder andere meinen, die Bewältigung extremer Ängste und Stresssituationen würde im Alltag helfen, in Job und Karriere. Wer aus einem Flugzeug gesprungen ist, wird kaum mehr Angst vor einer Gehaltsverhandlung haben, vor der nächsten Präsentation oder Uniprüfung. Was für ein herrlicher Unsinn! Was hat das eine mit dem anderen zu tun? Aber so sind sie, die versammelten Verhaltensforscher und Seelenversteher.

Andere von ihnen sind zu dem Schluss gekommen, die »Kick-Sucher« seien gepeinigte Zeitgenossen, von Eltern gebeutelt und Freunden verraten; sie würden demnach vor etwas wegrennen, flüchten. Doch wohin flüchten sie nur? In die noch größere Angst?

Schließlich existiert noch die Theorie vom sozialen Druck. Danach würden Abenteurer auf spezielle Art Geltung suchen, sich vor ihrem »sozialen Umfeld«, gemeint sind Familie, Freunde, Kollegen, beweisen müssen. Dann melden sich noch jene Spezialisten zu Wort, die von einer Todessehnsucht sprechen, dem Flirt mit dem eigenen Untergang. Und dies ist der größte Schmu.

Verbreitet und relativ aktuell ist eine Erklärung, die unter dem Begriff »Sensation Seeking« bekannt geworden ist. Gemeint ist die gezielte Suche nach mehr oder weniger radikaler Zerstreuung, Spannung, Erregung. Das Blut muss kochen, sonst würden diese Sensationssüchtigen nicht funktionieren, so die These. Die Experten sprechen von einem »physiologisch begründeten Verhaltenskonstrukt« und meinen, die »Sehnsucht nach dem Kick« *(Der Spiegel)* sei gar genetisch begründet.

Einige müssten eben eine gewisse Stimulanz verspüren, ständig einen bestimmten Reizpegel halten, um sich wohl zu fühlen. Der Raser auf der Autobahn ist damit ebenso angesprochen wie der Bungeespringer, Raver, Weltumsegler oder Tiefseetaucher.

Die Erklärung könne dabei in der Evolution selbst begründet sein. Manche seien eben von Natur aus so ausgestattet, dass sie das Extreme suchen – auf Bäume klettern müssen, Bären jagen, Mammuts töten. Wie würde die Sippe sonst überleben? Die anderen, die Nicht-Abenteurer (vulgo: *Coachpotatoes*), wiederum würden das Radikale aus guten Gründen, ebenfalls genetisch bedingt, meiden. Denn auch sie helfen der Sippe nur beim Überleben. Kletterten schließlich alle die Bäume hoch, um den Apfel zu ergattern, könnten alle abstürzen, sich verletzen, sterben. Das Überleben der Sippe wäre auch hier bedroht.

Viele Erklärungen sind das. Vielleicht sollte sich jeder seinen Teil dazu denken, sich etwas herauspicken, dran glauben oder nicht dran glauben. Vielleicht stimmt alles, vielleicht stimmt nichts. Der Volksmund hält übrigens schon lange ein valides Rezept parat: Jedem das Seine.

Das Fallschirmspringen jedenfalls war eine besondere Erfahrung – und überdies echter Sport. Die Springer konnten sich immer weiter steigern, Figuren fliegen, Formationen, sie stürzten kerzengerade über Kopf und filmten sich dabei, bei Meisterschaften eine eigene Disziplin. Nur wer hierfür sehr lange trainiert, dem gelingt dies, er verfeinert Technik, Körperhaltung, Kontrolle, Fitness, Muskelkraft. Allein das Üben der Freifallhaltung am Boden ging mächtig in den unteren Rücken, bestens gegen schlechte Haltung.

Die Sprunglehrer erzählten mir, dass einmal ein professioneller Balletttänzer zu ihnen kam, um das Fallschirmspringen zu lernen. Er war auf Anhieb besser als jeder andere Schüler, lag angeblich sofort perfekt in der Luft – eleganter und graziöser sogar als jeder der Lehrer. Fallschirmspringen hat also auch mit Können zu tun, mit Technik und dem Gefühl, sich behände und tänzerisch zu bewegen. Es geht nicht nur um den Kick, den Rausch.

Ein bisschen aber, es ist kaum zu leugnen, natürlich schon.

Für mich stand das Fallschirmspringen symbolisch aber noch für etwas Größeres. Es war ein gutes Beispiel für das Streben des Menschen, das scheinbar Unmögliche möglich zu machen. Wie die alten Pioniere, die in ersten Heißluftballons aufstiegen, später wie Lilienthal in wackligen hölzernen Flugapparaten von Bergkuppen liefen und erstmals abhoben. Eines Tages waren die Pioniere dann aus Flugzeugen gesprungen – und hatten es tatsächlich geschafft, diesen tödlichen Satz zu überleben.

Es war faszinierend, dies am eigenen Leibe zu spüren. Die Physik dahinter zu begreifen, die heute ausgeklügelten Systeme, die der Mensch kraft seiner Fantasie und Erfindungsgabe ersonnen hat, um durch den Himmel zu fallen. Und sicher zu landen.

Außerdem veranstalteten die Fallschirmspringer grandiose Grillfeste. Nach dem letzten Sprung des Tages gab es Bier, Steaks, Würstchen. Abends saßen sie vor dem Hangar, vor ihren Zelten. Es lief Musik, alle redeten, fachsimpelten, tanzten, und das Flugzeug stand nur wenige Meter entfernt. Manchmal ging ich hin und streichelte es. Es war ein schönes Flugzeug. Ich werde die Stimmung auf dem kleinen Flugplatz von Hartenholm nie vergessen. Es war Sommer.

Was Sie können sollten

Dass Sie nicht unter Höhenangst leiden sollten, brauche ich nicht zu erwähnen. Doch will Ihnen verraten, wie Sie eine Vorstellung von der Höhe bekommen, aus der Sie bei diesem Abenteuer springen müssen. Wenn Sie das nächste Mal nach Mallorca oder Tahiti fliegen, schauen Sie nach dem Start auf die kleinen Monitore, die heute in den meisten Passagierjets untergebracht sind. Die dort eingeblendeten »Flightinfos« finde ich stets besonders interessant. Wenn bei der Angabe zur Flughöhe (Altitude) die Zahl 4000 Meter (oder 12 000 Fuß) auftaucht, schauen Sie bitte aus dem Fenster. Stellen Sie sich nun vor, die Tür öffnet sich und Sie müssten hinausspringen. Das ist Ihre Sprunghöhe – am besten zu genießen bei Sonne und guter Sicht.

Die wichtigste Fertigkeit, die Sie als Fallschirmschüler mitbringen sollten, ist meiner Meinung nach die Fähigkeit, im letzten Moment, hier also kurz vor dem Absprung, sämtliche Zweifel abzuschalten, zu ignorieren, zu beseitigen. Die bewusste Entscheidung zum Sprung sollten Sie zwar vorher am Boden treffen – aber dummerweise wird sich oben, kurz vor der Tür, noch einmal ein Schweinehund melden, den Sie bisher vermutlich noch nicht kannten. Es ist der doppelte Schweinehund. Der, der noch unter dem anderen hockt und sich nur in äußerst brisanten Situationen meldet. Den müssen Sie irgendwie in Schach halten. Sonst wird es nichts.

Der Fliegerarzt wird vorab Ihre Wirbelsäule untersuchen sowie Herz, Kreislauf, Ohren, Blutdruck und den Gleichgewichtssinn testen. Das alles sollte in Ordnung sein, sonst kommen Sie gar nicht erst in die Nähe der Maschine. Vor allem der Rücken sollte stabil sein. Für den Fall nämlich, dass Sie eines Tages den Reserveschirm ziehen müssen: Dieser ist sehr klein und von Luftfahrtspezialisten so gepackt, dass er sich blitzschnell und knallhart öffnet. Ich habe es zum Glück nie erfahren, aber es soll sich anfühlen, als würde einem jemand eine Brechstange ins Kreuz treiben. Hier und da brechen dabei schon mal einige Rippen, doch das wird jeder dankend in Kauf nehmen. Die Alternative ist weitaus unschöner. Zudem final.

Ansonsten brauchen Sie nicht einmal übermäßig mutig zu sein. Es ist wie bei vielen scheinbar extremen Aktivitäten oder Sportarten: Je mehr der Neuling versteht, begreift, wie es funktioniert, desto weniger Mut muss er aufbringen. Auch Fallschirmspringer sind keine Hasardeure. Sie wollen nicht sterben. Sie suchen nur eine sehr spezielle Art von Spaß.

Dennoch, dies sei nicht verschwiegen, kommt es immer wieder zu tödlichen Unfällen. Doch sind es fast ausschließlich erfahrene Springer, die sterben. Sie fliegen am Ende des Schirmflugs, wenn der freie Fall längst überstanden ist, kurz vor der Landung sogenannte »Hook-Turns« – steile Kurven, um rasend schnell knapp über die Landewiese zu preschen und dann erst aufzusetzen. Das sieht schnittig aus. Wer die letzte Kurve am Schirm jedoch falsch einleitet, kracht mit hoher Geschwindigkeit auf den Boden. Genau dies ist eine der häufigsten Todesursachen beim *Skydiving*.

Als Schüler darf ich Sie beruhigen. Sie fliegen unter großen, gutmütigen Schirmen, an denen Sie ziehen können, so stark Sie wollen. Man dreht sich zwar auch recht geschwind zur Seite weg, aber es reicht nicht zur Akrobatik. Die Landung wird sehr zart ausfallen, fast wie auf einem Luftkissen.

Und noch eins, um Ihnen die größte Angst zu nehmen. Auf fast allen *Dropzones* ist ein Sicherheitsautomat heute Pflicht – die Springer nennen das Ding *Cypress*. Gemeint ist ein kleines, etwa feuerzeuggroßes Gerät hinten im Schirmcontainer, welches kleinste Luftdruckunterschiede misst (schon ab einem Meter), und welches sofort registriert, wenn der Springer ab einer bestimmten Höhe noch immer zu schnell fällt. Dieses Gerät wird ständig exakt eingestellt und vor jedem Sprung überprüft. Für den Fall, dass Sie auf fünfhundert oder vierhundert Meter Höhe noch immer zu schnell auf die Erde zurasen, löst das Gerät den Reserveschirm automatisch aus.

Theoretisch können Sie sich also aus dem Flugzeug fallen lassen, absolut nichts tun, Tee trinken und abwarten. Auf der eingestellten Höhe öffnet sich der Notschirm von selbst. Sogar Ohnmächtige würden auf diese Weise mehr oder weniger sicher zu Boden gehen. Darauf ankommen lassen aber sollte es keiner. Wie es aussieht, wenn die Felder in vierhundert Meter Höhe noch mit vollem Tempo auf einen zukommen – nein, ich möchte es nicht erleben.

Wie hart ist es wirklich?

Auf meiner eigens entwickelten Abenteuerskala von null (steht für sehr seicht) bis zehn (gilt für extrem harte Erfahrungen) vergebe ich fürs Fallschirmspringen einen Abenteuerfaktor von neun bis zehn. Der Moment des Absprungs ist einfach zu brutal. Es ist der schiere Wahnsinn. Auch der freie Fall selbst hat es in sich. Sie können ja mal auf der Autobahn bei zweihundert Sachen das Fenster öffnen und den Kopf komplett rausstrecken, von mir aus auch den halben Oberkörper. Dies bitte sechzig Sekunden lang aushalten, denn so lange dauert der freie Fall bei einem Sprung. Anschließend können Sie sich die Fliegen aus dem Gesicht kratzen. Und falls die Autobahnpolizei Sie rauswinkt und fragt, ob Sie noch alle Tassen im Schrank haben, zeigen Sie ihr dieses Buch. Sagen Sie, Sie wollten nur mal spüren, wie sich Fallschirmspringen anfühlt. Ich weiß nicht, ob die Ausrede hilft. Aber sie ist besser als nichts.

Informationen

Es gibt in Deutschland Dutzende Flughäfen, wo sich die Fallschirmspringer treffen, abspringen und Kurse anbieten. Der Sport ist verbreiteter, als viele denken. Beliebt sind Tandemsprünge, der schnelle Kick für jedermann, zu buchen als Erlebnisgutschein oder Hochzeitsknüller. Ich hörte von Paaren, die sich im freien Fall das Jawort gaben. Nun, jedem das Seine. Ich wünsche allzeit guten Flug und eine weniger turbulente Ehe.

Interessanter und ernsthafter ist eine AFF-Ausbildung. Diese beinhaltet sieben Sprünge, bei den ersten drei sind zwei Lehrer dabei, danach springt nur noch einer mit raus. Wer alle Sprungaufgaben schafft (Salti, Drehungen, Manöver), darf nach dem siebten, dem Testsprung, allein aus dem Flugzeug hüpfen. Er hat den Status »Solo« und kann nach einem Packkurs und dreizehn Solosprüngen die Lizenzprüfung ablegen.

Damit kommen wir zu einem letzten heiklen Punkt. Das Packen des verdammten Fallschirms nämlich empfand ich als die weitaus komplexeste Angelegenheit bei diesem Sport. Ständig musste ich auf die Zeichnungen und Fotos schauen, die Lehrer nerven, weil ich immer wieder vergaß, welches Ende des Schirms über welches zu ziehen war, wie ich die Leinen zu bündeln, das riesige Tuch zu falten, zu legen und zu stauen hatte. Es war fürchterlich. Am Ende stand ich meist vor einem riesigen Knäuel aus Leinen, Gurten und Fallschirmseide, mit dem ich noch nicht einmal heile von einem Autodach hätte springen können.

Ich gab das Fallschirmspringen letztlich auch wegen der verfluchten Packerei auf. Denn ich hätte mich niemals getraut, mit einem Schirm abzuspringen, den ich selbst gepackt hatte. Ziemlich traurig. Aber ich kann schließlich noch nicht einmal Oberhemden ordentlich zusammenlegen.

Kosten

Fallschirmspringen ist nicht billig. Aber auch wiederum nicht so teuer, als dass sich nach etwas Sparen nicht davon träumen ließe. Ein AFF-Probesprung aus 4000 Meter kostet um die 320 Euro, und spätestens danach wissen Sie, ob Sie nicht doch lieber einem Kegelclub beitreten wollen. Die sieben Sprünge bis zum »Solo« schlagen mit 1600, alle Sprünge bis zur Lizenz mit 2700 Euro zu Buche. Danach können Sie sich einen eigenen Schirm kaufen und weltweit aus Flugzeugen springen, zum Beispiel über der Wüste Australiens.

Ich absolvierte meine Sprünge übrigens in Hartenholm bei Hamburg, dieser Club nennt sich »Albatros«, genau wie der majestätische Vogel. Mehr zu diesem Platz finden Sie unter *www.my-skyworld.de*. Weitere Infos, Zahlen, bunte Bilder und Adressen von Schulen hält der Deutsche Aeroclub bereit, im Netz zu finden unter *www.daec.de*, Abteilung Fallschirmspringen. Dort können sich Wagemutige übrigens noch über diverse nette Luftsportarten informieren. Zum Beispiel Akrobatikdrachenfliegen tausende Meter über den Alpen. Doch das ist schon wieder eine andere Geschichte.

Krokodile küsst man nicht

Allein auf einer wilden Dschungelinsel

AUSTRALIEN

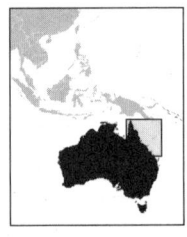

Die ersten Schritte auf der Dschungelinsel, die kein Telefon kennt, keine Straße und keinen Menschenlärm, führen barfuß über Gold. Der Strand von Mulligan Bay liegt vor mir, rechts das blaue Meer, links der Saum des Regenwalds, dahinter die von Eukalyptusbäumen überwucherten Berge, deren Buckel sich weit nach Norden ziehen. Im Sand sind Spuren zu sehen. In der Nacht waren offensichtlich Krebse, Echsen und Kängurus hier. Jetzt am Tag ist der Strand völlig vereinsamt. Kein Geräusch, kein Zeichen von Zivilisation. Nur Sand und Meer und Hitze.

Unter meinen Füßen funkelt das Gold. Millionen winziger Körnchen liegen im Sand, von der Erdgeschichte so fein gewaschen, dass es Monate dauern würde, auch nur ein halbes Gramm zusammenzuklauben. Eine hübsche Ironie, mit der Hinchinbrook Island den Menschen begrüßt. Der Inbegriff allen materiellen Reichtums liegt einem zu Füßen. Aber man kommt nicht dran.

Mein Rucksack schmerzt schon nach den ersten zwei Kilometern. Er wiegt über zwanzig Kilo, die Tragegurte schneiden in die Schultern. Ich habe alles dabei, um sieben Tage allein auf der Insel zu verbringen. Länger darf man nicht bleiben. Zelt, Kocher, Trockennahrung, Tütensuppen, Regenjacke, Moskitosschutz und einen Tidenkalender, damit ich beim Durchqueren der Priele nicht von der Flut erwischt werde. Dazu einen Kompass und eine topografische Karte. Das Marschgepäck.

Am frühen Morgen hatte mich Phil, der australische Ranger mit dem Hawaiihemd und der großen Spiegelbrille, auf einem kleinen Motorboot nach Hinchinbrook Island gebracht. Nach dem Absetzen hatte er mir noch ein Epirb in die Hand gedrückt. »Ein Satellitensender«, sagte er. »Wenn du Probleme hast, schalte ihn ein, er sendet vierundzwanzig Stunden lang ein Signal mit deiner Position an die Rettungsstationen. Wenn du nächsten Donnerstag um zwölf nicht am Treffpunkt bist, schicken wir einen Suchtrupp los.« Dann war Phil wieder in sein Boot gestiegen und bald nur noch ein Punkt auf dem Meer.

Jetzt also bin ich im Paradies, allein. Genauer gesagt auf Hinchinbrook Island, einer der größten kontinentalen Inseln am australischen Barrier Reef, seit 1932 unter Naturschutz. Eine der wenigen Inseln der Welt, auf der man das Alleinsein mit Mutter Natur proben kann. Ein wildes, in sich verschlungenes Reich von der Fläche Bremens. Ein von stechender Sonne und sintflutartigen Regenfällen heimgesuchter Fleck Erde, den man nur mit Genehmigung betreten und auf dem man keinerlei Spuren hinterlassen darf. Palmen, Urwald, weiße Strände, warmes Wasser. Dazu kein Mensch, aber all die lieben Sehnsüchte im Kopf, die solche Kulissen entfachen.

Die Suche nach dem Paradies ist eine uralte Geschichte, aber schon der erste Tag auf der Dschungelinsel wirft eine dringendere Frage auf: Nicht etwa ob das Elysium auf Erden existiert – sondern ob der Mensch in ihm überhaupt seinen Platz findet.

Nach drei Kilometern biege ich in den Regenwald ein, weil die nächste Bucht von zwanzig, dreißig Meter hohen Felsen verbarrikadiert ist. Es ist früher Nachmittag, der Schatten der Bäume kühlt, das Licht bricht nur in dünnen Strähnen durch die Wipfel.

Schmatzende Schritte auf feuchtem, moosigen Boden. Und schon die erste Etappe in diesem Treibhaus beginnt mit einem Zirkusmanöver und dem Tod. Eine faustgroße Spinne mit grünen Streifen auf dem Rücken baumelt kopfüber an einem langen Faden von einem Ast herab und ist gerade dabei, sich schleimend und windend einen Schmetterling einzuverleiben. Ich mache einen jähen Ausfallschritt. Die Spinne tötet nur Zentimeter neben meinem Gesicht.

Um mich herum, verschlungen, verknotet, trieft der Regenwald. Lianen hängen von den Bäumen, es sprießen Knollen, Tellerfarne, sonderbare Knospen. Namenloses Gestrüpp. Aber noch sehe ich nicht, wo ich mich bewege. Erkenne noch nicht die Bilder, die nie endenden Zeichnungen des Waldes, sondern konzentriere mich nur auf das Gehen.

Die Steine in den Flussbetten sind von Moos überzogen und glitschig, die aus dem Boden quellenden Wurzeln und kreuz und quer wachsenden Stämme so groß, dass ich stellenweise über sie hinwegklettern muss. Sich hier einen Knöchel zu verstauchen ist keine gute Idee. Oben am Mount Straloch, schon halb vom Dschungel zerfressen, ruht das Wrack eines amerikanischen Bombers vom Typ B-24 Liberator, der hier 1942 im Sturm zerschellte. Vor vier Jahren war ein englischer Buschwanderer gestürzt, als er das Wrack aufsuchen wollte. Der Rettungstrupp fand ihn erst nach Tagen, als sein Bein sich schon stark entzündet hatte. Es musste später amputiert werden.

Das Paradies kennt seine Tücken, auch ich merke das schnell. An meinem linken Arm zieht sich eine Blutspur entlang, weil überall aus dem Geäst hauchdünne, meterlange Stränge hängen, mit Widerhaken und scharfen Dornen überzogen. Um da nicht ständig hängenzubleiben, muss man sich verbiegen, pantomimisch marschieren, Millimeterarbeit leisten.

Die ersten sechs Stunden. Meine Wasserflasche ist fast leer. Vier Liter pro Tag braucht der Körper, weil das Laufen anstrengend ist und die Luft so feucht, dass sie zu schwitzen scheint. Aber fließendes Wasser gibt es zum Glück genug. Mit klebenden Schritten stapfe ich durch einen der kleinen Flüsse, die das Regenwasser von den fast tausend Meter hohen Mount Straloch und Mount Diamantina hinab ins Meer spülen. »Such dir eine gute Stelle«, hatte Phil gesagt, »einen Creek, wo das Wasser schnell genug fließt, damit sich keine Algen und Bakterien ansiedeln können.«

Gurgelnd füllt sich die Flasche, das Wasser klar und kalt und so rein wie aus keinem Wasserhahn der Welt. Einen halben Liter saufe ich in mich hinein, dann bücke ich mich, halte den Kopf ins Wasser und lasse das kühle Nass direkt aus dem Fluss meine Kehle hinunterlaufen. Das Trinken tut gut und fühlt sich anders an als gewohnt. Weil es nicht beiläufig und selbstverständlich geschieht. Der klare Fluss im Dschungel schenkt dem schlichten Akt des Trinkens seine uralte Bedeutung. Leben.

Um fünf Uhr am Nachmittag schlage ich im Wald erstmals mein Zelt auf. Die Nacht kommt früh in diesen Breiten und im Dschungel noch früher. Um sechs verschluckt der Regenwald das Licht, obwohl hoch über den Wipfeln noch die Abendsonne steht. Aber hier unten, bei den Wurzeln und Ästen, wird die Welt jetzt grau und düster, um halb sieben ist es stockdunkel.

Ich verkrieche mich in mein Zelt, schließe das Moskitonetz und sehe – nichts mehr. Wie eine schwarze Wand prangt die Nacht vor dem Zelt. Elf Stunden Zeit zum Schlafen. Zeit, den Geräuschen zu lauschen, den Gedanken ihren Lauf zu lassen, mit dem Fuß die Zeltdecke zu streicheln. Das Licht wird erst morgens um sechs wiederkommen, und es ist ratsam, sich nachts nicht vom Zelt zu entfernen. Selbst mit Taschenlampe nicht. Dreißig, vierzig Meter, und ich würde womöglich nicht mehr zum Lager zurückfinden, weil ein Irrgarten ein Witz ist gegen dieses Dickicht.

Mitten in der Nacht jammern zwei Vögel durch den Wald. Ein Trillern, das bald in zartem Gesang endet. Vielleicht ein weißkehliger Honigesser oder ein Kookaburra auf Partnersuche. Vogelkunde war nie meine Stärke. Dann wieder Totenstille. Ich schlafe ein, bis ich bald wieder geweckt werde. Diesmal von einer gelben Inselratte. Sie hat ein winziges Loch in die Zeltwand gefressen – weil ich ein ungläubiger Stadtmensch bin. Und die Ratten unterschätzt habe. Unbedingt einen Müsliriegel für die Nacht mit ins Zelt nehmen musste.

»Wickle all deine Nahrung in eine Plastiktüte ein, verknote die Plastiktüte und hänge sie abends in die Bäume. Nimm nicht mal ein Stück Schokolade mit ins Zelt. Die Ratten riechen alles.« Auch das hatte der gute Phil mir mit auf den Weg gegeben.

Ich höre ein Rascheln, lausche. Da ist es wieder. Ich schrecke hoch, fummele nach meiner Taschenlampe. Nichts. Ich leuchte im Zelt umher, sehe meine Hose, mein nasses Hemd, das ich ausgezogen habe. Zack! Etwas huscht irgendwo in der Ecke hinter der Isomatte umher. Dann trifft der Schein meiner Lampe ein Auge, das mich rotglühend aus dem Schwarz fixiert. Ich sehe die Ratte – und zucke zusammen. Ist sie giftig? Verseucht? Was ist, wenn das Tier durchdreht und wild um sich beißt?

Schon rennt die Ratte wieder quer durchs Zelt, so dass die dünnen Tuchwände wackeln, weil ich obendrein auszuweichen versuche und gegen die Zelttür poltere. Eine herrlich absurde Szene. Ein törichter Großstadtmensch gegen ein kleines wildes Tier. Ich frage mich, wem von uns beiden das Herz wohl mehr rast.

Was soll ich tun? Das Zelt öffnen und sie rausscheuchen? Da draußen lungern Hunderte der Viecher, vielleicht würde nur noch eine zweite, dritte, vierte in mein Zelt stürmen. Der Horror. Ich beschließe, die Ratte zu fangen, mit Taschenlampe und umgestülptem Sonnenhut, und prompt jagt sie wieder durchs Zelt und springt herum, und bald merke ich, wie dumm ich bin und wie dumm mein Ekel vor der Ratte ist.

Sie könnte mir nie etwas antun, und im Lichtkegel der Taschenlampe sieht sie sogar hübsch aus, ihre blitzenden Augen und das glänzende gelbe Fell. Sie kann sogar zirkusreif über Kopf klettern, mit ihren kleinen Krallen, einmal quer unter der Zeltdecke entlang. Statt sie zu jagen sollte ich ihr eine Tapferkeitsmedaille um den Pelz hängen. Nacht für Nacht streift sie durch den Urwald, kämpft um jeden Bissen und wagt sich dafür sogar in das Revier eines unbekannten Riesen, der vierzigmal größer ist als sie. Irgendwann ist die kleine mutige Ratte verschwunden, durch dasselbe winzige Loch, durch das sie gekommen ist. Ich klebe das Loch vorsichtshalber mit zwei Pflastern zu. Den Müsliriegel esse ich zur Hälfte auf, den Rest schmeiße ich weit vors Zelt.

Der zweite Tag wird wie der erste sein. Vorsichtiges Navigieren durch eine fremde Welt, durch diese schwitzende Lunge, zu der ich nicht gehöre. Manchmal erhasche ich einen Blick auf die Strände der Insel, helle Streifen, die tief unten an den Hängen aufblitzen. Zum ersten Mal frage ich mich, ob ich wirklich sieben Tage hier ausharren will. Marschiere dann aber dumpf weiter. Gut Ding braucht Weile. Wunder wollen Zeit. Das rede ich so vor mich hin.

Es ist jetzt der dritte Tag auf der Insel. Ich habe mich inzwischen an das Gehen gewöhnt. Die Schritte werden vertrauter, die Umgebung, die schwüle Luft und das Alleinsein in diesem irrwitzigen Biotop. Und ich beginne zu sehen. Die Farne, die Bäche, die großen, von gelben Flechten überzogenen Steine, die Adern auf den Blättern, die Lianen, Schlingpflanzen, die unzähligen Schattierungen, die Signaturen des Grüns und all den faserigen, triefenden Bewuchs. So nah bin ich den Pflanzen, als würde ich durch den Wald hindurchtauchen. Ich stelle mir die Dinosaurier vor. Planetengeschichte. Kometeneinschläge. Ursuppe. Solche Gedanken kommen einem hier.

Plötzlich ein zersetztes, braunes Palmblatt, an dem ich genau sehen kann, in welchen Stadien es langsam wieder zu Erde wird. Dann wieder helle, orangefarbene Triebe, aberwitzig sprießende Orchideen und fünfzig Meter lange Wurzeln, die sich um die Bäume knoten wie hungrige Krakententakeln. Der Dschungel stirbt und gebiert sich ständig neu. Ewige Metamorphose. Dann führt der winzige Pfad weiter hinab, in die Eingeweide, immer tiefer in die feuchte

Schattenwelt der Berghänge, wo das Licht nur noch in Flusen hindurchflirrt.

Nach vier Stunden habe ich den kaum erkennbaren Trail verloren und komme nicht mehr weiter, zu dicht die Vegetation. Ich setze mich auf einen Baumstumpf, verschnaufe, blicke mich um. Ein tiefblauer Ulysses-Schmetterling flattert durch die Luft, und er fliegt vor derart utopischen Mustern, Farben und Formen des Urwalds, dass alles Menschenwerk, selbst das Bild des verrücktesten Künstlers, nur von kläglicher Einfalt sein kann. Kunstwerke. Ich muss plötzlich über das eitle Wort lachen. Nein, keine Kunst mehr. Nur noch Natur. Und schließlich muss ich an Alexander von Humboldts Reisegefährten Bonpland denken, der vor über zweihundert Jahren als einer der ersten Weißen den Regenwald am Amazonas betrat und rief: »Ich komme von Sinnen, wenn die Wunder nicht bald aufhören!«

Doch die Wunder sind eine Sache. Am vierten Tag schallt der erste laute Fluch durchs Paradies. Die roten Bisskringel der Sandflöhe an meinen Armen und Beinen jucken elendig; das Gehen, das Schlafen und das Wasserschöpfen werden eintönig und anstrengend; ich schwitze ohne Unterlass, der Rucksack hat zwei rote Streifen in die Schultern gewetzt und ich will duschen. In meinem Kopfkino laufen immer öfter Szenen ab von einem eiskalten Bier, einem saftigen Steak, einem frischen Bett. So ein paar Tage im Paradies haben etwas Seltsames an sich. Erst bezirzen sie einen, dann verkleinern sie einen, anschließend erinnern sie den modernen Menschen daran, dass er ein moderner Mensch ist.

Von oben aus den Bergen fällt der Blick aufs Meer. Weit in der Ferne hinter Sunken Reef Bay liegen Magnetic und Orpheus Island wie aufgetauchte Schildkröten im Blau. Da drüben haben sie Betten, Bars und Ventilatoren unter den Decken.

Der Pfad führt die Berge weiter hinunter. Für zwei Kilometer brauche ich vier Stunden. Granitbänke stehen im Weg, mannshohe Stechbüsche, pinke Lasiandrablüten. Bei South Zoey Creek spreizen sich Korallenfarne, dann wieder alles grün in grün. Plötzlich höre ich ein Zischen neben mir und haste stolpernd voraus. Bestimmt wieder nur ein Strauch, der den Rucksack gestreift hat. Aber die Gedanken eines zentralheizungsverwöhnten Städters kommen von den elf Schlangenarten, darunter drei Pythonspezies, die über die Insel schleichen, nun mal nicht so schnell los. Der gute Phil. »Vergiss die Schlangen«, hatte er noch gesagt. »Du wirst keine einzige zu Gesicht bekommen. Sie leben weit oben in den Hängen, da, wo du gar nicht erst hinkommst.«

Nach zwei weiteren Stunden Marsch höre ich auf einmal ein Rauschen, und nun will ich das Paradies sofort wieder umarmen, weil es Zoey Falls erschaffen hat. Weil plötzlich kühlender Sprühnebel herüberweht, ein lindes, feuchtes Tuch, wie vom Himmel selbst gesandt; weil kein Mensch außer mir hier ist und der Wasserfall wie eine Erscheinung aus dem Urwald bricht.

Aus siebzig Meter Höhe schießt das silbrige Nass aus den Bergen über die glattgewaschenen Felsen hinab, beinahe lotrecht, bis es in einen natürlichen Pool kracht, der so durchsichtig und klar ist, als würde man in eine Glaskaraffe glotzen. Im Nu wehen meine Klamotten in den Bäumen. Ich springe ins Wasser. Wasser!

Das Bad erfrischt, beim Tauchen kann ich mit bloßen Augen sehen, wie die gelben Tropenfische mich umspielen. In den Reflexionen des Wassers spiegelt sich die gleißende

Sonne, feiner Spray weht vom nahen Fall herüber. Ich lege ich mich auf die heißen Steine, der Wind ist wie ein Fön auf der Haut. Alle Duschen, Pumpen, Jacuzzidüsen und Wellnessoasen dieser Welt – Sottisen, klägliches Menschenwerk. Und keine Seele außer den Tieren und mir.

Der fünfte Tag. Keine weiteren Ratten in den Nächten. Die Tütensuppen schmecken nicht mehr. Elf Stunden Schlaf jede Nacht sind zu viel. Ich liege wach, von elf bis drei Uhr morgens. Habe alle Gedankenspiele durch, habe Städte aneinandergereiht, im imaginären Notfall Kokosnüsse von den Bäumen geholt, mit mir selbst Französisch geübt und die Weltkarte im Kopf gezeichnet.

Der zivilisierte Mensch liegt und liegt und liegt. Elf Stunden ohne gewohnte Ablenkungen sind eine lange Zeit. Keine Küche, kein TV, kein Radio, kein Handy, kein elektrisches Licht. Auch das Lesen begrenzt das Paradies; die Batterien der Taschenlampe wollen reichen, um nachts bei Hunger einen der Müsliriegel zu finden, die gut verknotet im Baum hängen. Und so liegt der zivilisierte Mensch des Nachts einfach nur da und lauscht dem Wald und seinen nächtlichen Bewohnern.

Aus dem Wald das Übliche. Gelegentlich ein paar Vögel. Sonst alles schwarz und still. Bis der Morgen kommt, die Sterne zwischen den Wipfeln verschwinden und der Himmel wieder blau und heiß über der Insel schwebt. Vier Stunden Marsch heute. In den Wald, wieder zurück. Dann ans Meer. Ich will ans Meer! Die Enge des Dschungels wird beklemmend. Die Augen wollen nicht mehr an all den Pflanzen hängenbleiben. Sie wollen sehen, sie wollen atmen und weit über das Meer fliegen.

Nach zwei Stunden steht mir der tägliche, widerliche Film aus Schweiß, Moskito- und Sonnencreme auf dem Körper. Sonnencreme, weil ich nun aus dem schützenden Schatten des Walds hinausgelange, keine Wolke am Himmel steht und ich in einer Stunde völlig verbrannt wäre. Die weiße Haut ist nicht für diese Art von Eden geschaffen, sie wird rot und macht nur Ärger. Sonnenschirme gibt es auch keine. Dann blicke ich über Felsen, wische mir den brennenden Mischmasch meiner Mittelchen aus den Augen, und plötzlich, nur hundert Meter weiter, breitet sich auf einmal das Meer um das längste Barriere-Riff der Welt wie ein endloser blauer Teppich aus. Ich renne los. Obwohl ich genau weiß: Die letzte Ironie hebt sich die Dschungelinsel noch auf.

Zoey Bay hält mir einen riesigen, sichelförmigen Strand vor die Nase. Sauberer, hellbrauner Sand. Klippen und undurchdringliches Grün markieren die westlichen und östlichen Ufer, davor das Meer, das anfangs flach ist und dann tiefer wird und immer blauer. Ich gehe die letzten Meter bis zu den seichten, einladenden Wellen, schweißverkrustet, stinkend. Aber ich werde mich nicht hineinstürzen, werde nicht planschen, nicht juchzen. Nicht mal einen Fuß werde ich in dieses höllisch schöne Wasser setzen.

In diesem Meer leben Seeschlangen, vier Arten davon hochgiftig. Es lungern dort Steinfische am Grund, perfekt getarnt, deren dreizehn Stacheln einem bei Berührung ein Sekret unter die Haut jagen, welches einem die Sinne raubt, so lange, bis man Heißes als kalt empfindet und Kaltes als heiß – anschließend besteht die fünfzigprozentige Wahrscheinlichkeit an Herzstillstand zu sterben.

Weiter draußen in diesem wunderschönen Meer schwimmen Bullenhaie, die vier Meter lang werden, die Süßwasserflüsse bis zu einem Kilometer weit hinaufschwimmen und Menschen erst wieder ausspucken, wenn sie merken, dass Menschen nicht schmecken, weil sie zu viele Knochen und zu wenig Fett besitzen. Doch die Haie sind selten. Sie sind nicht wirklich Grund zur Sorge. Ich drehe um, setze mich in den Schatten eines Baums und schaue in die Mangroven.

Die Mangroven sind schon eher ein Grund zur Sorge. Darin verstecken sich die »Salties«, bis zu sechs Meter lange Salzwasserkrokodile, und darum haben die Ranger dann doch ein Warnschild für die wenigen Paradiesbesucher aufgestellt. Das Baden ist extrem gefährlich, weil die Krokodile, die in den Mangroven leben, im Meer und an den Stränden jagen, bevorzugt nachts. Ich lese: Kein Picknick am Strand! Campieren mindestens zwei Meter oberhalb der Flutlinie! Falls man den Salties am Strand begegnet, soll man laufen. So schnell es geht und immer im Zickzack. In gerader Linie kriegen sie einen. Aber Kurven, die mögen sie nicht, weil ihre schaukelnden Leiber dafür zu schwer sind. »Die Crocs sind im Prinzip ungefährlich«, hatte Phil gesagt, Phil in seinem Hawaiihemd. »An die paar Regeln würde ich mich allerdings halten.« Und ob ich mich daran halten werde. Aus manchen Krokodilen haben sie schon halbverdaute Menschen herausgeschnitten.

Ich blicke aufs Meer. Petrolfarbene Bläue, durchsichtiges Grün. Grotesk schön. In meinem Zustand die maximale Verheißung.

Doch in diesem verflucht schönen Ozean leben obendrein Seewespen und Boxquallen, auch deren Gift unerfreulich. Ferner treibt in diesem warmen Wasser Irukandji. Ein erdnussgroßes, durchsichtiges Nesseltier, eines der tödlichsten der Meere. Um der Verlockung eines Bades zu widerstehen, habe ich mir sicherheitshalber eine Broschüre eingesteckt. Dort steht geschrieben: *Irukandji. Unsichtbar. Vier dünne Tentakeln. Wurde schon in fünf Zentimeter flachem Wasser gefunden. Eine Berührung verursacht Brennen, Muskelschmerzen, Erbrechen. Dann explodiert der Blutdruck, gefolgt von Herzstillstand.* Muss nicht passieren. Kann aber.

Nein, kein Bad.

Ich setze mich unter einen Baum, schaue noch immer aufs Wasser. Morgen um zwölf wird das Boot kommen. Morgen werde ich wieder duschen, die Zeitung lesen, in ein Restaurant gehen, ein, zwei, drei Bier trinken. Bis dahin werde ich mich kratzen, schweißverklebt das Zelt aufbauen, den wie mit Blut bemalten Abendhimmel betrachten, werde über sechzig Grad heißen Sand laufen, das Meer mit den Augen trinken, um anschließend mit einem doppelzüngigen Rausch im Bauch wieder in das kleine Boot zu steigen.

Und schon bald, nach einigen Tagen, wenn ich so zurückdenken werde, dann wird sich das, was wir uns unter dem Paradies vorstellen, langsam wieder in meinem Kopf ausbreiten. Des Menschen leicht verschnörkelte Vision einer himmlischen Wildnis. Sie ist so, wie sie die bunten Kataloge immer wieder trefflich beschreiben. Traumhaft.

Trip auf die Dschungelinsel

WAS SIE WISSEN SOLLTEN

Wenn Sie Hinchinbrook Island betreten haben und der Ranger mit seinem Boot wieder verschwunden ist, herrscht auf der Stelle eine Art Jurassic-Park-Feeling. Ganz im Norden existiert zwar ein winziges Eco-Resort, ansonsten aber ist die Insel tatsächlich wild und sich selbst überlassen.

Zu den Tieren. Nein, ich habe nicht übertrieben. Es leben auf der Insel wirklich große Krokodile ebenso wie die besagten tödlichen Quallen im Meer. Allerdings beschränkt sich die Quallensaison vor Queensland auf die Monate November bis April. Wer dann partout im Meer baden gehen will, sollte sich einen »Stinger Suit« kaufen. Die dünnen Ganzkörper-Überzieher sind am Festland in allen Apotheken zu haben und sollen vor Quallenverätzungen schützen. Ich würde das Risiko eines Bads aber trotzdem nicht eingehen. Wer mit so einer Qualle in Berührung kommt und nicht binnen einer Stunde beim Arzt ist, kann sterben. Und in einer Stunde schaffen Sie es niemals von der Insel zum Doktor.

Generell gilt: Wer das Eiland bewandert, sollte vorab unbedingt die Informationsbroschüren der Ranger studieren. Dort steht schwarz auf weiß, was alles passieren kann und wie man sich im Notfall zu verhalten hat. Und vermeiden Sie ab der Dämmerung definitiv die Strände von Hinchinbrook! Ein Wettlauf mit einem Saltie ist absolut kein Spaß – die Krokodile werden bis zu vierzig Stundenkilometer schnell.

Zur Route. Über die Insel führt der nach einer Pionierin benannte Thorsborne Trail. Ein vierunddreißig Kilometer langer Wanderpfad, der angeblich in vier Tagen zu schaffen ist. Allerdings ist der Begriff

»Pfad« stark übertrieben. Die Route verliert sich schon bald im undurchdringlichen Unterholz und ist auf vielen Etappen kaum noch auszumachen. Einmal brauchte ich allein eine Stunde, um die nächste Markierung zu finden. Den Weg weisen lediglich winzige Pfeile, die auf die Bäume gemalt und meistens schon komplett vermodert sind.

Noch ein kleiner Tipp für Genießer: Die Ranger sehen es nicht gern, wenn allzu viel Alkohol mit auf die Insel genommen wird. Außerdem macht jedes Sixpack Bier den Rucksack schwerer, der eh schon brutal in die Schultern schneidet. Mein Rat: Kaufen Sie sich je nach Vorliebe ein bis zwei Flaschen guten Schnaps. Der desinfiziert obendrein den Magen und erleichtert das Einschlafen, wenn man nachts stundenlang wachliegt und den Vögeln lauscht.

Was Sie können sollten

Bedenken Sie, dass bei diesem Trip bereits die Anreise nach Australien recht sportlich ist und Sie sich zunächst in rekordverdächtigem Nonstop-Sitzen üben müssen. Mit dem Flugzeug führt die Reise über Cairns nach Townsville, danach müssen Sie mit dem Auto weiter bis nach Ingham fahren. Von dort aus gelangen Sie schließlich mit dem Boot nach Hinchinbrook Island. Wer das von Deutschland aus in einem Rutsch erledigt, ist mit allen Stopps gut und gerne vierzig Stunden auf Achse. Unterwegs zwei Übernachtungen einzuplanen ist darum ratsam. Sonst sind Sie schon bei der Ankunft fix und fertig.

Ferner sollten Sie unbedingt fit im Dschungelwandern sein. Vor allem, wenn Sie mit ehrgeizigen Ehepartnern oder Freunden unterwegs sind, die ein fanatisches Tempo an den Tag legen, um das Tagessoll zu erreichen. Ich für meinen Teil hasse Tagessolls und ebenso Menschen, die solchen allzu ambitioniert hinterherhecheln. Ruhen Sie sich aus. Lassen Sie sich von niemandem treiben. Genießen Sie die Natur.

Auch hitzeverträglich sollte man sein und in der Lage, drei, besser vier Liter Wasser pro Tag in sich hineinzuschütten. Ich tue mich in der Regel schwer damit, aber den Zustand der Dehydrierung plus Sonnenstich will hier auch keiner erleiden. Die Sonne kracht spätestens ab zehn Uhr morgens wie eine Keule vom Himmel, weshalb ich gnadenlos 50er-Creme aufgetragen habe. Genau die, die niemals einzieht und so einen weißen ungeheuren Schweinkram auf der Haut hinterlässt. Aber da muss man durch, sonst hängt die Haut schon am nächsten Tag in Fetzen. Und das ist auch wieder nicht schön.

Zu den weiteren Qualitäten, die Sie für diese Reise mitbringen sollten, zählen die klassischen Trekkingtechniken. Routiniert ein Zelt aufbauen, beim Aufblasen einer Isomatte vom Typ »Thermo-Rest« nicht sofort unter Atemnot zusammenbrechen, sowie einen Gaskocher korrekt bedienen – und nicht wie ich gleich am zweiten Tag den schwarzen Drehpinökel vorn am Gashebel abbrechen, woraufhin ich mich für den Rest meines Aufenthalts von geschmolzenen Müsliriegeln und elendem Trockenobst ernähren musste. Zudem sollten Sie plumsklofest sein und dort, wo die Ranger keinen Donnerbalken in den Dschungel geschraubt haben, Geschäfte in freier Wildbahn verrichten können. Bioklopapier ist auf der Paradiesinsel natürlich Ehrensache.

Weiterhin lebenswichtig ist die angemessene Kleidung auf solchen Urwaldinseln. Hemden und Hosen sollten so leicht wie möglich sein und unbedingt atmungsaktiv. Tagsüber nämlich schwitzen Sie permanent – etwa in dem Maße, als würden Sie zu Hause zwölf Stunden ohne Unterlass joggen. Und packen Sie bloß genügend

Mittel gegen Moskito- und Sandflohattacken ein. Am besten so viel, wie Sie tragen können.

Zum Schluss nur noch dies: Gehen Sie am letzten Abend vor dem Aufbruch zur Insel noch einmal ausufernd essen. Denn Sie werden auf Hinchinbrook abnehmen. Ich jedenfalls war zackige vier Kilo leichter, als ich nach sechs Nächten wieder die Zivilisation erreichte.

WIE HART IST ES WIRKLICH?

Hier hängt die Note ganz vom persönlichen Pensum des Trekkers ab. Wer wie ich ganz gemütlich marschiert, alle halbe Stunde pausiert und erst mal eine raucht, kommt mit dem Faktor vier aus. Weniger als vier wäre allerdings untertrieben, allein schon wegen der unfassbaren Hitze dort unten. Wer wiederum stramm trekkt oder gar den gesamten Thorsborne Trail die Ostküste hochwandern will, muss den Abenteuerfaktor ganz klar nach oben schrauben. Ich würde dann prompt eine Sieben bis Acht verteilen, weil jede Art schnellen Gehens bei fünfunddreißig Grad im Schatten und extrem hoher Luftfeuchtigkeit meines Erachtens nach früher oder später zur Tortur wird.

Einen noch höheren Schwierigkeitsgrad vom Faktor neun dürfte gar erreichen, wer auch noch nachts durchs Dickicht zu marschieren gedenkt. Eine Gruppe verwegener Schweizer soll das vor einigen Jahren getan haben, um einen neuen Rekord im Inseldurchqueren aufzustellen. Ich weiß nicht, was für Elektrolytdrinks die Schweizer getankt hatten und wie oft sie zuvor zum Training das Matterhorn rauf und runtergelaufen sind. Ich jedenfalls kann auf Rekordmärsche dieser Art dankend verzichten und bevorzuge eindeutig Wasserfall mit Buch.

Informationen

Es werden maximal zwölf Leute gleichzeitig auf der Insel geduldet. Aber keine Sorge, die Chancen, anderen Trekkern zu begegnen, sind sehr gering. Es sei denn, Sie marschieren ständig im Pulk. Wer Hinchinbrook besuchen will, braucht zuvor eine Genehmigung, die man mindestens sechs Monate vorher beantragen sollte. Und zwar bei der Environmental Protection Agency: *www.derm.qld.gov.au*. Oder Sie rufen direkt per Telefon an, dann wählen Sie (07) 40 66 86 01. Infos, Touren, Tipps, Transfer und Zubringerboote erhalten Sie unter: *www.hinchinbrookwildernesssafaris.com.au*

Kosten

Mal abgesehen von den nicht ganz unerheblichen Flugkosten nach Australien ist dies vielleicht einer der günstigsten Urlaube, die Sie machen können. Die Insel- und Campinggebühren liegen pro Nacht bei nur vier australischen Dollar. Und wofür sollten die Ranger auch mehr verlangen? Die Insel besticht nun einmal dadurch, absolut null Luxus zu bieten. Für die Überfahrt von und zur Insel sollten Sie zwischen 70 und 90 Dollar rechnen. Das beinhaltet allerdings auch das Notrufgerät und die topografischen Karten. Außerdem hatte mein Ranger eiskaltes Bier an Bord, als er mich wieder abholte. In dieser Beziehung sind die Aussies unschlagbar.

Gefrorene Hölle

Mit dem Weltmeister in der Bobbahn

BERCHTESGADEN, BAYERN

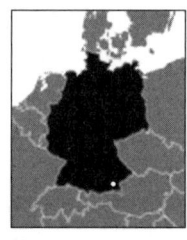

Der Anruf der Redaktion kam an einem Nachmittag, ich war gerade dabei staubzusaugen, weil ich es zu Hause ordentlich mag. Der Redakteur fragte, ob ich nicht Zeit und Lust hätte, eine Bobbahn runterzufahren. In Berchtesgaden könnten Normalsterbliche so etwas buchen, und bei diesem Termin würden die Gäste sogar von Assen aus dem Weltcup chauffiert.

Ich kenne solche Anrufe. Daher setzte ich mich wie immer mit dem Hörer am Ohr in meinen Sessel und fragte nach den Details. Der Redakteur sagte, es sei eigentlich nichts dabei. Zwei Tage vor Ort, den Kanal hinunterrasen, abends noch ein Abendessen und Zeit für ein, zwei Interviews mit den Profis. Danach könne ich schon wieder nach Hause fahren und das Ganze aufschreiben. Der Text müsse die Woche darauf fertig sein. Das Honorar? Ach ja, das Honorar. Ein gutes Honorar gibt es, sagte der Redakteur, ein gutes.

Am nächsten Morgen bekam ich das Ticket und alle nötigen Unterlagen per E-Mail. Und so brach ich vier Tage später auf nach Berchtesgaden, um mir dort das infernalischste Geschwindigkeitserlebnis meines Lebens abzuholen.

Bobfahrer neigen zur Untertreibung. Mit vollem Tempo durch den Eiskanal zu schießen vergleichen sie gern mit dem Erlebnis, in eine solide Kneipenschlägerei zu geraten. Die Wahrheit ist schlimmer. Bobfahren gleicht einem Höllenritt durch einen Zeittunnel und fühlt sich an, als würde sich gleich eine ganze Rugbymannschaft auf einen stürzen.

Bei einer Geschwindigkeit von hundertdreißig Sachen und Fliehkräften von bis zu sechs g wird der Kopf brutal hin- und hergeschleudert, Schultern und Hüften werden wahllos gegen die Seitenteile des Bobs gerammt, und der Hintern bekommt in dem völlig ungefederten Vehikel Dauerdresche ab.

Es ist ein Montagmorgen in Königssee bei Berchtesgaden, es ist ein besonderer Tag. Denn dies ist der Tag, an dem einige Normalsterbliche dazu auserkoren sind, einmal mit André Lange – sechsfacher Weltmeister, sechsfacher Europameister, dreimal Olympia-Gold – die Weltcup-Strecke von Königssee runterzuheizen. Wohlgemerkt nicht in irgendeinem vorgebremsten Schulungsgefährt. Sondern in Langes original Weltcup-Bob.

Ich hatte Bobkönig Lange das erste Mal am Abend zuvor getroffen. Er trat in den Türrahmen, mit Schultern so breit wie eine Stoßstange, und begrüßte die Truppe der Passagiere mit einem mächtigen Grinsen, das man auf verschiedene Weise deuten konnte. Ich verstand es so: »Wartet nur ab, ihr Helden, ich werde euch morgen dermaßen in die Mangel nehmen, wie ihr es noch nie zuvor erlebt habt.« Wir saßen dann noch etwas an einem Kamin, plauderten, es ging um

Geschwindigkeiten, korrekte Kopfhaltung, Versagen der Steuerung, Kreislaufprobleme. All so was.

Der nächste Morgen. Zum Frühstück gibt es Kaffee, Croissants, Früchte. Auf die Frage, ob dem Passagier während der Fahrt schlecht werden könne, antwortet Lange, dass er über diese Frage noch nie nachgedacht habe. Dann sagt Lange, dass wir uns langsam auf den Weg machen sollten, um vor dem Ritt die Strecke abzumarschieren. Es ist elf Uhr morgens, als wir die Anlage erreichen.

Wie eine enge Röhre schlängelt sich die Bahn durch die bergige Landschaft. Eine Betonspur, in der Kühlstreben dafür sorgen, dass sich eine mehrere Zentimeter dicke Schicht mit knüppelhart gefrorenem Eis darauf bildet. Knapp 1400 Meter, mit einem Höhenunterschied von 117 Metern und einem Durchschnittsgefälle von 9,3 Prozent, windet sich die Bahn talwärts.

»Wenn die Wanne da erst mal unterwegs ist, hält sie nichts mehr auf«, sagt Olympiasieger Lange. Mit »Wanne« meint der dreiunddreißigjährige Blondschopf den Bob, einen 215 Kilo schweren, 50 000 Euro teuren und von innen fast nackten Karbonuntersatz, der vier Kufen besitzt und per Computersimulationen und Windkanaltests aerodynamisch auf Optimalform getunt ist. Mit anderen Worten: Ein Geschoss, das nichts mehr verachtet als Langsamkeit.

Doch das Bitterste kommt noch. Die Kurven. Achtzehn Stück an der Zahl. Wobei diese Kurven eher lotrechten Wänden gleichkommen, die sich teils mit negativen Überhängen nach oben wölben wie gähnende Schlünde, durch die die Fahrer ungebremst durchbrettern und in denen der mit Insassen 630 Kilo schwere Viererbob mit über drei Tonnen in die Vertikale gepresst wird. Diese Kurven tragen so hübsche Namen wie Schlangengrube, Echobahn oder Turbodrom, eine hundsgemeine 360-Grad-Schleife, die jeder Zentrifuge für Testpiloten in nichts nachstehen dürfte und erst jüngst nach einer Boblegende zum Sepp-Lenz-Kreisel umgetauft wurde.

Unten, direkt an der Strecke, steht die kleine Station des Bahnarztes. Neben die Tür ist ein rotes Kreuz gemalt, daneben prangt auf einem Schild der Schriftzug »Chefarzt Dr. A. Leidinger«, sicherheitshalber gleich mit der Adresse des nahen Klinikums für Wirbelsäulen- und Schmerztherapie.

Bei Weltcuprennen ist die Station ständig besetzt. Was angesichts dieser Prügeltrips auch Sinn ergibt. Und das obwohl Bobfahrer Spitzensportler sind, die Oberarme und Beine haben wie Bullenschenkel; Sportverrückte, die jede Woche zwanzig Stunden im Fitnessstudio verbringen und regelmäßiges Sprinttraining absolvieren. Bobfahrer sind nichts anderes als 95 bis 110 Kilo schwere Muskelmaschinen, die hundert Meter in 10,5 Sekunden laufen.

Imposante Fakten. Fakten aus einem Paralleluniversum. Ich mache mir tapfer Notizen, während Lange so dahinredet. Meistens schreibe ich im Stehen auf kleine Blöcke, mit billigen Kugelschreibern, die ich irgendwo aufgelesen habe.

Es sei nicht ganz einfach, Bobfahrer zu werden, diktiert mir Lange weiter in den Block, als wir neben der Bahn hinauf zum Startpunkt schlendern. Er spricht von drei Kategorien. Es gäbe da zunächst Leute, die völlig »talentfrei« seien und es nie lernen würden. Dann gäbe es Menschen, die es immerhin bis zu einem gewissen Grad erlernen würden. Und schließlich existiere da noch die dritte Kategorie, bestehend aus einer zarten Handvoll Begnadeter, die es schaffen, nicht nur heile runterzukommen, sondern bei 130 km/h auch noch die Optimallinie zu finden. Die das Undenkbare vollbringen und die heiklen Passagen so ansteuern, dass das Team wertvolle Hundertstelsekunden schneller wird.

Genau dies ist das winzige Zeitfenster, das im Bobsport über Sieg oder Schande entscheidet: Hundertstel. Bei Weltcuprennen treten meist um die zwanzig Teams an, wobei die Ersten von den Letzten oft weniger als eine Sekunde trennt.

Es gibt in Deutschland nur etwa fünfzehn Fahrer, die so einen Eistorpedo pilotieren können. Entscheidend sei dafür die richtige Mischung aus Mut und Fingerspitzengefühl, psalmodiert Lange. »Du musst das im Blut haben.« Dann setzen wir uns noch alle kurz an einen Tisch, trinken eine letzte Cola. Die Profis, die Journalisten und einige Gäste, die sich diesen Ritt freiwillig antun wollen, und es kaum erwarten können, mit weit über hundert Sachen über gefrorenes Wasser zu fliegen.

Um Punkt zwölf macht sich Lange samt Team und Bob am Startterminal parat. Es werden Polykarbon-Intergralhelme verteilt, es folgt die Einweisung durch den Bahnbetreiber, und spätestens jetzt kommen mir ernste Zweifel. Ich schnappe mir ein Merkblatt und lese, dass man Bungee- und Fallschirmspringen vergessen könne. Auf dem Blatt steht, dass Kandidaten mit Herzkreislauf- oder Rückenproblemen definitiv auf den Ritt verzichten sollten. Es heißt ferner, dass dies auf eigene Gefahr vonstatten ginge, man eine »herausragende körperliche Konstitution« mitbringen müsse.

Der Bahnbetreiber erklärt mir, dass man in den Steilkurven kurz die Besinnung verlieren könne, dass sich durch den Druck die Wirbelsäule nicht aufrecht halten ließe und sich die Bandscheiben teilweise herausschieben könnten.

Der Bahnbetreiber sagt, dass es bei zwei Passagieren schon Wirbelbrüche gegeben habe, OP, zehn Wochen Reha. André Lange grinst dazu leicht schräg und ergänzt, dass sich die Kurven anfühlen würden wie »Hammerschläge auf den Kopf«. Er fügt hinzu: »Es gibt jetzt nur noch eins – Helm auf, Augen zu und durch!«

Dann sehe ich das erste Mal den Bob. So ein Profibob besitzt praktisch kein Innenleben. Vier winzige Griffe zum Festkrallen. Vorn zwei Hebel, mit denen Pilot Lange lenkt. An den Hebeln sind zwei Drahtseile befestigt, mit denen sich die Kufen um maximal fünfzehn Grad anstellen lassen. Die vier Kufen wiegen zusammen fünfundzwanzig Kilo, jede einzelne nicht breiter als ein Zeigefinger und tagelang von Hand geschliffen und poliert. Die Kufen sehen aus wie silberne Pfeile. Nur der Schall dürfte auf Eis schneller sein. Ich werfe noch einen letzten Blick in den Bob vor dem Einsteigen. Die Frage nach einem Sitz oder Ähnlichem erübrigt sich selbstverständlich.

Lange schiebt sich jetzt ganz vorne in den Bob, Beine lang gestreckt unter die Haube, bis nur noch seine Augen über die Verkleidung blinzeln. Dann werde ich in die vordere Mittelposition gestopft, ein weiterer Gast dahinter, als Letzter zwängt sich Kevin Kuske, Langes Bremser, in den Bob. Vier Mann, die wie zusammengepresste Gummibärchen in einer Karbonrakete hocken. Blick nach vorn. Vor uns tut sich die Bahn auf. Wie ein weißer Schlauch, der nach der ersten Senke abkippt und sich im Bodenlosen verliert.

Wir sitzen. Sprechen nicht. Volle Rückenspannung. So müssen sich Astronauten fühlen, die auf zwanzig Millionen Kilo Treibstoff liegen und jeden Moment ins All gejagt werden. Dann laufen die vier Anschieber aus Langes Team abrupt los, ein leichtes Rumpeln setzt ein, der Bob springt nach vorn, von hinten ist wildes Geschrei zu hören. Noch nie habe ich mich an zwei winzigen Griffen derart festgekrallt, draußen regnet es, und ab jetzt wird alles sehr, sehr schnell vonstatten gehen.

Man verliert beim Bobfahren jegliches Gefühl für Raum und Zeit, weil man sich auf nichts anderes konzentriert, als Kopf und Rücken irgendwie gerade zu halten und sich auf die Kurven einzustellen, bevor diese schon wieder vorbei sind. Das jedoch misslingt spätestens nach der zweiten Kurve, in der mein Helm erstmals von links nach rechts gerissen wird und mit Schmackes gegen die Verkleidung kracht. Der erste schwere Kinnhaken.

Nach der vierten Kurve verschiebt sich meine Wahrnehmung. Das mag daran liegen, dass die Bahn gerade mal 1,50 Meter breit ist und ich noch nie zuvor im Leben mit hundertdreißig Sachen nur Zentimeter neben einer eisigen Kante entlanggeschlittert bin. Es mag ferner daran liegen, dass die nächsten Kurven immer schneller auf uns zukommen, ich ab einem bestimmten Punkt nicht mehr erkennen kann, ob es eine Links- oder Rechtskurve wird, und folglich dermaßen hin- und hergeschmettert werde, als würde ich von nun an nonstop von Mike Tyson bearbeitet.

Das Nächste, was kommt, muss der Sepp-Lenz-Kreisel sein. Steilwand. 360 Grad. Boblegende. Die Rugby-Truppe kommt. Es ist nicht ganz einfach, meinen Zustand im Sepp-Lenz-Kreisel zu beschreiben, aber Begriffe wie Presslufthammer, Schraubstock, Atemnot und Ohnmachtsgrenze fassen es in etwa zusammen.

Nach dem hundsgemeinen Kreisel ist es mir nicht mehr möglich, zu überlegen, auf welchem Streckenabschnitt wir gerade sind oder wie lange es noch dauern wird. Da ist nur ein infernalisches Rumpeln, Schlagen und Poltern, und das Einzige, was mir noch vage durch den Kopf schießt, ist die Tatsache, dass ganz zum Schluss, sozusagen als finaler Paukenschlag, noch die Echowand wartet. Jene Kurve, in der man Spitzengeschwindigkeiten von bis zu 140 km/h erreicht und in der, wie Lange es ausdrückte, der übelste »Hammer« kommt.

Die Echowand kommt dann insgesamt extrem schnell und fühlt sich ungefähr so an, als würde sich eine Stahlpresse auf mich hinabsenken. Mein Kopf wird von einer übermächtigen Kraft Richtung Oberschenkel niedergedrückt, während mein Rückgrat in eine gefühlte U-Form gebogen wird und ich an nichts, gar nichts mehr denke. Erst später, unmittelbar nach der Fahrt, werde ich schwören, dass nach der Echowand nur noch eines kommen kann: die Faust Gottes.

Lange hatte erzählt, dass sie diese Kurve in verschiedenen Rennen schon das eine oder andere Mal zu radikal angesteuert hätten, der Bob einen Kippsturz hingelegt und das Team die Echowand kopfüber auf den Helmen genommen habe. Lange hatte aber auch gesagt, dass sich Bobfahren gelegentlich »wie Fliegen« anfühlt. Dann nämlich, wenn der Bob in großen Kurven weit nach oben hinausgetragen wird und man ihn dann einfach »da durchballern« lässt. Lange trägt immer ein seltsames Grinsen im Gesicht, wenn er solche Sätze sagt.

Nach exakt 51,58 Sekunden ist der Spaß zu Ende. Während eines Weltcups fuhr Lange die Strecke schon mal in 48,97 Sekunden. Welten. Kevin Kuske drückt jetzt die Bremseisen ins Eis, der Bob hoppelt die letzten Meter bergauf und kommt endlich zum Stehen.

Fazit dieser kleinen Abenteuers in den Bergen: Bobfahren ist eine verschärfte Mixtur aus komplettem Irrsinn und höllischem Spaß. Formel-1-Fahren muss sich dagegen anfühlen wie ein Sonntagsausflug durch blühende Landschaften. Auch das Aussteigen aus der Karbonschleuder ist durchaus interessant. Der schlichte Akt des aufrechten Stehens kommt einer schmerzhaften Wiedergeburt gleich. Irgendjemand muss mir unterwegs Steine in den unteren Rücken genäht haben.

Wenn Bobfahrer von den Momenten in der Bahn sprechen, reden sie von »sehr schönen, einsamen Sekunden«. Sie sagen, dass man im Kanal selbst nicht viel denken sollte, dass man sich irgendwann an die martialischen Fliehkräfte gewöhnen würde und dass sie nicht umsonst solche Stiernacken hätten.

Bobfahrer sind sehr eigene Typen. Es gibt nicht viele von ihnen. Man muss das verstehen.

Bobfahren

Was Sie wissen sollten

Sie müssen es nicht tun, aber ich rate Ihnen dringend dazu, vorher zum Hausarzt zu gehen, ihm klipp und klar zu sagen, was Sie vorhaben, und sicherheitshalber die Bandscheiben checken zu lassen. In der Tat ist es so, dass die Belastungen bei einer Bobfahrt dazu führen, dass die Knochen der Wirbelsäule so stark zusammengepresst werden, dass sich die Knorpel bis zum Gehtnichtmehr quetschen und folglich seitlich auswandern wollen. Sie sollten zudem zwingend eine extra Risikoversicherung abschließen. Wenn Sie nämlich – sollten Sie nach der Fahrt in der Reha landen – Ihre Krankenkasse zwecks Kostenerstattung anrufen, werden sich die Damen und Herren dort schieflachen und abwinken. Ich habe nachgefragt: Bobfahren fällt definitiv nicht unter die Rubrik »normale Risiken beim Sport«.

Weiterhin sollte man auf jeden Fall den Hinweis der Bahnbetreiber beachten und nichts, aber auch nichts in den Hosentaschen haben. Blaue Flecken trägt man eh zur Genüge davon. Doch was geschieht, wenn man diese eine Minute im Bob auf einem vergessenen Portemonnaie oder gar einem Handy in der Gesäßtasche sitzt, will man sich gar nicht ausmalen. Ansonsten sollten Sie versuchen, die Fahrt zu genießen. Die Integralhelme federn die Stöße, Kinnhaken und gefühlten Fausthiebe auf den Kopf recht gut ab. Und strecken Sie ruhig mal kurz den Kopf über den Helm des Piloten hinaus. Die Aussicht nach vorn ist fantastisch und erinnert daran, mit Full Speed in ein schwarzes Loch zu rasen, das jemand vorher weiß angemalt hat. Und falls es Ihnen extrem gut gefällt: Fahren Sie ruhig noch ein zweites Mal runter. Aber niemals öfter als fünfmal an einem Tag! Das machen noch nicht einmal die Bobprofis. Denn das nimmt jeder Rücken krumm.

Was Sie können sollten

Sie sollten über eine normale Fitness verfügen, das reicht meines Erachtens nach für Fahrten dieser Art aus. Doch was bedeutet normale Fitness? Nehmen wir mich als Beispiel, ich habe die Bobbahn schließlich auch überlebt. Wie Sie aus dem Vorwort wissen, rauche ich (immerhin eine Packung am Tag), schaffe es problemlos, eine normalpreisige Flasche Weißwein zu trinken, ohne am nächsten Tag auch nur einen Anflug von Kopfschmerzen zu verspüren. Ich bin 1,85 Meter groß und wiege je nach Aufenthaltsort zwischen 79 und (eher) 82 bis 83 Kilo. Beim Joggen würde ich nach 4000 Meter schlapp machen. Aber ich jogge so gut wie nie. Weil ich es anstrengend finde und entsetzlich langweilig dazu. Allerdings muss ich sagen, dass ich 1000 Meter in 20,5 Minuten kraulen kann und unter Wasser schon mal über zwei Minuten die Luft angehalten habe. Das finde ich gar nicht übel.

Viel wichtiger für die Bobfahrt ist meiner Einschätzung nach die mentale Einstellung. Schließlich hat man keinen blassen Schimmer, was da wirklich auf einen zukommt – man muss sich demnach blindlings dem Bobfahrer anvertrauen. Solche vertrauensbildenden Maßnahmen kommen heutzutage gern auf Managerseminaren zum Einsatz. Aber ich versichere Ihnen: Gruppentrekking, Konfliktlösungsaufgaben und selbst radikalste Hochseilgärten sind ein Witz gegen das, was Sie hier erwartet.

Wie hart ist es wirklich?

Bobfahren ist eindeutig am oberen Ende der Skala anzusiedeln. Schließlich fühlt es sich an, als säße man in einer Monsterachterbahn, würde gleichzeitig von einem Boxer verdroschen, während einem ein wildgewordener Koch mit einer Bratpfanne den Hintern versohlt. So ungefähr. Ich würde hier eine klare Neun vergeben, wobei sogar eine Zehn drin wäre, würden die Betreiber die Gäste ohne Profis in die Bobs setzen und sie ganz allein ihrem Schicksal überlassen. Ich konnte bisher noch nicht recherchieren, ob solche Angebote in Planung sind, bin mir jedoch sicher, dass dies eine Marktlücke ist, die sich demnächst schließen wird. Der ultimative

Höllenritt für die Wintergäste. Mutterseelenallein im Bob die Weltcupstrecke runter. Zu überbieten wäre dies nur noch durch Bungeespringen ohne Seil.

Informationen

Die Strecke von Königsee ist nur eine von mehreren Bahnen weltweit, die Ritte dieser Art für Normalsterbliche anbieten. Doch ist dies eine der schnellsten Strecken und liegt hübsch eingebettet in ein weitläufiges Tal, über dem der Watzmann thront und wo Adolf Hitler früher seine Sommerresidenz hatte. Wenn Sie sich die Bahn und alle Infos zu diesem Höllenritt vorab einmal anschauen wollen, klicken Sie auf *www.rennbob-taxi.de*. Gefahren wird von November bis April.

Kosten

Die Einweisung samt Bobfahrt kostet 85 Euro. Das hört sich erst mal gar nicht so viel an. Bedenkt man jedoch, dass der eigentliche Ritt nur rund eine Minute dauert, ist dies ein stolzer Kurs. Allerdings beinhaltet dieser Preis auch ein Bob-Diplom sowie ein nettes Erinnerungsgeschenk. Beides wird Ihnen direkt nach der Fahrt überreicht. Falls Sie dann noch stehen können.

Der Mandarinfisch

*Auf der Suche nach der schönsten
Kreatur der Meere*

PHILIPPINEN

Ganz vorne, am Rand der Lagune, ist das Wasser so klar wie Wodka. Gestochen scharf liegen Seegurken und Tigermuscheln im flachen Meer, daneben leuchten Korallen. Der sandige Grund ist beinahe weiß, feine Rippen, die unter dem klaren Licht der Tropensonne erzittern. Erst weiter hinten, an der Saumkante des Riffs, sind kleine Wellen auszumachen. Das Meer ist dort draußen hellbau und grün, dahinter beginnt ein großes Dunkelblau.

Weiße Wolken ziehen über die Philippinensee, spiegeln sich in den Wasserfarben und legen samtene Schatten auf das dreißig Grad milde Meer. Der Gang in dieses Wasser hat etwas Metaphysisches, und bald ist es, als bewege sich der Schwimmer in einer Sphäre aus hellblauem Licht, die See lind und unfassbar zärtlich auf der Haut.

Stundenlang kann der Schwimmer in diesem Meer aushalten, dem westlichen Pazifik in den tropischen Breiten, der die entlegenen Inseln umspielt. Dies ist das schönste Wasser, das ich je gesehen habe, und ihn ihm zu schwimmen die größte Belohnung, die sich die Erde ausgedacht hat.

Doch sind wir nicht zum Schwimmen hier. Wir sind auf der Suche nach der hübschesten Kreatur der Meere.

Das filigrane Wesen zeigt sich, wenn überhaupt, nur bei Dämmerung oder in der werdenden Nacht. Tagsüber hält sich der Star versteckt, auch nachts klemmt er sich meistens in die Nischen und Ritzen der Korallen. Man muss das verstehen. Ein falsches Manöver, ein übermütiger Ausflug vor die Haustür, und der kleine Fisch würde ganz schnell gefressen oder sonst wie geködert da unten im Meer. Er ist scheu, kaum größer als eine Erdnuss, allerdings so bunt und wild gezeichnet wie ein Bild von Friedensreich Hundertwasser oder die Fantasie eines Wahnsinnigen.

Der Schönheitskönig, den wir suchen, heißt *Synchiropus splendidus*, Mandarinfisch, und er kann er ein Lied vom Tod singen. Viele seiner Artgenossen werden mit Gift betäubt, in Flugzeugen um die halbe Welt geflogen, für teures Geld verkauft, um danach einige Zeit in beleuchteten Zieraquarien durch die Wohnzimmer fischbegeisterter Erdenbürger zu schweben. Bis die kleinen Kiemlinge sterben. Mandarinfische sind sensible Burschen, es ist nicht einfach, sie zu halten. Aquaristen klassifizieren sie in der Schwierigkeitsgruppe drei, kompliziert.

Nicht wenige seiner Kollegen fallen auch der Huai-Yang-Küche zum Opfer, weil einige Chinesen beim Essen Wert auf bunte Farben und schöne Formen legen und der Mandarinfisch süßsauer ihnen als Spezialität gilt. Es scheint ein leidvolles Gesetz zu sein. Außergewöhnliche Schönheiten haben es nicht leicht.

Das Meer vor der Insel Negros ist sehr blau und warm, und es umhüllt einen wie Seide. Das Wasser ist wie Magie, und der Mensch muss den Moment genießen, wenn der Kopf untergeht und das Hinabtauchen beginnt, erst langsam, dann immer schneller. Mit jedem Meter Tiefe schwinden die Eindrücke der Menschenwelt.

Die hitzegequälten Straßen Manilas vom Vortag, die rammelvollen Jeepney-Busse und die Männer, die halbnackt in den schattendunklen Seitenstraßen schliefen – vergessen. Die grellen Neonbotschaften, die hektischen Märkte und schreienden Garküchen – verblasst. Und auch Roxas Varlas, vierundzwanzig, mit ihren pechschwarzen, polangen Haaren, die an einer Straßenecke im Viertel Ermita hundertfach das Versprechen in die Nacht hauchte, für tausendfünfhundert Pesos, zweiundzwanzig Euro, jeden einsamen Mann bis zum Morgengrauen zu lieben, wird jetzt vom salzigen Wasser verschluckt. Die Welt da oben löst sich auf.

Dann ist nur noch Meer.

In zehn Meter Tiefe staksen Hirnkorallen aus der Bläue, Tellerfarne und feinadrige Gorgonienzweige lugen hervor. Das Riff tut sich auf, ein verknotetes, in sich verschlungenes Dickicht. Ein Gewühl aus Formen, Farben und Strukturen. Es ist früher Abend, oben über der Meeresoberfläche sinkt die Sonne. Das Wasser trübt sich, bald umgibt uns eine graublau gestrichene Ozeanwelt. Genau dies ist die Stunde, in der sich der Mandarinfisch zum Fressen hinauswagt. Und es ist jene Zeit, in der die Chancen für Judy Harling am besten stehen, den ängstlichen Superstar zu erwischen.

Judy Harling ist achtundsechzig Jahre alt, ihre nassen Haare tanzen geisterhaft im Wasser, als sie in zwölf Meter Tiefe über die Riffkante schwebt und die zwei ausladenden Blitzlichter ihrer Kamera wie Stierhörner auf eine Peitschenkoralle richtet. Judy leitet ein Skiresort in den Rocky Mountains, doch eigentlich taucht sie lieber. Ihr großes Hobby ist die Unterwasserfotografie.

Tausende Fische hat Judy Harling auf ihren weltweiten Tauchreisen schon fotografiert und archiviert. Zackenbarsche, Zitronenhaie, Kaiserfische. Gewürm und Getier in allen Variationen. Zuhause flimmern die maritimen Wunderwesen als Bildschirmschoner über ihren Computer, ihr bisher liebstes Motiv zeigt eine grüne Riesenmuräne, die im offenen Wasser vor Cozumel, Mexiko, einen Hummer jagt. Kurz bevor die Muräne zubiss, hatte Judy auf den Auslöser ihrer Kamera gedrückt. Der Tod als Zauberbild.

Nun ist die Kalifornierin über zehntausend Kilometer geflogen, um auf den Philippinen die letzte noch fehlende Trophäe in ihrem Fischfotosammelsurium vor die Linse zu bekommen. Den Mandarinfisch. Jenen raren, vielflossigen und kreischbunten Spross der Leierfische, der nur vor Australien, den Ryukyu Islands und im Westpazifik vorkommt, von dem viele Taucher träumen und sich nichts sehnlicher wünschen, als ihm einmal im offenen Meer zu begegnen.

»Ich kenne jede Insel der Karibik, viele habe ich dreimal besucht, in der Südsee war ich auch schon, nur zum Tauchen und Fotografieren.« Das hatte Judy noch gesagt, kurz bevor sie sich den Lungenautomat in den Mund steckte, mit gespreizten Fingern die Maske ans Gesicht drückte und sich vom Boot rückwärts in das milde Wasser fallen ließ.

Ihre Chancen, den Mandarinfisch hier zu finden, stehen gut. Die Philippinen sind eines der besten Tauchreviere der Welt, 7107 Inseln, 35000 Kilometer Küstenlinie, eine maritime Schatzkiste, von der Forscher behaupten, dass sich hier mehr Spezies tummeln als am Great Barrier Reef und im Roten Meer zusammen. Doch Judy weiß, dass der Mandarinfisch dennoch nicht einfach zu erhaschen ist. Um ihn zu finden und ein Bild von ihm zu schießen, das hatte sie noch hinzugefügt, seien Geduld gefragt, Glück und Demut.

Unterwasserfotografie ist populär geworden. Gelbsattelbarben, Orange-Ringel-Anemonenfische und pinkfarbene Nacktschnecken ziehen die Taucher in den Bann. Je kleiner, desto attraktiver. Makrofotografie, so nennt sich jene Lust, bei der es gilt, winzige Meerestiere ins rechte Licht zu rücken. Spinnenfeine Shrimps, Seepferdchen oder zarte Tüpfelritterfische im Jugendstadium. Der japanische Psychiater und Tauchnarr Mitsuaki Takata hat sich sogar auf die Supermakrofotografie spezialisiert. Zentimeternah schwebt er an die Wesen heran und hält seit über zehn Jahren die Augen, Münder und Gesichter kleinster Fische in Großaufnahmen fest. Beim Auswerten seiner Bilder versucht er, den Gesichtsausdruck der Winzlinge zu analysieren, in einem Buch schreibt er gar, er mache diese Fotos, »um mit den kleinen Fischen durch meinen Sucher zu sprechen«.

Die Psychologie tropischer Rifffische, dies muss das Endstadium sein, doch gerade für derart seltene Betrachtungen exotischer Wesen gelten die Philippinen als bestes Ziel auf dem Planeten. Als Planschbecken, das vor absonderlichem Leben und irren Kreaturen nur so wimmelt.

Vor Apo Island fliegt Judy Harling über eine mächtige Acropora-Koralle hinweg, der Tiefenmesser zeigt vierzehn Meter, und es ist jetzt die Phase, wo das Tagleben zum Nachtleben übergeht. Aberwitzige Formen huschen über das Riff, Seemotten, Geisterpfeifenfische, die wie Düsenjäger aus fernen Galaxien anmuten. Ein letztes Mal vor der Nacht wagen sich die kleinen Fische aus ihren Korallenverstecken und ziehen schnelle Kreise und wilde Achten im Meer. Danach wird die See dunkel und schwarz, und die großen Räuber steigen aus den Tiefen, um zu fressen.

Mitten aus dem düster werdenden Blau schwimmt eine Seeschlange auf mich zu. Sie ist vielleicht zwei Meter lang, dünn wie ein Gartenschlauch, weiß und schwarz geringelt, und sie besitzt Augen wie zwei kleine schwarze Knöpfe. Diese Seeschlange, sie hatten es mir oben in der Menschenwelt erzählt, ist zwanzigmal giftiger als jede Tierart an Land, Skorpione und Schwarze Mambas eingerechnet. Doch die Schlange beißt mich nicht. Sie würde nur beißen, hinderte ich sie daran, zum Luftholen aufzutauchen, und ihr Biss ist auch nicht tödlich, wenn er mich im dicken Muskelfleisch erwischt. Wenn er mich aber an einer Partie mit dünner Haut, etwa zwischen den Fingern erwischt, dann bringt der Biss fast sicher den Tod.

In vier, fünf Metern Abstand, den Körper zu flachen, gleichmäßigen Sinuskurven verbogen, schwimmt die Seeschlange an mir vorüber. Ein schlanker, leuchtender Muskel, hydrodynamisch perfekt geformt, seit zig Millionen Jahren im Meer vertreten. Eine göttliche Kreatur.

Wir tauchen weiter. Ein orangeweiß gestreifter Anemonenfisch saust des Weges, und mit jedem Meter, den wir tiefer hinabgleiten, gerät die Meereswelt vielfältiger, zeigt sie sich im Schein der Taucherlampen immer bunter. Die Natur hat sich Muster, Farben und Bemalungen ausgedacht, so aberwitzig, dass jedes Werk eines noch so verrückten Künstlers wie das eines Einfaltspinsels anmuten muss.

Perfekt getarnte Feilenfische schwimmen vor unseren Masken. Weiter hinten treibt ein Sailor's Eye durchs Wasser, eine filigrane Quallenart, eine lebende Seifenblase. Daneben Spaghettiaale, die aus dem Sand wedeln, braungelb lackierte, mit weißen Piksern ausgestattete Löwenfische, die giftige Stacheln abschießen können. Bald ersaufe ich in diesem kunterbunten Zirkus. Überall am Riff flitzen sie umher, gestreifte, geblümte, gezackte Figuren, so fantastisch, dass es einen nicht wundern würde, böge gleich noch ein grüngekringeltes Spanferkel um die Ecke.

Doch all diese Wesen sind nichts gegen den Mandarinfisch. Er, so hatten es die Taucher oben an der Basis behauptet, würde alle anderen in den Schatten stellen.

Judy geht an diesem Tag leer aus. Der Star hat sich nicht gezeigt. Zurück auf dem Tauchboot legt Judy ihre Tarierweste ab. Der Himmel ist dunkel und die grünen Dschungelberge von Negros sind schon von der Nacht verschluckt. Ein warmer, schwüler Wind streicht über die nasse Haut, als das Boot durch das grafitgraue Meer rauscht. »Ich würde mich so freuen, ihn zu erwischen«, sagt Judy, die Sammlergier eines Philatelisten in den Augen. »Ich bin ja nicht mehr die Jüngste.«

Abends sitzen die Taucher an der Bar, die Luft ist noch immer warm. Judy, die Amerikanerin mit den langen Haaren, nimmt einen Schluck von dem Gin Tonic und starrt auf den Bildschirm ihres Laptops. »Ich kann nicht sagen, warum ich den Fischen nachspüre, es kann schon eine kleine Sucht sein. Wenn du die Farben der Rifffische erst einmal bewusst siehst und die vielen verschiedenen Formen, und wenn du obendrein weißt, was diese Fische können, dann beginnst du sie auf seltsame Weise zu mögen. Ich glaube, dies ist ein sehr verrücktes Hobby, *pretty crazy I guess,* oder?«

Judy lädt die Bilder des Tages auf ihren Rechner, wie fast alle Taucher, nasse Gesichter vor blauleuchtenden Schirmen. Die Aquanauten von heute sitzen in den Tauchresorts von den Malediven bis nach Tahiti vor ihren Laptops, wo sie ihre Bits und Speicher mit den frischgeknipsten Fischen füttern. Es ist die Sucht nach Trophäen, die kuriose Sammelleidenschaft, ohne zu töten. Dabei sind es nicht etwa Mantarochen, Haie und erhabene Räuber, die im Fokus stehen. Es sind kleine, bildhübsche Fische.

Dass der Mandarinfisch und andere Spezies in der Vergangenheit seltener geworden sind, hat Gründe. In den achtziger und neunziger Jahren wurde in den philippinischen Gewässern mit Cyanid und Dynamit gefischt. Nach den Explosionen trieben die toten Tiere den Fischern wie Massenware in die Netze. Viele verdienten sich ein Zubrot, in dem sie mit kleinen Plastikflaschen zu den Riffen tauchten, Cyanid unter die Korallen spritzten und die Fische damit betäubten. Die Tiere verkauften sie an Aquarienhändler, vor allem Taiwanesen und Chinesen, die für bestimmte Arten bis heute horrende Summen zahlen. Auf den Märkten von Hongkong und Shanghai geben manche Kunden mehrere hundert Dollar aus für einen lebenden Napoleonfisch, viele hundert Dollar jedoch für den Mandarin.

Die harschen Fangmethoden hatten längst ihre Spuren hinterlassen, bevor die Behörden reagierten. Vor Palawan und Port Barton waren viele Korallenbiotope auf Jahre hinaus zerstört, manche Orte im Meer kommen bis heute einer Trümmerwüste gleich. Inzwischen aber greifen etliche Bemühungen der Umweltschutzorganisationen. Wer heute auf den Philippinen beim unerlaubten Fischen erwischt wird, muss hohe Geldstrafen zahlen oder bis zu einem Jahr im

Gefängnis verbringen, und philippinische Gefängnisse sind gewiss kein Spaß. Vor allem aber dürfen einheimische Fischer an vielen Tauchplätzen wie Apo Island inzwischen Gebühren kassieren. Sie haben gelernt, dass eine intakte Unterwasserwelt mehr Geld bringt als eine tote.

Ein wolkenloser Tag auf Negros, die Temperaturen liegen bei dreißig Grad, Inseln, Meer und Himmel zeichnen das Bild, das Gleichmaß der Tropen. Am späten Nachmittag, die Sonne klebt noch immer steil über der Welt, ziehen wir abermals die dünnen Neoprenanzüge über, fahren mit dem Boot hinaus und springen mit den Taucherflaschen ins Meer. Dies ist Judys nächster Versuch, den kleinen Schönling irgendwo zwischen den Korallen zu erwischen. Wieder tauchen wir hinab, fliegen in eine andere Welt.

Noch in zehn Meter Tiefe flackern Muster aus Licht wie zitternde Polygone auf dem hellen Grund. Milliarden Polypen haben sich nur wenige Meter weiter zusammengetan und eine Felsnadel besiedelt; steil und schroff ragt sie aus dem Sand wie ein irrwitzig verziertes Minarett. Hinter Steinen und Korallen lugen überall krustige Geschöpfe hervor, Krötenfische und Hechtschleimer. Ich durchtauche den verrücktesten Kuriositätenladen der Welt.

Ein Monster mit Glubschaugen liegt regungslos neben einer Muschel. Aus seinem Kopf wächst eine dünne Tentakel mit einem perfekt gefälschten Köder am Ende, den vorbeischwimmende Fische von echtem Plankton nicht unterscheiden können. Dann beißt der Anglerfisch zu. Blitzartig bläst sich sein Maul zu zwölffacher Größe auf, und das Opfer wird in einer Sechstausendstelsekunde in seinen Rachen gesogen wie in ein schwarzes Loch. Kein Wirbeltier der

Welt – Forscher haben es gemessen – schlägt schneller zu. Dagegen ist E.T. eine Witzfigur.

Verrückte Alchemisten hier unten! Zwei Meter weiter verschwindet ein kleiner Blaukopfjunker im Maul eines Papageifischs. Ein Saubermacherfisch, der dem großen Bruder durch die Mundhöhle schwimmt, ein milchiges Sekret aussondert und Parasiten frisst. Nahrung für den einen, Zähneputzen für den anderen. Die perfekte Symbiose am Riff, diesem bis zu den Mikroorganismen makellos organisierten Ökosystem. Seit über zweihundert Millionen Jahren hat es sich selbst erprobt. Ohne Menschen. Ohne Computer. Nicht mehr zu verbessern.

Zwanzig Meter Tiefe. Oben im Reich der Luft und Wolken schmilzt die Sonne am Horizont, hier unten trübt sich das Meer. Wir schalten die Taucherlampen ein, und die Korallen und Fische vor den Masken werden dadurch nur noch bunter. Das Wasser filtert die Rottöne der Farbskala ab einer Tiefe von zehn Metern heraus; nachts, im Schein der Lampen aber wirken die Farben noch intensiver als selbst tagsüber im hellsten Sonnenlicht. Pralles Leben. Schwarze Perlenaustern, Drachen- und Kofferfische lümmeln sich, ein Rochen vergräbt sich im Sand, die Tentakeln irgendeiner fressenden Meerespflanze stopfen sich Schwebteilchen ins Maul. Eine furiose Vorstellung im dunklen Universum, und dann schlägt es halb sieben am frühen Abend, als Judy Harling endlich zu ihrem großen Schuss ansetzen darf.

Der scheue Fisch zeigt sich beim Auftauchen in siebzehn Metern Tiefe, da liegt er neben einer Seegurke, nur wenige

Zentimeter vor einem Block Hartkorallen, regungslos. Judy stellt hektisch ihr Blitzlicht ein, sie darf jetzt keinen Fehler machen, da schwimmt der kleine Mandarinfisch nun in großer Festrobe völlig frei über den Grund.

Die gute Judy geht in Position, schwimmt ruhig und atmet kaum noch Luftblasen ins Meer; Sekunden könnten es sein, in denen sich der Fisch präsentiert, bevor er jäh wieder verschwindet und sich im Labyrinth der Korallen versteckt. Judy fokussiert. Dies ist eindeutig ein Prachtexemplar. Dieser Mandarinfisch im Großformat könnte im Museum of Modern Art bequem neben den Jackson Pollock und Andy Warhol hängen. Ach, was, locker überbieten würde er sie!

Türkisfarbene Basislackierung, zur Schwanzflosse hin rot werdend. Dünne blaue Streifen durchziehen die Flosse, die an der Kante lilafarben ausfächert. Am Rumpf zieren den *Synchiropus splendidus* blaue, grüne und orangefarbene Muster. Kuben, Linien und Romben, von irisierendem, fast prismatischem Ausdruck. Die Bauch- und Rückenflossen spreizen sich auf voller Körperlänge steilwinklig ab, ebenfalls meisterhaft bemalt, besprenkelt, gestreift, liniert. Den Kopf schmücken knallgelbe Punkte, derweil sich die grüntürkisgelboliveblaue Schnauze leicht verjüngt und in einem kleinen, leicht geöffneten Maul endet.

Eine einzige Explosion der Schöpfung.

Seine Augen. Zwei mattschwarze, rotumränderte Punkte, die Judy anglotzen. Einen Meter schwebt sie jetzt über dem sagenhaften Gotteswerk, die Taucherflossen regungslos nach oben gestreckt, der Zeigefinger fiebrig auf den Auslöser tippend angesichts ihrer letzten Trophäe.

Zehn Sekunden dauert die sonderbare Begegnung im Meer. Dann flitzt der Mandarinfisch davon und verschwindet in den Katakomben der Philippinensee. Durch die Taucherbrille sind Judys Augen zu sehen. Die Amerikanerin sieht irgendwie glücklich aus.

Tauchen auf den Philippinen

WAS SIE WISSEN SOLLTEN

Das Meer um die Philippinen zwischen der Celebes-See und dem südchinesischen Meer zählt tatsächlich zu den artenreichsten Gewässern der Erde. Hier zu tauchen ist ein besonderes Erlebnis, Reviere wie das Tubbataha Reef in der Sulusee zählen zu den besten der Welt. Die Philippinen sind das ganze Jahr über zu bereisen, die beste Saison für Taucher ist jedoch von Ende November bis Mitte Juli. Auf die Inseln können allerdings jederzeit schwere Taifune treffen, und so einen Sturm zu erleben kann Angst einflößend sein. Jedes Jahr werden auf den Inseln Häuser abgedeckt, durch die Hauptstadt Manila flogen schon Lastwagen, die der Wind kurzerhand davonblies wie Kinderspielzeug. Die Taifunsaison dauert von Juni bis Dezember, wobei die meisten Stürme im Oktober und November eintreffen. Das Klima ist tropisch, die Wassertemperaturen liegen zwischen 25 und 31 Grad.

Die Chancen, den Mandarinfisch zu sehen, sollen besonders im Süden des Archipels gut sein. Doch habe ich von Tauchern gehört, die über tausend Tauchgänge in den Philippinen absolviert haben, ohne den Fisch ein einziges Mal zu Gesicht zu bekommen. In der Tat ist der Fisch ein Meisterwerk, seine Zeichnungen und Farben sind unglaublich. Meistens leben die Tiere in Lagunen oder in flacherem Wasser; dass wir den Fisch in einer größeren Tiefe sahen, war wohl eher eine Ausnahme. Der Fisch ist so beliebt, dass der Autor Johann Kirchhauer sogar ein Buch über ihn geschrieben hat: »Leierfische im Aquarium«.

WAS SIE KÖNNEN SOLLTEN

Natürlich brauchen Sie für dieses Abenteuer einen Tauchschein. Doch den besitzt heute fast jeder zweite, der gerne am Meer Urlaub macht. Das liegt daran, dass große Tauchsportverbände das Tauchen heute zu einer Art Ferienmaschinerie aufgeblasen haben. Gelernt wird nach Modulen, in den Kursen laufen bunte Videos, und die Prüfungsbögen liegen in Tausenderstapeln aus. Jeder soll, jeder darf. Tauchen ist zum Massenvergnügen geworden, und, wer hätte es geahnt, längst ein großer Geldmachsport mit Jacques-Cousteau-Ambiente. Kaum ein Ferienresort am Meer kommt heute ohne eigene Tauchbasis aus, Länder wie Ägypten oder die Malediven leben maßgeblich vom Tauchtourismus. Meiner Ansicht nach ist dies in vielen Fällen unverantwortlich. Oft zappeln frisch angelernte Tauchtouristen in zwanzig Meter Tiefe durchs Meer, die nicht mal richtig mit den Flossen schwimmen können.

Fürs Tauchen vor den Philippinen sollten Sie ein guter Taucher sein und besser noch einen Schein für Fortgeschrittene besitzen. Weiter draußen können die Strömungen heftig sein, so genannte Waschmaschinenwirbel ziehen Sie erst nach unten, treiben Sie anschließend wieder mit Schmackes nach oben. Genau darin liegt die Gefahr. Wer beim Flaschentauchen zu schnell nach oben schießt, kann Probleme mit dem rapide abnehmenden Druck bekommen, im schlimmsten Fall können die Lungen reißen. Das wichtigste beim Tauchen ist, dass sich der Taucher im und vor allem *unter*

Wasser wohlfühlt. Das Tauchen muss selbstverständlich geschehen, die Bewegungen im Wasser, das Atmen durch den Lungenautomaten. Vertrauen Sie dabei niemals Ihrem Tauchschein. Vertrauen Sie sich selbst – und seien Sie kritisch! Wenn eine Seeschlange, ein Hai oder ein Stechrochen frontal auf Sie zuschwimmt, wollen Sie sich nicht mehr lange mit dem Austarieren aufhalten oder sich auf korrektes Schwimmen und Atmen konzentrieren. Unkoordinierte Tätigkeiten in zwanzig bis dreißig Meter Tiefe führen schnell zum Hyperventilieren. Dann zur Panik. Nicht gut.

Wie hart ist es wirklich

Wer gut tauchen kann, der wird hier seine Freude haben. Und dann ist dieses Abenteuer auch nicht derb, hart oder gefährlich. Es ist ein Riesenspaß, in das klare Wasser zu springen und langsam in eine andere Welt hinabzusinken. Wer nach dem Mandarinfisch suchen will, sollte allerdings auch das Nachttauchen beherrschen, in den Lehrgängen der Tauchbasen ist dies eine eigene Disziplin. Der kleine Fisch wagt sich schließlich meist nur zur Dämmerung aus seinem Korallenversteck, gelegentlich auch erst in den gerade angebrochenen Nachtstunden. Sie müssen also in zunehmender Dunkelheit tauchen, gegebenenfalls auch in der blanken Schwärze des Nachtmeers. Das macht aber nichts. Sie haben ja Taucherlampen dabei, deren Schein wie Laserschwerter durchs Wasser geistern. Um Sie herum nichts als ein düsteres Universum, sie sehen lediglich einen runden, erhellten Ausschnitt vor Ihrer Maske.

Das mag nicht jeder. Es ist zu Beginn ein etwas beklemmendes Gefühl, weil man sich quasi in doppelter Weise einem fremden Element aussetzt. Der Taucher ist erstens unter Wasser, zudem driftet er durch die Lichtlosigkeit. Geräusche werden viel lauter wahrgenommen, von überall ist das Knacken und Mahlen der Fischmäuler und Krebse zu hören, die jetzt an den Korallen nagen.

Vor den Malediven leuchtete ich beim Nachttauchen einmal hinter mich in die Düsternis, und der Schein meiner Lampe fiel auf zwei grüne Leuchtdioden, die mitten in der Schwärze standen. Dann wartete ich etwas, und die Punkte kamen näher. Es waren Augen, zwei Augen. Erst dann tauchten in siebzehn Meter Tiefe aus dem Nichts die Umrisse eines circa drei Meter großen Adlerrochens auf, der nun direkt vor meiner Nase im Wasser schwebte. Ein grauschwarz geflecktes Ufo, dessen eleganten Schwingen deutlich zu erkennen waren und die ich mit der ausgestreckten Hand bequem hätte berühren können.

Glauben Sie mir, der Gin and tonic am Abend nach dieser Begegnung war ein sehr, sehr guter und sehr, sehr großer Gin and tonic.

Informationen

Die Philippinen sind weit weg. Fürwahr, es gibt Tauchreviere, die deutlich näher liegen. Dafür ist der Artenreichtum hier fantastisch. Besorgen Sie sich vor der Reise unbedingt ein Buch, in dem Sie all die wundersamen Fische und Kreaturen vorab studieren können. Sonst wissen Sie nachher gar nicht, welche Wesen sich gerade vor Ihrer Taucherbrille tummeln. Empfehlenswert ist der »Fischführer Indo-Pazifik« von Helmut Debelius. Wer wirklich ausgiebig tauchen will und keinen gesteigerten Wert auf ein Hotel, Resort oder Ähnliches legt, ist am besten auf einem Tauchboot aufgehoben. Diese Boote nennen sich »Live aboards«, und damit kommen Sie dem Meer näher als auf irgendeiner anderen Reise. Ein bis zwei Wochen sind Sie unterwegs und erreichen Spots und Riffe, die sonst kaum jemand kennt.

Kosten

Ein Tauchgang mit geliehener Flasche kostet hier zwischen 40 und 60 Dollar, Luxusresorts knöpfen einem auch schon mal bis zu 100 Dollar und mehr ab. Dafür bekommt der Taucher aber auch kalte Säfte und gefaltete Handtücher gereicht. Günstiger ist es immer, gleich ein Paket an Tauchgängen zu buchen. Zehn, zwanzig, dreißig, so viele, wie Sie mögen. Meistens starten die Tauchbasen morgens mit einem Boot, fahren hinaus zu einem Riff und absolvieren zwei Tauchgänge, den tiefsten immer zuerst. Am Nachmittag folgt ein dritter Tauchgang.

Natürlich können Sie auch gleich eine ganze Tauchreise buchen. Samt Flug, Rücktrittsversicherung, Hotel, Vollpension und allem Pipapo. Es gibt heute viele Tauchreiseveranstalter, die Reisen in alle Welt im Programm haben. Je nach Unterkunft und Saison kostet eine solche Tauchreise auf die Philippinen zwischen 2000 und 3500 Euro. Viel Geld. Auf den Philippinen bekommen Sie dafür aber auch jede Menge Fisch zu sehen. Nur für den Mandarin brauchen Sie noch etwas Unbezahlbares: viel Glück.

Adressen, die Sie interessieren könnten:

www.philippinen-tauchen.com
www.cocktaildivers.de
www.tauchreisen-roscher.de
www.octopusdivers.de

Einer geht noch

Wie eine Weinverkostung zur Härtetour wird

FRANKREICH

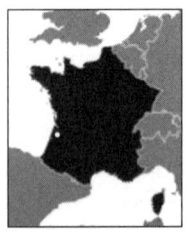

Schon Goethe trank drei Flaschen Wein am Tag. Er schrieb dabei Großes, Zeilen wie diese: *Seele des Menschen, wie gleichst du dem Wasser!/Schicksal des Menschen, wie gleichst du dem Wind!*

Ganze Flüsse müssen Goethe im Laufe der Jahre durchmessen haben, ihm kamen dabei poetische Gedanken über Gott und die Welt, und dann rann aus seiner Feder noch dies: *Ich habe getrunken, nun trink' ich erst gern!/Der Wein, er erhöht uns, er macht uns zum Herrn.*

Goethe wurde dreiundachtzig Jahre alt. Noch im Alter ergriff den Dichter immer wieder die Leidenschaft für schöne und geistvolle Frauen, hinzukamen Schnaps und Genuss, »Faust« und der »West-Östliche Diwan«, geschrieben mit knapp achtzig. Was soll man sagen – Goethe ist da, wenn man ihn braucht fürs Gewissen.

Doch dies nur als Prolog. Im Zentrum dieses Abenteuers steht vielmehr eine Reise, die ich für ein Herrenmagazin antreten sollte, welches inzwischen pleite ist und nicht mehr existiert. Doch wie stecken mir die Erinnerungen an diese

Reise noch in Brust und Seele! Schließlich war ich zu keinem geringeren Zweck aufgebrochen, als in der berühmtesten Weinregion des Planeten die besten Weine der Welt zu testen und mir diese höchstpersönlich einzuverleiben. Es war ein linder Herbst voll zarter Farben und süßen Dufts, der Zeitpunkt perfekt; nichts, aber auch nichts, was die folgenden Geschehnisse besser hätte umrahmen können.

Bordeaux, Frankreich, abends gegen elf Uhr.
Auf dem Tisch des ersten Restaurants dieser Reise durch das südfranzösische Bordelais steht ein meisterlich dekantierter Rotwein, reif, samtig, an Kirsche und Jute erinnernd, mit deutlicher Säurestruktur und einer Note von Pfeffer. Daneben ein Château Picque Caillou, ebenfalls im Nu geleert; dahinter ein Château Branaire-Ducru, granatrot mit leichtem Pupurreflex, schwere Zeder im Abgang, großmundig, viril, weise. Und auch diese späte Flasche, man muss sich wundern, geht federleicht und erstaunlich schnell über die Zunge.

Etwas weiter, direkt neben der Kerze, zwei mächtige Flaschen Fonroque, Grand Cru Classé, Jahrgang zwotausendzwo. Schlicht, schön und schnörkellos stehen die Flaschen im Schein des werdenden Abends. Ausnahmslos Getränke von lyrischer Güte. Erquickend, in höchstem Maße belebend, nicht ablehnbar.

Patrick Honneff, der Winzer, der an diesem Abend zu den Gästen dieser Reise spricht, sagt trefflich: »Bei Weinen lernt man niemals aus, Weine sind Universen.«

Die Zeiger der Uhr sind derweil steil gen Mitternacht geklettert, und natürlich ist der erste Abend einer solchen Weinreise etwas Besonderes. Den ersten Abend einer jeden Reise umspielt stets die Verve des Ankommens, eine Neugier, ein Pochen.

Weit nach Mitternacht. Wenn ich in meinem Stuhl leicht zurücksacke und in sehr flachem Winkel über die Tischkante blicke, stehen die Flaschen da wie Hochhäuser. Die Dekantierkaraffen erinnern aus dieser Perspektive an riesige, mit Blut gefüllte Silos, und hinten aus der Dämmerung des Saals kommt der Sommelier jetzt mit einem weiteren, hellgelben Hochhaus an den Tisch, vermutlich dem Dessertwein. Obwohl man sich hier nie ganz sicher sein kann, müsste dies definitiv das letzte Château des Abends sein.

Weinflaschen fliegen einem in der Region Bordeaux quasi entgegen. Sie stehen in Schaufenstern, Kaufhäusern, Apotheken. Sie gucken einen von Broschüren an, von Hauswänden, von liebevoll gezeichneten Wurfzetteln an den Bushaltestellen. Es geht sogar schon bei der Arrivée am Flughafen los.

Noch während des Wartens auf das Gepäck thront eine kapitale Zweihundert-Liter-Flasche am Kofferband wie nackte Verheißung. Eine fast mannshohe Rotweinflasche wie eine Statue, Château Grand-Puy Ducasse, noch ist's eine Werbeattrappe, aber bei Gott, lange wird's dabei nicht bleiben.

Gut vierzehntausend Châteaux stehen in dieser Gegend, die meisten in alter Winzerhand, der Rest längst von den Schönen und Reichen wie den Chanels und den Fiats ergattert, weil in den oberen Etagen ein Nichts ist, wer kein eigenes Weinschloss hier unten in Frankreich besitzt.

Für den gemeinen Bordeaux-Reisenden bedeutet das: Schlosstouren morgens, mittags, abends. Weinhistorie zu jeder Uhrzeit. Weinkunde, Weinschulen, Weinwissen. Dazu Assemblage-Kurse, Gaumentrainings, gefolgt von unablässigem Mittagtrinken, Abendtrinken, Apéritifs, Digestifs, Schnäpsen und diversen Amuse-Gueules. Wer danach noch stehen kann, wankt weiter zu immer neuen Tests verschiedenster Weinbrände, Obstbrände, Liköre.

Obendrein gilt: Nirgends sonst auf Erden dürfte der Reisende den drei schlichten und ehrlichen Buchstaben »Bar« so oft begegnen wie hier in Bordeaux. Meist sind die drei Buchstaben mit dem Zusatz »à vins« versehen: Weinbar. Kurz, Bordeaux ist Epizentrum, Wiege aller edlen Tropfen. Wer hierher reist, sollte die rechte Mischung mitbringen aus Entschlossenheit, Lebensdurst und Standhaftigkeit im Wortsinn.

Kenner werden schon nervös, wenn nur die Namen einiger Weinbaugebiete links und rechts der Garonne ihre Ohren erreichen. Médoc, Pomerol, Margaux, Côtes de Castillion – Musik! In keiner anderen Weinregion filtrieren die porösen Kalk- und Tonsandböden das Regenwasser so effizient, speichert die mineralienreiche Erde die Sonnenwärme gleichzeitig auf solche Weise, dass die Trauben bis zur Perfektion reifen können.

Und nirgends sonst umgarnt ein derart bezirzendes Klima die Trauben. Feuchte Frühlinge, heiße Sommer, ein huldreicher Herbst und winters selten Frost. Hinzu kommen die Nähe des Golfstroms, der stets linde Wärme schickt, und schließlich die dichten Pinienwälder im Süden, die die extrem sensiblen Reben vor den atlantischen Winden behüten.

Die Weinberge bei Bordeaux müssen von einem trinkenden Schöpfer selbst erschaffen sein – wer sonst hätte Klima und Bodenbeschaffenheiten so fein, so makellos aufeinander abstimmen können? Dem Mensch blieb danach nur das demütige Studium, das nimmermüde Streben nach dem Verstehen jener Geheimlehren, die großen Wein erst werden lassen.

Was sagte noch Madame Pommier am Mittag? Die rüstige alte Dame, eben noch von der Weinlese gekommen, saß unten in Arcachon am Meer, an einem schlichten Holztisch, vor sich »une douzaine de creuses«, ein Dutzend Austern, kalt und frisch aus dem salzigen Nass. Madame Pommier besitzt viele Hektar bester Weinerde, sie macht den Château Vrai Caillou, Entre-deux-mers, wenig, was zu Austern besser geht, und am Mittag sprach sie ein wenig über Wein, über Frankreich und über das Leben.

Weine aus Australien, Kalifornien, Südafrika? »C'est des modes«, hatte Madame Pommier milde gesagt, das seien so Moden. Madame Pommier hatte sich die Haare hochgesteckt und rote Lippen, und dann erzählte sie über ihre Austern hinweg, dass hier in Bordeaux schon edle Weine angebaut wurden, als sie in anderen Ländern noch nach Würmern gruben. Und all diese neuen Designerflaschen mit den schicken Etiketten? Weine aus Übersee, gar aus Ländern wie Chile, Argentinien? Sirup, sagte sie, Sirup.

Bordeaux am nächsten Morgen.
Über dem Bordelais steigt an diesem Herbsttag zart die Sonne empor, gestern noch Nebel, tiefer Himmel, heute: gnädig glühender Oktober. Und es kommt, wie es kommen musste. Nur noch zwei Stunden bis zur Mittagszeit. Nur noch zwei Stunden bis zur nächsten Degustation.

Was ist das Leben für einen Mann ohne Wein? Denn Wein wurde geschaffen, um Männer glücklich zu machen (aus: »Ecclesiasticus«, einer Sammlung von Sinnsprüchen aus dem Alten

Testament in der lateinischen Bibelübersetzung der katholischen Kirche).

Es ist besser, voll guten Weines zu sterben als voller Durst (eine französische Erkenntnis).

Mittags. Es ist die Zeit für die erste Degustation des Tages. Eine schwere Tür öffnet sich zu einem alten Gebäude, ich schreite eine knarzende Treppe hinauf und betrete die offizielle Weinschule von Bordeaux. Ein weißer Raum, Stühle, Tische, große Karaffen. An der Wand hängen Grafiken. Zungenquerschnitte, Gaumenzonen, Nervenbahnen, nichts anderes als die Mechanismen des Geschmacks, die Physik des Trinkens. Vorn auf dem Pult stehen: zwanzig Flaschen Wein.

Der Weinlehrer an diesem Herbstmittag, ein gewisser Monsieur Horr, dessen Oberlippe ein schwarzer Schnurrbart dekoriert, erzählt, dass auf der Welt pro Jahr zweihunderteinundneunzig Millionen Hektoliter Wein getrunken werden. Das entspricht fast zwölftausend olympischen Becken voller Wein, von denen allein 2,5 Prozent aus Bordeaux stammen. Rotweine, Weißweine, Süßweine. Rosés. Clairets. Crémonts. Alles, was das Herz begehrt.

Monsieur Horr räuspert sich. Er sagt: »Balance ist der Schlüssel zu jedem guten Wein, das Verhältnis zwischen Alkohol, Frucht und Säure.« Während er so in den Raum doziert, tippt Monsieur Horr mit dem Zeigefinger und unfassbarer Geduld auf die Flaschen. Es ist bereits weit nach zwölf Uhr mittags, Horr theoretisiert jetzt schon eine halbe Stunde über Harmonie und Gaumenareale, all dies vor noch immer gähnend leeren Gläsern. Doch die Kluft zwischen Theorie und Praxis währt hier unten nie sehr lange, denn wir befinden uns in jenem Teil Frankreichs, wo das Thema Wein stets mit der rechten Entschlossenheit angegangen wird.

Und so geschieht es. Die Finger des Weinlehrers legen sich um die erste Flasche des Tages, er führt die Flasche an die Gläser, die Gläser füllen sich, ein wässriges Perlen, Gluckern ist zu vernehmen. Es ist die Symphonie des Gläserfüllens, ein unnachahmliches Geräusch, höchstwahrscheinlich Moll. Man will den Moment des ersten Schlucks genießen, vielleicht die Augen schließen und an die Natur denken. Doch prompt ergießt sich das nächste Château ins nächste Glas, dann ein weiteres, es ist kurz vor eins, ein Château Farluret aus dem Barsac, 2003, Süßwein, hundertfünfunddreißig Gramm Zucker pro Liter, ein erlesener Tropfen mit einem leicht kitzelnden Anklang von Orangenmarmelade, wie Monsieur Horr betont.

Die Weine schmecken allesamt fantastisch, jedem abweichenden Urteil würde etwas Lächerliches anhaften. Mitten in der Runde der Weinreisenden stelle ich plötzlich die Frage, ob es beim Weintrinken denn nun mehr um den Geschmack ginge oder letzten Endes doch um die Wirkung. Ich meine, ein bis zwei entsetzte Blicke zu ernten, das Gespräch stockt kurz. Monsieur Horr jedoch räuspert sich entschlossen, es ist angebracht, über Anbaumethoden und Bodenbeschaffenheiten fortzufahren. Der Tag im Bordelais ist nun endgültig eingeläutet, und das Mittagessen, die sechs bis sieben nächsten Degustationen sowie das Abendessen plus die obligatorischen Dessertweine und Nachtverkostungen werden von nun an in einem Affenzahn folgen.

Aufbruch zu einer Fahrt aufs Land, Richtung Saint-Émilion, einem pittoresken mittelalterlichen Dorf, dessen kilometerlange, unterirdische Gänge komplett zu Weinkellern umgerüstet wurden. Was sonst auch sollten die Franzosen in ehrlichen Kellern horten? Fahrräder? Blumenerde? Der Weg führt an Weinhängen und Weinfeldern vorbei, die sich in schlanken Rippen nahtlos aneinanderreihen, Felder, in denen Studenten und Tagelöhner staksen und gerade die letzten Trauben der Saison ernten.

Das nächste Restaurant, irgendwo zwischen Atlantikküste und Garonne.
Draußen zwitschern Vögel, ein blassblauer Himmel schwebt über Südfrankreich. Hier drinnen auf dem Tisch stehen inzwischen vier Flaschen, zwei weitere nähern sich, alles Châteaux Sowiesos aus der Region. Der Sommelier kommt an den Tisch, ein weißgewandeter Profi, ein Buddha. Schnelle Handgriffe werden ausgeführt, hier und da sausen Korken aus gläsernen Hälsen, und dann macht endlich auch in diesem Restaurant der erste Tropfen die Runde.

Ein tiefroter Wein mit leichtem Magenta-Einschlag. Vom Geschmack zunächst maskulin und rassig, im Schwanz, in der Persistenz, erstaunlicherweise jedoch immer jugendlicher, frischer, aufwühlender. Bestimmt ein Château mit Meerblick. Insgesamt eleganter, charmanter und wesentlich duftiger dann die nächsten hastigen Schlucke. Das Aroma – die Spezialisten in der Runde sind sich bei diesem Tropfen nicht ganz einig – irgendwo zwischen Geißblatt, Chrysantheme und Liguster, womöglich aber noch mit einem Anflug von Veilchen oder Iris. Angeregt lausche ich der Diskussion, sage kein Wort und trinke.

Spätestens jetzt merkt der engagierte Weinschüler, dass zunächst eigentlich eine Ausbildung zum Botaniker anstünde. Doch dann kommen die nächsten Flaschen summa summarum so schnell, dass der Novize immer hektischer trinkt, vor

Schreck auszuspucken vergisst und beim Schlucken nur noch artig nickt.

Bei den folgenden Flaschen geht es auf einmal um die Honigartigkeit des Weins. Dann, völlig abrupt, sprechen die Experten am Tisch wieder von eichenholzwürzigen Noten, körperreichen Jahrgängen, sie reden über Aromatonkreise von Erdbeere über Pfirsich, aber auch davon, dass es Weine gibt, die nach verfaulter Zeder munden und entsetzlich profan sein sollen.

Spätnachmittags bringt ein eigens aus London angereister, bereits leicht angezwitscherter Brite es klipp und klar auf den Punkt. Um dem Geist eines wirklich großen Weines gerecht zu werden, genauso sagt es der Herr aus Clacton-on-sea, bedürfe es eines Poeten.

Zum Glück parkt das Auto mit Chauffeur direkt vor Tür des Lokals, und schwipps nimmt die Reise ihren Lauf über das französische Land. Minzgrün, stellenweise in safrangelben Farbtupfern liegen die Weinberge unter weitem Himmel, alle paar Kilometer rollt ein altes französisches Dorf am Fenster vorbei, Kirchen, Felder, Kühe. Doch nun folgt ein weiterer Höhepunkt, denn gleich wird unsere kleine Reisegruppe einen jener Männer treffen, die die süperbsten Weine der Region selbst anbauen, selbst pressen und selbst reifen lassen; also einen jener Männer, die praktisch alles über Weine wissen.

Oben, unweit des nächsten Châteaus, geht Graf Stephan von Neipperg schnellen Schrittes über seine Produktionsstätte. Der Graf kniet gerade vor einem Barrique nieder, er riecht an weiteren Eichenholzfässern, von Neipperg ist überall, dann greift seine Hand in eine scheppernde Eisenwanne, wo gerade die besten von den allerbesten Trauben getrennt werden, Darwin ist ein Witz dagegen.

Wir befinden uns mitten im letzten Lese- und Sortierprozess der Saison, der Graf trägt Wildlederjacke und feine Schuhe, sein Geschlecht entstammt dem fränkischen Hochadel aus dem 12. Jahrhundert. Er schnappt sich eine kleine Traube, lässt sie in den Fingern zerplatzen und isst ein Stück der matten, dunklen, lilafarbenen Haut. »Die Haut«, sagt er schließlich wie aus einem anderen Himmel, »ist der Schlüssel. Die Haut gibt dem Wein das, was ihn erhaben, was ihn einzigartig werden lässt.« Doch Qualität kommt bekanntlich von Qual, auch dies gehört zu einem großen Wein. Arbeit, harte Arbeit, deshalb hat der Graf an den Beginn seiner Château-Broschur die Worte setzen lassen: *Virtus sudore paratur* – frei übersetzt: Ohne Fleiß kein Preis. Die Broschur schließt mit einem Ölbild, Teich mit Seerosen, gemalt von Gattin Sigweis Gräfin von Neipperg.

In einem Hinterzimmer, auf dem Tisch liegt ein ledergebundenes, zehn Kilo schweres Gästebuch, redet der Graf jetzt etwas über Wein, über die Kunst großen Genusses, das Gespräch zieht sich. Der Graf sagt, dass jede Methode guten Weinanbaus letztlich auf Respekt und Lebensleidenschaft basiere und eine Auffassung von Liebe enthalte, die man im Wein wiederfinden müsse. Dann stellt auch er eine Flasche auf den Tisch. Entkorkt, gießt erstaunlich beiläufig die Gläser ein. Ich verkneife mir die Frage, ob man extrem gute Weine wirklich immer nur in kleinen Neigen einschüttet.

Der Graf sagt – meine Notizen, gut dass es niemand sieht, ziehen sich inzwischen in schweren Schlangenlinien über das Papier –: »Die Weinrebe mit ihrem Charakter ist wie ein Kind, das erzogen werden muss. Man muss dabei die richtige Mischung aus Strenge und Verständnis finden, dabei überlegen, was gut für das Kind ist, und es führen, ohne seinen Willen zu brechen.« Ich notiere das hektisch, Wort für Wort. Der Graf kann es ja nicht wissen. Doch was ihm eine göttliche Traube, ist mir ein noch besseres Zitat. Davon lebe ich.

Der Graf verabschiedet sich. Er muss zurück auf die Felder. Der Graf hält aber noch einmal kurz an und schickt nach: »Das Verhältnis zwischen Mensch und Weinrebe ist eine Liebesbeziehung, man muss dafür sorgen, dass sie so lange wie möglich hält. Wir reden über ein Bündnis fürs Leben.«

Bordeaux, noch am selben Abend, vermutlich weit nach Mitternacht.
Es ist nicht ganz leicht zu sagen, wie viele Degustationen, geschweige denn wie viele Flaschen den heutigen Tag bereits verziert haben, doch ist dies nicht von Bedeutung. Weine mögen das Statistische nicht, sie verlangen Hingabe, ungestörte Lebensfreude. Ich sehe Kerzen brennen, links an der Wand, schräg über meinem Kopf, hängt ein Hirschgeweih, und schon nähert sich aus der Tiefe des Raums abermals der Sommelier, diesmal in doppelter Ausführung, es sind, ich schwöre es, zwei an der Zahl.

Auf dem Tisch dieses vermutlich letzten Restaurants des Tages sind inzwischen fünfzehn bis sechzehn Flaschen auszumachen. Schräg von unten über die Tischdecke gepeilt, ein Manhattan aus Wein. Ein Château Clos de Sarpe, sensibel, weiblich, längst geleert. Ein Cadet-Piola, stark möpselnd, in vollendeter Balance und ebenfalls gähnend leer. Daneben eine gigantische Flasche 2000er Smith Haut Lafitte, die zu fortgeschrittener Stunde immer mehr aussieht wie das Chrysler Building ohne Antenne.

Alles in allem Getränke von großer Grazilität und Würde. Nimmt man dann noch den Château Maucaillou hinzu, den lilaroten Château bois-moi und die vierzig Châteaux Schießmich-tot von gestern Mittag, gestern Nachmittag, gestern Abend, die von vorvorgestern, heute Mittag und heute Nachmittag sowie die fünf Vorabend-Châteaux von vorhin – dann muss man resümierend den unwiderstehlichen Geist all dieser Getränke hervorheben. Ihre charismatisch-vollbusige Tugendhaftigkeit, ihre akazienhafte Ehrlichkeit und letztlich die leicht trüffelhaltige Tatsache, dass König Alkohol nirgends sonst auf Erden so elegant, gut gekleidet und nach Blumen duftend daherkommt wie hier unten im Bordelais.

Nachts, auf dem Weg in die Federn, jenseits jeder Uhrzeit, thront ein gewaltiger schwarzer Himmel über Bordeaux, dem Herzen des Weins. Es ist bereits der zweite oder dritte Tag hier unten, wer will das schon so genau wissen, Sterne über Sterne durchtränken das Firmament, derweil ein weißer, fettfräßiger Mond über Frankreich klebt. Dann, nach schwerer Entkleidungsprozedur, liege ich in meinem Bett, sinniere. Wenn alle Berechnungen stimmen, dürften es nur noch wenige Stunden sein bis zur nächsten Degustation.

Einige Sekunden später: das Nichts.

Weinreise

WAS SIE WISSEN SOLLTEN

Wie bei allen extremeren Reisen, kann es niemals schaden, sich durch gezieltes Training vorzubereiten. In diesem Fall natürlich nicht so, wie Sie jetzt denken. Ich rede von Theorie. Denn es gibt zum Thema Wein jede Menge zu studieren. Wie halte ich mein Glas korrekt? Wie schwenke ich es richtig, bevor ich zum ersten Schluck ansetze? Ist es unanständig, bei einer Degustation die Gläser leer zu trinken? Darf man nachbestellen? Und wenn ja, wie oft? Wie spricht mal all die Châteaux richtig aus? Degustationsknigge, Fragen über Fragen. Ich schlage vor, dass Sie sich vorab ein Buch besorgen. Lesen Sie »Wein für Dummies – Weinkultur in Reinkultur«, das hat man in zwei Stunden durch, das Einmaleins danach verinnerlicht.

Wer sich profunder vorbereiten will, sollte die Bibel aller Weinreisenden kaufen – den »Großen Johnson«, eine fantastische Enzyklopädie der Weine, Weinbaugebiete und Weinerzeuger der Welt. »Der große Johnson« ist ein Klassiker und vermittelt einen soliden Überblick über komplexe Rebsorten und diverse Gärungsprozesse. Zudem enthält das Werk wichtige Informationen zum praktischen Umgang mit Wein: von der Lagerung bis zum Trinkakt selbst.

Was Sie können sollten

An dieser Stelle nun doch zur Praxis. Selbstverständlich ist es von Vorteil, sich in den zwei, drei Wochen vor Antritt der Reise systematisch an den erhöhten Konsum von Wein zu gewöhnen. Ich stelle mir das wie bei einem drohenden Marathon vor, da joggen die Aktiven ja auch schon Wochen und Monate vorher durch die Parks, um fit zu werden. Trinken Sie vor allem gezielt Weiß- und Rotweine durcheinander, denn nichts anderes werden Sie auf dieser Reise erleben. Trainieren Sie maßvolles Trinken. Ich kenne es selbst nämlich nur zu gut. Wenn ich nach einem anstrengenden Tag Durst habe, trinke ich Wein meist viel zu hastig und vergesse, zwischendurch einen Schluck Wasser zu nehmen. Vor allem kalte Weißweine haben bei mir die Tendenz, zu Durstlöschern befördert zu werden. In Frankreich kann das fatal enden.

Greifen Sie vor der Reise hier und da auch mal zu extrem schweren Weinen, deren Wirkung ungeübte Trinker sonst in perfider Weise zu spüren bekommen. Die Sache ist nämlich so: Teure und äußerst erlesene Weine, also exakt jene Weine, die Sie unten im Bordelais zu sich nehmen werden, zeichnen sich durch eine wesentlich berauschendere Wirkung aus. Ich weiß auch nicht, woran das liegt. Ich habe nämlich nachgeschaut. Auf keinem der Etiketten der sehr guten Weine stand, dass einer von ihnen mehr als dreizehn Umdrehungen hatte, vulgo: mehr als dreizehn Prozent Alkohol. Im Grunde Usus. Vielleicht liegt die drastischere Wirkung besonders edler Tropfen schlicht am Preis, am Reifeprozess oder am plötzlich einsetzenden, stark verwirrenden Vokabular aus der Botanik, wenn es um die Beschreibungen der Aromen geht. Meine Theorie ist jedoch, dass es letztlich an allem zusammen liegt und ein Schuss Selbstbetrug hinzukommt.

Tasten Sie sich langsam heran. Abschließend will ich Sie noch ausdrücklich vor den Dessertweinen warnen. Die Dinger schmecken zwar verteufelt gut, können am nächsten Morgen jedoch den Beigeschmack eines Vorschlaghammers haben. Also: immer schön sachte. Auf der Reise werden Sie es mit Bränden, Likören und diversen Schnäpsen zu tun haben. Hier sind wir bei der Königsdisziplin angelangt. Entspricht Triathlon. Nur Leute, die über eine gesunde Selbsteinschätzung verfügen und mindestens 1,90 Meter groß sind, sollten hier ungeniert in die Vollen greifen. Ihre Körper können so etwas verkraften. Allen anderen empfehle ich lediglich zu sehr kurzem Riechen oder maximal einem Nippen. Denn die fantastischen Brände des Bordelais gehen zwar runter wie Butter – doch ich hörte von übereifrigen Reisenden, bei denen der ganze Schlamassel am Ende auch wieder hochkam.

Nun noch zur praktischen Umsetzung der Praxis. Wer sich schon vor der Abreise perfekt einstimmen will, sollte sich die guten Tropfen direkt aus der Region nach Hause ordern, und zwar am besten so viele wie möglich. Die hundert besten Bordeaux-Weine zwischen 5 und 15 Euro sind zu bestellen und eigens aufgelistet unter: *www.bordeaux.com*

WIE HART IST ES WIRKLICH?

Wir befinden uns hier eindeutig im seichten Bereich. Ich würde eine eins, maximal eine zwei vergeben. Schließlich müssen Sie während dieser Weinreise weder auf Bäume klettern noch irgendwo im Dschungel campieren. Sie wohnen sogar wahrscheinlich in guten, sauberen Hotels und bekommen zu den hervorragenden Weinen auch noch superbes Essen serviert. Im Grunde sogar ein Null auf der von mir eigens entwickelten Abenteuerskala.

Nun ist das Aufwachen am nächsten Morgen nach schweren Degustationen nicht zu unterschätzen. Allein der Akt des Sichaufrichtens kann mitunter eiserne Kondition erfordern, von der Disziplin ganz zu schweigen. Zudem haben Sie kaum Zeit, müssen ohne GPS das Badezimmer finden und blitzartig ein frisches Hemd überstülpen können – die nächste Degustation steht schließlich unmittelbar bevor. Wenn man bedenkt, dass sich Reisen dieser Art drei bis vier Tage ziehen können, finde ich einen Faktor von, gut, sagen wir zwei bis drei, letztlich absolut angemessen. Und jetzt stellen Sie sich mich einmal da unten im Bordelais vor. Ich musste während der Tour auch noch arbeiten!

Informationen

Gaumentrainings, Fakten, jede Menge Fachwissen rund um den Trinkgenuss und natürlich unendlich viele Verkostungen bieten Einsteiger- oder gleich mehrtägige Intensivkurse der Weinschule Bordeaux. Kontakt und weitere Infos finden Sie genau hier:

L'École du vin
1–3 cours du XXX juillet
33075 Bordeaux
http://ecole.vins-bordeaux.fr

Im Bordelais gibt es zudem Hunderte Weinschlösser, von denen viele zu besichtigen sind und wo selbstverständlich auch jede Menge Degustationen stattfinden. Dazu gehören so bekannte Schlösser wie das Château Rothschild oder das Château Petrus. Infos, welche

Schlösser zu besichtigen sind und wo sie liegen, erteilt das Fremdenverkehrsbüro Bordeaux: www.bordeaux-tourisme.com

Kosten

Wie abzusehen war, greifen einem die Franzosen entschlossen in die Tasche, wenn es um ihre Weine geht. Ein dreitägiger Intensivkurs zum Thema »Weinwissen« kostet darum auch satte 900 Euro. Ich für meinen Teil würde so eine Reise niemals aus eigener Tasche zahlen. Zum einen, weil mein Konto dann Schlangenlinien fahren würde, zum anderen, weil es sich bei mir zu Hause ebenfalls äußerst unbeschwert trinken lässt. Außerdem mag ich schlichte, ehrliche Landweine am liebsten. Von mir aus muss nicht mal Château auf der Flasche stehen.

Wüstenlohn

Mit den Tuareg durch die Sahara

NIGER

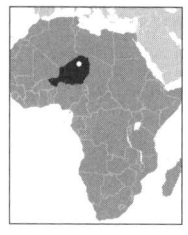

Mitten in der Wüste plötzlich ein Mädchen. Es ist vielleicht fünf, sechs Jahre alt. Barfuß, ein Fetzen von Kleid am Körper, wilde, schwarze Haare. Das Mädchen bleibt etwa zehn Meter vor mir stehen. Sagt nichts, fixiert mich. Mit Augen, die mich aus dem Dunkel seines Gesichts wie zwei weiße Blitze treffen. Der neugierige Blick tastet mich ab, fast physisch. Meine Nase, meine groteske weiße Haut, meine Hände. Erst dann meine Schuhe, mein Hemd, meinen dummen Sonnenhut. Zwei Menschen aus anderen Jahrhunderten. Wir schweigen.

Wie kann die Kleine hier überleben? Um uns herum ist nichts. Hunderte Kilometer gen Süden, Tausende gen Norden nichts als Sand, Himmel, Steine, Büsche und kopfzersägende Hitze. Wir sind umgeben von der Ténéré, *le grand vide,* der großen Leere der Sahara.

Ich gehe langsam auf sie zu. Sage leise meinen Namen und tippe mit dem Zeigefinger auf meine Brust. Sie sagt nichts, lächelt nicht. Betrachtet mich, als käme ich von einem der Sterne, die jede Nacht ihren Himmel entfachen.

Sie spricht nur Tamascheq, die Sprache der Tuareg. Den Dialekt der Kel-Ewey-Nomaden, die seit Jahrtausenden keine feste Bleibe haben. Die ganze Wüste ist ihr Zuhause.

Ich hole vorsichtig einen Kugelschreiber und ein Blatt Papier hervor. Male einen Kreis und zeige auf die Sonne. Wir unterhalten uns in Bildern, einfachen Zeichnungen. Nach zehn Minuten wortlosem Skizzieren hat das Mädchen mir sein Universum erklärt. Mit ein paar krakeligen Strichen, die seine Welt bedeuten. Kamele, Ziegen, ein Zelt, ein Brunnen – die Siedlung, die zurzeit hier in der Nähe liegen muss. Dann zieht die Kleine eine horizontale Linie quer über das Blatt. Die Wüste. Erst ganz zum Schluss malt sie sich selbst, ein kleines Mädchen aus Strichen. Sie zeigt auf sich und lächelt. Der Mensch nicht als Mittelpunkt, nur als Detail. Ein winziges Wesen in der Weite.

Obwohl die Sonne im Neunzig-Grad-Winkel herabbrennt, senkrecht wie ein einsam in den Himmel geschraubter Halogenstrahler, sage ich *Ar' tufat*. Das heißt so viel wie »Gute Nacht«. Da lacht sie sich bald tot. Sie ist die wenigen komischen Fremden noch nicht gewöhnt, die höchstens zwei, drei Worte ihrer Sprache stammeln können und sich gelegentlich durch das Gebiet des Air-Gebirges im Norden des Nigers führen lassen.

Einige Tuareg verdienen mit solchen Kamelkarawanen inzwischen mehr Geld als damit, *Fotchi*, Salzbarren, aus den fernen Oasen zu holen und sie wie vor tausend Jahren auf den Märkten der Wüstenstädte zu verkaufen. Ab einem gewissen Punkt jedoch verlieren sich Wüstenstädte, lösen sich auf. Wer weiter gen Norden fährt, navigiert in die Ödnis, mitten hinein in eine der feindlichsten und heißesten Zonen der Erde. Die Nomaden werden uns zum Beginn des Sandmeers führen, dorthin, wo kein Stein mehr liegt, kein Busch mehr wächst. Nur noch Sand, so weit das Auge reicht. Fast drei Wochen werden wir unterwegs sein, tagsüber zu Fuß marschieren und auf Dromedaren schaukeln, wir werden zelten, brüten und in den Sand machen. Verloren in den Marswelten des Sahel, des »südlichen Ufers« der Sahara. Es ist das Reich des berühmten Wüstenvolks, das hier nach wie vor jenseits aller Zivilisation umherzieht. Lebt.

Ich stecke meinen Block wieder ein. Es gibt keinen Abschied. Nur den Blick des Wüstenmädchens, ohne ein gesprochenes Wort, ohne eine Geste. Der Blick haftet auf mir, er klebt und durchdringt mich. Was habe ich hier verloren? Was habe ich zu erzählen von jener Welt, die hinter der Wüste beginnt?

Dann dreht sich das Mädchen um und geht davon. Es geht langsam und mit dünnen, kargen Bewegungen und mit den nackten Füßen über die Steine und durch den heißen Sand. Der Sand tut dem Mädchen nicht weh. Mich würde der Sand schmerzen, verbrennen. Noch einmal dreht sich das Mädchen um. Dann nicht mehr. Geht davon und wird kleiner. Die Wüste saugt die junge Targia in sich auf.

Wir ziehen weiter. Es wird wenig gesprochen in der Wüste. Worte passen nicht hierher. Die Sprachen, die Zunge und der Gaumen funktionieren besser in kalten Ländern.

Fremde, die aus einem solchen Land kommen, einem Land, in dem sich der Mensch morgens unter eine Dusche stellen kann, können vor allem eines nicht begreifen: Wie kann seinesgleichen hier existieren? Es gibt nichts. Keine Bar, kein Haus, keine Straßen, keinen Strom, kaum Schatten. Stattdessen ragen hundert Meter hohe, glühende Granitberge empor, wie in der Gegend herumliegende tote Saurier. Dann wieder dunkles, schwarzes Geröll, bis zum Horizont.

Es ist noch weit, bis das Sandmeer beginnt.

Ein paar stachelige Akazien und Dornenbüsche wachsen, obwohl der Fremde schwören möchte, dass der letzte Tropfen Feuchtigkeit vor Jahren verdampft ist. Die Hitze. Sie kommt von oben und unten, von allen Seiten. Dabei ist Winter. Im Sommer wird das Land um das Air zum Hochofen. Dann trinken selbst die asketischen Tuareg zwanzig Liter Wasser am Tag, ohne sich groß zu bewegen. Wer dann die wenigen Wasserstellen verlässt und keine Reserven hat, stirbt binnen vierundzwanzig Stunden.

Wenig reden, selbst wir reden wenig. Es hat seinen Grund. Es ist die trockene Luft. Sie unterbindet das Sprechen. Jeder hält sich daran, es geschieht automatisch und leicht. Dabei ist dies erst der Anfang.

Was später, was beim Verdursten geschehen würde, hat der US-Physiologe Edward Adolph anschaulich formuliert. Demnach durchläuft jemand, der bei fünfzig Grad im Schatten nicht trinkt, mehrere Phasen. Bereits nach drei Stunden ist das Schimpfstadium erreicht. Je nach Konstitution folgen Wattemund-, Schwellzungen-, Schrumpelzungen- und Blutschwitzstadium. Nach einem Tag schließlich vegetiert der Verdurstende im Lebender-Leichnam-Stadium, um kurz darauf mit schwarzgefaulten Schleimhäuten ins Jenseits zu trocknen.

Sidi Rali kennt die Tücken der Wüste. Und er weiß, wie der Mensch in ihr überleben kann. Sidi Rali ist mit Sand in den Augen geboren, wie die Wüstenmenschen sagen. Er ist der Führer der Gruppe. Wenn einer der acht Weißen schwächeln würde, Sidi Rali könnte es lange vorher erkennen. Ein paar Fußspuren genügen ihm, um zu sehen, ob einer bei Kräften ist oder sich bereits zu schleppen beginnt. Er kennt die Gesten, hängende Arme, den gebeugten Körper und Kopf.

Auch in den vierzehn Kamelen, die die Karawane begleiten, kann er lesen wie in einem Buch. Ihr Grunzen, ihre Kopfhaltung, der Gang und ihre Augen verraten ihm den Zustand der Tiere. Ein kurzes Zischen, ein Blick von Sidi Rali reichen, um die sensiblen Widerkäuer in die Knie zu zwingen. Oder sie zum Weitermarschieren zu bewegen.

Wie die anderen fünf Tuareg, die uns begleiten, trägt Sidi Rali Wüstenkleidung. Latschen, langes Gewand und den Tagelmust, den sechs Meter langen Baumwollturban, der Kopf, Mund und Nase umschlingt und nur zwei Augen hervorleuchten lässt wie aus einer Höhle. Nie nehmen die Tuareg den Tagelmust ab, selbst nachts nicht. Der Nomadenschleier ist mehr als ein Schutz, mehr als ein Zeichen des Respekts, in dem das Gesicht verborgen bleibt. In der Ödnis und in der Sonne ist der Turban ein kleines Zuhause auf dem Kopf.

In zwei Tagen werden wir die großen Dünen erreichen, sagt Sidi Rali auf Französisch.

Wie jeden Tag macht die Karawane drei Stunden Mittagspause. Die Menschen brauchen die Pause, die Kamele brauchen die Pause. Die Mittagszeit in der Wüste ist eine eigene Zeit, es ist die schlimmste Zeit, selbst der Wind hat Angst vor ihr. Es weht kein Lufthauch mehr. Die Wüste gerät jetzt zum Trugbild, der Stillstand ist vollkommen. Wer aus einem kalten Land kommt, hat dies noch nie erlebt. Wenn sich nichts mehr bewegt, wenn selbst die gefühlten Bewegungen erstarren. Die Welt blickt sich selbst an. Die Steine liegen auf dem Sand, der Sand lastet auf der Erde, die Bäume stehen auf dem Boden, die Luft ruht in der Luft.

Die Mittagszeit ist die schlimmste Zeit. Sie ist die völlige Gleichgültigkeit gegenüber dem Leben.

Wir sitzen unter einer Akazie im Sand. Die Akazie ist eine Skulptur von beachtlicher Form. Ein Gewächs, vielleicht sechs Meter hoch, es hat die Haltung eines verbogenen Krüppels. Das karge Dach aus Blättern schützt die Akazie, spendet dem Stamm und den Zweigen Schatten. Der Stamm verzweigt sich in der Mitte, die Äste wachsen dürr und genügsam, dann ragen sie steil nach oben. Erst dort bringen die Äste einige grüne Blätter hervor. Die Akazie braucht keinen Regen, jahrelang keinen Regen. Sie kann ihre Wurzeln bis zum Grundwasser treiben, an den Enden dieser Wurzeln kann sie Stickstoffknöllchen bilden, obwohl der Wüstenboden nicht einmal Stickstoff schenkt.

Ich blicke die Akazie hinauf. Was ist dies für ein Baum?

Nachmittags. Es wird jetzt eine Spur kühler. Erst jetzt muten die Tuareg ihren Kamelen zu, weiterzugehen. Die Kamele sind seit jeher ihre Lebensversicherung hier draußen. Ihrem Wohl gilt alles Bemühen.

Boucha Kayir guckt mich gelangweilt an. Boucha Kayir ist mein Kamel, das mir für die drei Wochen zugeteilt wurde. Ein zwanzig Jahre altes Kamelmännchen und ein Wunder. Ein *Ata Allah*, ein Geschenk des Allmächtigen. Boucha Kayir kann in zehn Minuten hundertzwanzig Liter Wasser saufen, danach wochenlang nur mit Dornenbüschen auskommen, die mir, wenn ich mir auch nur einen Zweig davon an die Lippen führte, den gesamten Mund blutig reißen würden.

Mein verfilztes, stoisches, siebenhundert Kilo schweres Kamel kann bis zu einem Viertel seines Gewichts verlieren, ohne dass dies seine Körperfunktionen beeinträchtigen würde. Eine Überlebensmaschine. Seit vierzig Millionen Jahren auf dem Planeten vertreten. Eine Ehre, sich auf seinen Rücken schwingen zu dürfen. Wie ein wackeliges Hydraulikgestell wuchtet sich Boucha Kayir mit seinen dünnen Beinen aus der vierbeinigen Hocke hoch. Dann ziehen wir weiter. Schwanken im Rhythmus seiner weichen, ledrigen Füße durch den Sand und durch die Weite.

Kazarah ist einer der Tuareg, die uns durch die Wüste bringen. Er spricht kein Französisch. Er reitet jetzt neben mir, er blickt gelegentlich zu mir herüber. Dann nickt er, ich nicke. Meistens blickt er mein Kamel an, das Kamel namens Boucha Kayir, immer hat Kazarah es im Auge.

Kazarahs Sattel ist mit Ziegenleder bezogen, mit Silber und Kupfer beschlagen und mit wollenen Streifen behangen. Die Rückseite dieses Sattels schmücken eingefasste türkisfarbene Fragmente, gesäumt von verzierten Silberleisten und einem kleinen Zickzackmuster aus roten, gelben, blauen Wollfäden. Darüber ein Dorn aus Metall, mit Leder beschlagen. Der Sattel ist in der Wüste die Erinnerung daran, dass der Mensch ein Mensch ist. Eine Kreatur, die der Einöde die Kraft der Fantasie, der Kunst entgegensetzen kann.

Kazarahs Märchensattel. Leicht wippt er auf und ab. Ich nicke, Kazarah nickt.

Abends erreichen wir einen Brunnen. Vier, fünf Maultiere stehen regungslos in der Gegend, etwas weiter die Zelte einer Nomadenfamilie. Neben dem Brunnen ruht ein altes, hellblaues Ölfass. Das Ölfass ist zerbeult, aber es trägt keinen

Rost. In der Wüste rostet nichts. In das Ölfass kippen die Tuareg das Wasser für die Kamele.

Kazarah kommt heran, er hat seine Latschen ausgezogen, geht barfuß. Die nächsten Latschen gibt es erst achthundert Kilometer weiter im Süden, wo die erbärmlichen Siedlungen der Sahelzone beginnen. Kazarah knotet zwei helle Seile aneinander, die Seile laufen über einen geschnitzten hölzernen Block, der eine Einkerbung für die Führung des Seils besitzt. Kazarah führt das Seil, an dessen Ende ein Eimer hängt. Zwei Tuareg lassen das Seil hinab, ziehen es dann wieder hinauf. Sie werden dies bis in den späten Abend hinein tun, der Eimer ist jedes Mal nur halb gefüllt. Die Kamele brauchen Wasser, die Maultiere brauchen Wasser.

Die Zeit wird lang. Die Tage, die Nächte. Nichts geschieht. Was soll schon geschehen in der Wüste? Die Landschaft bietet stets das gleiche Bild. Steine. Sand. Steine. Sand. Ab und zu ragen schwarze Hänge empor, verbrannte Gerippe, die bald wieder verflachen. Keine Oase, keine Brunnen mehr. Immer weiter taumeln wir gen Sandmeer.

Einer der jungen Tuareg legt sich abends einen Wüstenkäfer auf die Hände. Er spielt mit dem Käfer, der pechschwarz ist und glänzt, spielt ein, zwei Stunden mit dem Käfer. Die Gespräche der Tuareg sind leise. Jedes Wort wird Hunderte Meter weit getragen, ansonsten existieren keine Geräusche in der Wüste. Die Wüste ist das Spiegelbild der Stille. Dann kommt wieder die Nacht. Dann kommt wieder der Tag. Jedes Mal das gleiche Bild. Sand. Steine. Sand. Steine. Über allem der Himmel, nur noch die Illusion eines Blaus. Der Himmel besitzt tagsüber keine Farbe mehr. Er ist weiß.

Meine Fragen nach der Wüste versteht Sidi Rali nicht.

Was soll er mir über die Wüste erzählen?
Über ihre Traditionen?
Wo sie Wasser finden?
Wie lange sie ohne Wasser auskommen?
Woher sie die Kamele haben?
Wann er das letzte Mal in einer Stadt war, in Agadez, in Timbuktu, oben in Algerien?
Wie lange sie noch so leben werden?
Wie teuer die alten Jeeps sind, die sie fahren, wenn sie die Kamele verkaufen?
Wo sie die Planen für die Zelte her haben?
Die Ölfässer? Die Kanister? Das Messing?

Sidi Rali sagt nichts. Er nickt nur. Es gibt nichts zu erzählen. Hier draußen sterben die Geschichten, bevor sie geboren werden. Alles liegt auf der Hand. Morgen werden wir die Dünen erreichen.

Es ist nicht mehr weit, sagt Sidi Rali.

Abends sitzen sie am Feuer. Vier trockene Äste und zwei Blechschalen mit Fleisch. Sie sprechen leise, sie lachen leise. Die Wüste wird dunkler, dann schwarz. Wenn das Feuer aus ist, legen sie sich für die Nacht in den Sand und schlafen.

Der nächste Morgen. Wir reiten früh weiter, langsam und stetig. Punkte in der Weite, Splitter in der Hitze. Kommt der Mensch hier überhaupt voran?

Es ist nachmittags, als uns die Dünen entgegenbranden, ohne Ankündigung, ohne Schild, ohne ein Wort. Der letzte Stein liegt uns plötzlich zu Füßen, ein schwarzer Stein, klein und unscheinbar. Dies ist der letzte Stein für mehrere Tausend Kilometer. Vor uns beginnt der Ozean aus Sand. Bis zur Oasenstadt Faya-Largeau, bis nach Mali und Algerien kommt nichts anderes mehr. Luft und zermahlene Erde, so weit die Augen blicken.

In weichen Wellen und Linien, in sanften Kurven und messerscharf gezogenen Graten fließen die Sanddünen unter dem Himmel dahin. Ein erstarrtes, hellbraunes Meer, endloses Land aus gewaltiger Dünung. Keine Spur, kein einziger Fußtritt ist zu sehen. Derart breitet sich die Wüste vor uns aus, schweigend und von erdrückender Schönheit.

Am frühen Abend schlagen wir unser Lager auf. Ich höre nichts. Nur das Rascheln des Zelttuchs, durch das ein dünner, trockener Wind geht. Ich sitze vor meinem Zelt, es ist in einiger Entfernung zu den anderen aufgebaut. Ein Schiff aus Tuch am Fuße einer gelben Welle, die sich steil auftürmt, eine Wand aus Sand. Dahinter steht der Himmel, nunmehr in einem hellen, feinen Blau. Ich greife mit der Hand in den Sand. Die Körnchen fließen warm und geschmeidig durch meine Finger, ein altes, ein sehr altes Spiel. Das Große und das Kleine sind sich so nah.

Abends macht Kaziir, der Koch, Feuer. Drei dahinfackelnde, knochentrockene Äste. Kaziir besitzt *Tekarakit*. Den Tuareg, den von Gott Verstoßenen, ist dies wichtiger als Brot. Eine Form der Ehre. Nie laut werden, allem Respekt zeigen, anderen Menschen nie zu nahekommen. Sagt man einem Targi, er besitze kein *Tekarakit*, ist es ein Peitschenhieb ins Gesicht.

Leise und ohne Grobheit nähert er sich der Ziege. Die Ziege ist nur noch ein wackelndes Knochengerüst. Dann schneidet Kaziir ihr die Kehle durch. Das Fleisch schmeckt gut, die feuerkrosse Leber, dazu der Hirsebrei, die Yam-Wurzeln. Sie haben dem Tier das Fell abgezogen, es hängt auf den Ästen neben dem Feuer. Sie werden das Fell wieder zusammennähen und die ausgeweidete Hülle noch ein, zwei Jahre als Wasserbehälter nutzen. Wenn Wind über das Fell streicht, kühlen der Wind und das Fell das Wasser. So einfach.

Wir sitzen noch am Feuer, die vom Osten her kommende Nacht liegt wie ein tiefblaues Tuch auf der Haut, während die Dünen im Westen orangefarben brennen. Kaziir putzt seine Zähne, die vor den Flammen leuchten; ein faserig gekauter Dornenhalm genügt ihm.

Ob er es gut findet, dass jetzt ab und zu Fremde durch die Wüste ziehen?

Kaziir sagt nichts.

Dann sagt er, auf Französisch, ja, es ist gut.

Auch in der Wüste verändern sich die Dinge. Aber du musst dir um die Wüste keine Sorgen machen, die Wüste ist zu groß.

Die anderen Tuareg, Sidi Rali, Ajumlik, Ibrahim und Kaleb, sitzen im Sand. Zwei haben dünne, zerrissene Anoraks an, die sie von den Lastwagenfahrern in N'Guigmi, tief im Osten des Nigers an der Grenze zum Tschad, bekommen haben. Die Tuareg tragen ihre Gewänder, ihre Latschen und ihre ruhigen, warmen Gesichter. Dann stehen sie auf und gehen ein paar Schritte, verteilen sich in den Dünen, schwarze Silhouetten in der anschwellenden Nacht.

Das Abendgebet gen Mekka vollzieht jeder für sich, geräuschlos und leicht, eine stille Verbeugung in den Dünen.

Vor dem Schlafen noch ein paar Schritte gehen. Weg vom Lager, weg von allem; fort von allen Geräuschen und allem Licht, außer den Sternen. Ich setze mich mitten in der Wüste in den Sand, oben auf einer Düne. Ein warmer Wind streicht über die Erde und schleicht an mir vorbei wie ein Geist. Doch dann verebbt selbst dieser letzte Hauch. Ich höre nichts mehr. Absolut nichts.

So muss sich der Weltraum anhören.

Reise in die Wüste

Was Sie wissen sollten

Die Schönheit der Wüste in Worte zu kleiden ist eine schwierige Angelegenheit. Ich glaube sogar, dass es letztlich nicht möglich ist. Die Wüste, wenn sie wirklich nur noch aus Sand besteht, ist einfach zu schön. Ich habe nie wieder so reduzierte, so ehrliche Erde gesehen. Nichts lenkt dort ab, nichts irritiert, nichts stört. Es ist ein sehr konzentriertes Erlebnis. Wenn ich zurückdenke, erschreckt es mich fast, wie diese Stimmung noch immer in meinem Kopf abrufbar ist, wie ich mich an diese unbeschreibliche Atmosphäre erinnern kann (die Reise in die Sahara ist nun schon einige Jahre her). Man könnte durchaus sagen, auch wenn dies schrecklich pathetisch klingt, dass die Wüste bis heute mit mir ist.

Erstaunlich war vor allem, dass die Wüste einen freundlichen Eindruck auf mich machte. Immerhin ist dies so eine Art Todeszone, in der elend verdurstet und verbrennt, wer nicht aufpasst oder sich nicht auskennt. Doch die Wüste war mir wohl gesonnen.

Ja, sie schien von guter Natur und strebte so etwas wie eine Versöhnung mit der großen bösen Welt an. Als ob sie zu mir sagen wollte: »Schau, es ist alles ganz einfach. Du bist nichts und doch bist du alles, aber mach dir nicht so viele Gedanken, Gedanken schaden; und so schenke deine Gedanken dem Wind und lass sie hinfortfliegen. Mit ihnen fliegen deine Eitelkeit davon, dein Trübsinn und deine Gier. Ich bin die Wüste. Ich bin die Erinnerung daran, dass alles ein Wunder ist.«

Aber ich will nicht esoterisch werden. Ich will lieber noch etwas über die Sterne erzählen. Die Menschen denken ja, dass man sie in der Wüste am besten sehen kann und dass es magisch ist. Ich sage dazu nur so viel: Genau so ist es. Den Sternenhimmel in Geschichten zu beschreiben ist für den Reporter immer eine fürchterliche Aufgabe und gipfelt meist in einer peinlichen Stelle. Doch hier kann ich es unverblümt schreiben: Die Sterne in der Wüste hauen einen um. Sie leuchten so milliardenfach und funkelnd und hell am Nachthimmel, dass man schweigt, betet und durchdreht. Und anschließend an einen Schöpfer glaubt.

Nun muss ich auch noch auf einige Dinge hinweisen, die in der Wüste nicht so schön sind. Mit der Hitze will ich gar nicht erst anfangen. Halten Sie einfach mal kurz den Kopf in Ihren Backofen, wenn die Pizza schon fast gut ist. So in etwa fühlt es sich an. Nicht ganz koscher kam mir auch die Sache mit den Skorpionen vor. Die Tuareg fanden insgesamt vier dieser tödlichen Biester während unserer Reise, was ich für einen erschreckenden Schnitt halte. Die Wüste ist groß. Und wir sind klein. Wenn uns bei diesem Verhältnis schon vier Skorpione über den Weg liefen, bedeutete dies nach meinen Hochrechnungen, dass die Wüste vor Skorpionen nur so wimmelt. Die Tuareg ärgerten die Tiere mit einem Stock, aber sie ließen sie leben. Die Attacke eines Skorpions kann tödlich sein. Ich jedenfalls schlief nachts bei hammerhart geschlossenem Zelt. Jede Wette.

Was Sie können sollten

Zu ertragen ist hier etwas, das wir in der Regel nicht kennen: die Abwesenheit von Wasser. Natürlich hatten wir genug zu trinken dabei. Ansonsten aber sahen wir fast drei Wochen lang keine Dusche, keinen Wasserhahn, keinen Fluss, keinen See; nichts, das plätscherte, floss oder gluckerte. Dieses Nicht-Vorhandensein von Wasser in der heißen und trockenen Wüste ist ein komisches Gefühl. Es kann ermüdend wirken, manche macht es aggressiv. Damit sollten Sie klarkommen.

Ich für meinen Teil träumte bereits am zweiten Tag von einem eiskalten Bier. Von einer gigantischen, vor Kälte triefenden Flasche Bier. Die Flasche wurde täglich größer und hing bald in meinem Kopf wie ein nicht mehr zu löschendes Wahnbild. Am zehnten Tag der Reise hätte ich für eine kalte Flasche Bier tausend Dollar gezahlt.

Bald sehnte ich mich nach einem Schwimmbad, nach einen Teich, einem Meer. Reinspringen! Nur einfach irgendwo in irgendein Gewässer springen, das kühlt! Dass die Tuareg nicht überschnappen und die Abwesenheit des Wassers so geduldig ertragen, ja, das sogar ein Leben lang aushalten, kann nur daran liegen, dass sie das Meer oder einen großen kühlen See noch nie gesehen haben.

Noch ein Punkt, zur Beruhigung. Wer in der Wüste drei Wochen nicht duscht, muss nicht zwingend stinken. Denn die Trockenheit ist außerordentlich. Der Schweiß verdunstet sofort auf der Haut. Darin liegt also nicht das Problem.

Allerdings sollten Sie beim Reiten auf den Kamelen Haltung bewahren können. Es ist ein seltsames, träges Geschaukel, bei dem der Reiter in sich selbst zusammensackt und nach einigen Stunden wie ein Häufchen Elend oben auf dem Rücken der stolzen Tiere sitzt. Auch das wirkt ermüdend. Der Kamelreiter tut also gut daran, sich aufrecht hinzusetzen und die Wellenbewegungen des Kamelrückens beim langsamen Dahinschreiten mit den Hüften abzufangen. Trainieren Sie vor der Reise Ihre untere Rückenmuskulatur, sonst hängen Sie nach einer Woche auf dem Tier wie ein Sack Kartoffeln.

Auch müssen Sie eine gewisse Eintönigkeit ertragen. Und dies ist ein Phänomen auf so manchen Reisen: Landschaften und neue Eindrücke können noch so schön sein – wenn sie sich nicht abwechseln, sondern täglich und immerfort das gleiche Bild bieten, denkt der Reisende irgendwann: Und nun? Meine Augen wollen etwas Anderes, etwas Neues sehen. Die tägliche Dosis Wüste kann also auch einlullen, erschlaffend wirken. Das ewig Schöne nutzt sich ab, es starrt einen an.

Während der Etappen, auf denen marschiert wird, sollten Sie zudem eines klaglos erdulden können: heiße Füße! In der Wüste ist es ratsam, feste Schuhe zu tragen. Doch selbst, wer hier mit den berüchtigten Gummilatschen der Trekker unterwegs ist, wird glühende Sohlen haben und Füße, die rosarot dampfen. Keinen Fuß lässt es kalt, wenn er tagelang über sechzig bis siebzig Grad heißen Boden wandeln muss. Die dunkleren Böden nämlich werden da unten tatsächlich so heiß. Der nackte Wahnsinn.

WIE HART IST ES WIRKLICH?

Eingedenk aller Entbehrungen, aller Eindrücke und der Hitze würde ich hier einen Faktor sechs für bereits verschärftes Abenteuerdasein verhängen. Sie müssen immerhin in der Lage sein, täglich gut zehn Liter Wasser in sich hineinzuschütten, dabei klaglos marschieren können und bei guter Laune drei Wochen an keinem Tisch sitzen wollen, sondern die Mahlzeiten an Wollteppichen kauernd auf dem Wüstenboden einnehmen. Die Wüste verlangt nach solchen Entbehrungen. Und ich sage Ihnen: Drei Wochen können ziemlich lang werden. Ansonsten ist bereits die Anreise in die Wüste nicht zwingend erholsam. Die Städte im Niger sind sehr arm, sehr heiß und sehr schmutzig. Sie werden an Siedlungen im Sahel vorbeikommen, an Schrotthaufen und brennenden Müllhalden, in denen Kinder und Tiere nach Essensresten suchen. Szenen, die einem die Kehle zuschnüren und die Existenz als solche in Frage stellen. Es folgt, groß und unermesslich, die Reinheit der Wüste. Ein Anblick, der unfassbar ist und den Sie nie wieder vergessen werden.

INFORMATIONEN

Es gibt noch immer Menschen, die auf eigene Faust aufbrechen. Die mit Motorrädern, Fahrrädern oder gar zu Fuß allein durch Afrika und seine Wüsten ziehen wollen. Nur zu. Jede gepeinigte Seele sollte tun, was sie tun muss. Allerdings sollte sich nicht wundern, wer verschleppt wird oder sonst wie abhanden kommt in den Weiten. Wir kennen das aus den Abendnachrichten: »Zwei deutsche Touristen als Geisel genommen, Näheres ist von den Entführern noch nicht bekannt.« Eine so bittere wie peinliche Situation. Dann muss mal wieder das Auswärtige Amt eingeschaltet, müssen bilaterale Verhandlungen geführt werden und am Ende entsprechend viele Scheinchen fließen, damit die edlen Abenteurer gerettet werden. Alles schon passiert. Auch im Niger, nicht gerade das freundlichste Pflaster auf Erden.

Reisen Sie also vielleicht doch besser mit einem Veranstalter, der sich auskennt und die Reise in die Wüste mit kundigen Menschen wie den Tuareg organisiert. Die wissen, was sie tun. Wissen, wo sie

Wasser finden. Und wo keine Banden umherziehen, die mit Maschinengewehren in ihren Jeeps sitzen und Fremde zu Geld machen wollen.

Kosten

Es gibt verschiedene Agenturen, die Reisen in den Niger anbieten und Gäste auf Kamelen durch die Wüste scheuchen. Ja, es gibt sogar Reisen, auf denen der postmoderne Abenteuertourist sechsmonatige Transsahara-Karawanen buchen kann. Das würde ich sofort machen. Für eine Millionen Euro bin ich dabei!

Vor allem aber Drei-Wochen-Trips werden gern gebucht, und die lassen sich überleben und schenken einem einmalige Wüstenszenen. Die Reisen kosten von Deutschland aus meist um die 3000 Euro, Flug inklusive. Wer Näheres wissen will, kann sich zum Beispiel an diese Veranstalter wenden:

www.desert-team.ch
www.meharees.de
www.transafrika.org
www.bedu.de

Ach ja, und schauen Sie vorher kurz beim Auswärtigen Amt vorbei, ob nicht gerade wieder Reisewarnungen ausgesprochen wurden.

www.auswaertiges-amt.de

Ausflug ins Blaue

Mit Biwak und Paragleiter durch die Alpen

TIROL

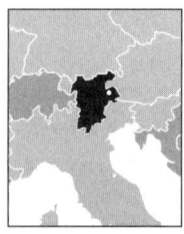

Oliver Rössel hat selten Bücher dabei, er liest lieber im Himmel. Auch jetzt guckt er in die Luft, schaut in die Wolken, studiert den Wind. Er sitzt auf einer Alm, zweitausend Meter über dem Hochpustertal, und starrt durch seine Spiegelbrille nach oben. In beträchtlicher Höhe über den Bergen ziehen zwei Steinadler ihre Kreise, kleine braune Punkte, Knöpfe im Himmel. »Wir müssen warten«, sagt Rössel nach einer Weile. »Die Adler schlagen zu oft mit den Flügeln, die Thermik stimmt noch nicht.« Rössel sieht alles. Dann zieht er sein T-Shirt aus, legt sich ins Gras.

Am frühen Morgen waren wir nach Osttirol aufgebrochen. Dieser Rössel, zwei Freunde und ich. Eine Fahrt zu Füßen großer Gipfel, normalerweise die Zielkoordinaten für Wanderer und Kletterer. Doch wir sind weder zum Wandern noch zum Klettern hier.

Es ist Sommer, grüne Berge vor friedlichem blauen Himmelsdom. Ich muss an einen Film denken, »The Truman Show«. Darin haben sie einen jungen Mann in einer idyllischen Welt groß werden lassen und sein Leben als TV-Show gebracht. Die Welt, in der Truman aufwuchs, aber war eine monströse Kulisse, samt Läden, Kleinstadt und gemalten Wolken. Zu schön, um wahr zu ein. Ein bisschen so, denke ich, ist es auch hier, in Osttirol, im Sommer.

Als wir in Sillian ankamen, parkten wir die Autos, packten unser Zeug zusammen und nahmen die Seilbahn nach oben. Es folgten zwei Stunden Marsch weiter bergauf, erst über markierte Pfade, dann querfeldein, immer weiter den Berg hoch. Gelegentlich setzte ich mich auf einen Stein, wartete, verschnaufte, blickte hinunter ins Tal, das immer kleiner wurde. Rössel und seine zwei Freunde mahnten zum Weitermarsch. Wir stiegen weiter auf, bis Rössel einen steilen exponierten Hang entdeckte, ohne Steine, ohne grasende Kühe und sonstige Hindernisse. Er musterte den Hang, schielte das Gefälle hinab und schritt ein wenig umher. Dann sagte er, dass dieser Hang ein guter Hang sei, schnallte seinen Rucksack ab und stellte ihn ins Gras.

Es ist ein schöner Tag, warm und klar, und wie wir so neben unseren großen Rucksäcken im Gras liegen, könnten uns die anderen Bergtouristen für erschöpfte Wanderer halten. Doch steckt in unseren Rucksäcken kein gewöhnliches Marschgepäck, auch sind unsere Rucksäcke im Grunde gar keine Rucksäcke. Es genügen zwei, drei Handgriffe, und die tragbaren Nyloncontainer wandeln sich zu Flugzeugen, entfalten sich im Handumdrehen zu den kleinsten Fluggeräten der Welt. Zu Gleitschirmen.

Beim Gleitschirmfliegen, die Amerikaner sagen *Paragliding*, hängt der Pilot in einem kleinen Gurtzeug unter einer Art Fallschirm. Allerdings ist dieser Schirm so groß, dass er einen langen Gleitflug ermöglicht. Gute Aufwinde erlauben gar stundenlanges Dahingleiten in der Luft, begrenzt im Grunde nur durch die Nacht. Paragleiter segeln durch das Luftmeer, ohne einen Antrieb.

Manche Schirme wiegen heute samt Gurtzeug nur noch fünf, sechs Kilo. Versierte Flieger wie Rössel, Gesamtsieger im Worldcup, viermal Deutscher Meister, schnallen sich ihr Flugzeug einfach auf den Rücken und durchqueren die Berge, mal fliegend, mal wandernd, je nach Wetter und Befinden. Sie tun dies gelegentlich über mehrere Tage, schlafen oben an den Hängen, starten, landen, wandern, wie es ihnen gefällt. Biwakfliegen ist eine ungewöhnliche Art, die Berge zu bereisen, und für diesen Ausflug hat Rössel obendrein einen besonders großen Schirm dabei. Dieser Schirm trägt nicht nur den Piloten, sondern auch noch einen Passagier. Diesmal werde ich das sein.

Wir haben Schlafsäcke dabei, Zahnbürsten, Karten, Regenzeug und etwas Essen. Rössel plant, eine schöne Strecke zu fliegen, zwei, drei Tage, bis nach Matrei, zum Großglockner, oder nach Osten bis Kärnten. Manche Piloten sind schon zweihundert Kilometer an einem Tag geflogen, haben in einer guten Woche die gesamten Alpen durchquert, von Salzburg bis Monaco. Doch hängt jeder Flug von der Thermik ab. Stimmen die durch steigende Warmluft entstehenden Aufwinde nicht, müssen wir ins Tal hinabgleiten, irgendwo auf einer Wiese landen, die nächsten Etappen notfalls laufen, trampen oder per Bus und Bahn zurücklegen.

Es ist mittags, als sich der vierzigjährige, muskulöse Rössel aus dem Gras erhebt. Er wirft einen seiner langen schweigsamen Blicke in die Wolken, dann sagt er: »Es sieht jetzt gut aus, wir sollten uns fertig machen.« Dann legen er und seine zwei Flugfreunde die Schirme auf der Wiese aus.

Ben Liebermeister, sehnig und rank, fliegt seit achtzehn Jahren, nebenbei springt er an Fallschirmen ab. Liebermeister ist schon aus Heißluftballonen gehüpft. Und einmal hat er sich als Passagier in einen Tandem-Paragleiter gesetzt, blieb jedoch nicht, wie gemeinhin üblich, bis zur Landung sitzen. In dreitausend Meter Höhe öffnete er seinen Gurt und ließ sich anschließend, vermutlich unter Jubelgekreisch, langsam vornüber in die gähnende Leere kippen. Auf die Idee, mit einem Fallschirm aus einem Gleitschirm abzuspringen, muss erst mal einer kommen, finde ich. Und resümiere im Stillen: Ich bin mit Flugverrückten unterwegs.

Dazu mag auch Boris Kalter zählen, der dritte Mann in Rössels Fliegerbande. Kalter ist Zimmermann und nicht minder entzündet. Der junge Mann betrachtet die Alpenwelt durch eine sehr orange Sonnenbrille, nebenbei bemerkt er, dass er gerade äußerst glücklich sei, nicht an der Hobelbank stehen zu müssen, sondern ein paar Tage zum Fliegen zu haben.

Die drei sortieren die Leinen und legen das Gurtzeug an; das Prozedere dauert gerade mal fünf Minuten. Dann winkt mich Rössel heran, in einem Extrasitz schnallt er mich vor seinen Bauch, die Handgriffe wirken routiniert, er prüft die Karabiner, die Verbindungen zu den Trageriemen. Ich blicke nach hinten. Da liegt der Leinensalat auf der Wiese, ein Geflecht aus Dutzenden dünnen Seilen, alle aus hochfestem Kunststoff, wahrscheinlich würden sie nicht reißen, hinge selbst ein Elefant unter ihnen in der Luft. Am Ende der Leinen liegt der Schirm aus. Ein riesiges gelbes Tuch aus dünner Fallschirmseide, das auf der Wiese ruht. Der Flügel, den strömende Luft erst zum Leben erweckt, bevor das Wunder des Auftriebs geschieht.

Die Erklärung des Startmanövers ist knapp und deutlich. »Ich zähle bis drei, dann rennst du los, volle Kraft den Hang runter!« Rössel prüft ein letztes Mal die zwei Karabiner, an denen ich mit ihm verbunden bin. Wir stehen dicht an dicht, ich vorn, Rössel auf Tuchfühlung hinter mir.

Der Hang führt steil hinab, dreißig Meter, bis hinter der Abbruchkante die Leere klafft, über tausend Meter bis runter ins Tal. Der Ort Sillian sieht von hier oben aus wie ein Klecks in saftig grüner Landschaft. Ein leichter, warmer Wind weht den Hang hinauf, Kuhglocken bimmeln im Alpenidyll, dann kommt das Kommando: lauf!

Als sich der riesige Schirm durch den Vorwärtsruck hinter uns aufbläht, wird der Lauf nach ein, zwei Metern jäh gebremst. Als wolle eine große Macht uns daran hindern, den Berg hinunter zu galoppieren. Der Schirm richtet sich jedoch weiter auf, wie ein steigender Riesendrachen, er steht, schwebt über unseren Köpfen. Das Laufen gelingt wieder, weiter, immer schneller auf die Kante zu, doch nach wenigen Metern strampele ich bereits in der Luft. Der Schirm enthebt uns der Erde, geräuschlos und sanft, es ist wie ein federleichter Hopser in die Schwerelosigkeit.

Die Kühe werden kleiner, ein Bauer winkt von unten herauf. Der Schirm zieht noch knapp über einer Almhütte vorbei, gleitet dann weit hinaus ins Panorama. Tief unten das Tal, die Häuser, die Kirchen, die Straßen.

Es sitzt sich gemütlich hier oben im Himmel. Ein wenig wie in einem schmalen Nylonklappsessel zum Grillen. Ab und an schaukelt es etwas, lupft uns nach oben. Dann wieder sinkt der Schirm behutsam ab, gelegentlich sackt der Magen durch. Im Nu segeln wir hundert, zweihundert Meter hoch durch die Alpenluft.

Hinter mir pflückt der Wind einen Fluch von Rössels Lippen. Der Weltmeister schickt böse Tiraden in die Höhenluft. Die Thermik scheint nicht zu stimmen. Wir sinken, wir »saufen ab«, schimpft Rössel. Schräg fliegen wir die Hänge hinab, teilweise so nah an den Kiefernwipfeln vorbei, dass ich mit den Füßen nach ihnen treten könnte. Der erste Flug wird ein kurzer Flug. Weiche Landung zwanzig Minuten später auf einer Wiese neben dem Bahnhof von Sillian. Auch Liebermeister und Kalter erwischen keinen Aufwind, sie landen ebenfalls.

Was tun? Die drei telefonieren, rufen Freunde an. Einer nimmt das Telefon ab, doch es ist nur ein Rauschen zu hören. »Der fliegt gerade«, sagt Liebermeister ohne ein Stirnrunzeln. Rössel holt derweil andere Wetterinfos ein, Fliegerwetter per SMS, per Radio, per Himmelblick. Dann treffen die drei eine Entscheidung, die Köpfe nach oben gedreht. »Lass uns den Zug gen Osten nehmen, ins nächste Fluggebiet, da muss die Thermik besser sein.« Wir schultern unsere Flugzeuge, laufen zum Bahnhof. Wie klein und gemütlich die Bahnhöfe in den Alpen doch sind. Spielzeugeisenbahnbahnhöfe. Wir quetschen uns in ein Abteil, die Gleitschirme in den Rucksäcken stets dabei. Draußen ziehen die Lienzer Dolomiten vorbei, die Tiroler Alpen, steile Gipfel vor gütigem Himmel.

Im Ferienort Greifenburg nehmen wir ein Bergtaxi, lassen uns auf zweitausend Meter fahren und begeben uns prompt an den nächsten Starthang, der sich steil gen Tal neigt. Sofort sind die Schirme ausgepackt, das Gurtzeug angeschnallt. Rössel wird schon nervös, die Cumuluswolken sehen vielversprechend aus, Aufwinde bis in große Höhen. Dann zählt er runter, wir laufen den Berg hinab und fliegen abermals davon.

Dutzende andere Paragleiter ziehen vorbei, neben uns, über uns, unter uns. Ich frage nach hinten, ob wir nicht mit ihnen zusammenstoßen könnten, falls wir nicht aufpassen. Rössel antwortet gerade nicht, er ist konzentriert, aber dann sagt er: »Nein, nein, es kann nichts passieren.« Dabei gibt es kaum ein Tal in den Alpen, wo die Schirme nicht wie bunte Tupfer den Himmel dekorieren. Hübsch sieht das aus. Die Paragleiter sind leise, sie brauchen kein Benzin und schaffen das Traumhafte. Vögel mögen die Menschen schließlich auch. Wenn ein Paragleiter auf einer Wiese im Tal landet, wird er meistens von vorbeifahrenden Autos mitgenommen. Die Einwohner mögen es, ein Schwätzchen mit den Fliegern zu halten. Wie ist das eigentlich, ohne Motor dahinzugleiten? Ist es nicht gefährlich? Sie erhalten dann Auskunft von einem Menschen, der eben noch im Himmel flog.

Rössel treibt den Schirm in eine steile Kurve, mitten hinein in einen »Bart«, so nennen Gleitschirmflieger die unsichtbaren Säulen mit Aufwind. Der Schirm wird nach oben gerissen. An Rössels Arm piept ein Variometer, ein Gerät, dass die Steigrate anzeigt, weil Menschenaugen nicht darauf ausgelegt sind, hier oben noch eine Referenz zu erkennen. Das Gerät piept immer schneller. Wir eilen, rasen nach oben, stehen kurz vor dem Dauerpiepen. In guten Bärten werden Paragleiter in zwei Minuten um bis zu tausend Höhenmeter nach oben katapultiert. Auch wir absolvieren eine solche

Fahrstuhlfahrt, bis auf fast dreitausend Meter über Normal Null. Der Blick zwischen den Beinen hindurch nach unten ist definitiv nichts für Schwindelkandidaten. Um ums herum nur Luft. Entrücktes Gleiten durch die Weite.

Ganz oben ein erhabener Anblick. Ein Adler kreist ebenfalls im Aufwind, auf Augenhöhe und nur wenige Meter von uns entfernt. Seine gespreizten Flügel sind deutlich zu sehen, der Kopf, der gierige Schnabel. Welch schönes, aber auch absurdes Bild. Der König der Lüfte in seinem Element – im Schlepptau zwei behelmte Funsportler.

Rössel fliegt den Schirm immer weiter über die Berge, mal höher, mal tiefer. Dann dreht er ab, steuert auf einen Grat zu, saust direkt über den Grat hinweg. Dahinter bricht die Steilflanke fast lotrecht ins Bodenlose ab; ich verspüre Magenflattern. Dabei bin ich Höhe gewöhnt, bin schließlich schon aus Flugzeugen gesprungen. Doch das hier ist anders. Zu lange währt der Flug, habe ich dieses abstruse Bild vor Augen, die eigenen Füße, die im Nichts hängen, erst zweitausend Meter weiter unten der Beginn der Welt. Die Sinne registrieren, was gerade geschieht. Doch das Gehirn will es nicht wahrhaben. Ein sehr hohles, großes, unbeschreibliches Gefühl.

Nach zwei Stunden Flug landen wir auf dem Berg Knoten im Westen, 2300 Meter hoch, mitten in der Wildnis. »Wir hätten eine Pension im Tal ansteuern können«, sagt Rössel. »Aber Biwakflieger nächtigen lieber oben am Berg.« Kein Mensch ist zu sehen, nur ein linder Wind geht über die bemoosten Hochwiesen. Hier und da blühen ein paar Blumen, grün und braun fallen die Flanken ins Tal. In der Ferne blitzt, wie ein Blatt Silberpapier ins Land gelegt, der Weißensee.

Die anderen sind nun auch gelandet, Rössel sammelt Holz, macht ein Lagerfeuer. Zum Abendessen gibt es Schinken, Brot, Müsliriegel und Tütensuppen, angerichtet mit Wasser aus dem nahen Fluss. Rössel sitzt vor den Flammen, seine kurzen Locken glühen rot im Abend. Er erzählt von seinen Flügen im Ausland, über den Wüsten Australiens, über dem Regenwald Brasiliens. Dahingleiten in Badehose, Utopien aus der Vogelperspektive.

Bei der Frage nach den Gefahren wiegeln die drei ab. Gleitschirmfliegen gelte als sichere Flugsportart. Fast 30000 Paragleiter seien in Deutschland gemeldet, in den letzten beiden Jahren sei hier jeweils nur einer ums Leben gekommen. Über eines müsse man sich natürlich im Klaren sein, schiebt Liebermeister noch nach. »Wer jegliches Risiko scheut, sollte lieber einen Tanzkurs machen.«

Gegen neun sinkt die Sonne, sanft ragen die Gipfel des nahen Kärnten in den Himmel. Bald werden die Berge lila, die Wolken rosa, der reinste Kitsch. Wir holen die Schlafsäcke heraus, wickeln uns zum Schutz gegen Nässe in den Schirmen ein. Dann kommt die Nacht.

Am nächsten Morgen leuchtet eine adrette Tiroler Sonne, die Bergluft frisch und dünn, früh setzt die Thermik ein. Nach dem Frühstück starten wir zum Weiterflug, Rössel zieht den Schirm sofort in einen Aufwind. Er will heute zu den Bergen der nächsten Ortschaften fliegen, Lienz, vielleicht doch zum Großglockner. Auf 2600 Meter entscheidet er, dass die Höhe reicht, um das Tal zu überqueren. Mit 50 Kilometer pro Stunde gleitet der Schirm mit uns in die Weite, Kurs West.

Wir kommen gut voran. Im Süden thronen die Gipfel Sloweniens, die Spitzen der Dolomiten. Plötzlich: verschärftes

Kettenkarusselfahren! Rössel zieht eine Steuerleine durch, der Schirm rast in Steilkurven nach unten und malt den Kurs eines unsichtbaren Korkenziehers in den Himmel. »Wingover«, so nennen sie es, wenn der Schirm auf einmal unter einem fliegt, während Pilot und in diesem Fall auch Passagier kopfüber und in hohem Bogen durch den Himmel geschleudert werden, um auf diese Weise Höhe abzubauen. Wenn ich in den Kurven hoch zum Schirm schaue, blicke ich nun ins Tal hinab! Die Welt steht Kopf: Ich sehe Kühe grasen, Kirchen, Autos – während meine Beine ins Himmelreich zeigen. Gegen wirklich radikales Fliegen ist dies noch ein harmloses Manöver. »Der Schweizer Chrigel Maurer ist schon 210 Loopings geflogen, nonstop hintereinander!«, schreit Rössel von hinten in den Wind. »Nur etwas für Viecher!«

Ein Gipfelkreuz kommt nah heran, dann lenkt Rössel den Schirm in eine Flanke hinein, gleitet den nächsten Hang wieder hinauf, Felsen, Steine, Grate in greifbarer Nähe. Zwei Tage sind wir unterwegs, die Perspektiven werden vertrauter, das Gefühl, Stunden im Himmel zu sitzen, zu fliegen. Hoch, runter, das alles scheinbar mühelos, schwebend. Surfen in den Wellen der Lüfte.

Am Nachmittag, nach drei weiteren Stunden Flug, erreichen wir die nächste Bergkette am Zettersfeld. Zwischenlandung direkt neben dem Bergrestaurant »Zum Sepp«, 2200 Meter über dem Ort Lienz. Kalter und Liebermeister, in Thermokluft und Bergstiefeln, legen ihre Helme auf dem Tisch ab, es gibt Weizenbier und Hirschragout, frisch vom Jäger. Die drei wechseln sofort zur Fachsimpelei, reden über leichtere Schirme, Höhenwinde, Kehrwassereffekte und kaum erkennbare Thermikablösungen. Liebermeister sagt: »Ich wünschte, ich hätte mehr Zeit zum Fliegen.«

Rössel ist nach der kurzen Einkehr nicht lange zu halten. Er blickt in den Himmel, schiebt sich die Brille auf die Nase. Die Wolken sähen gut aus, sagt er. Cumulus, hoch über den Gipfeln, zart in ihrer Struktur, ihre wattigen Bäuche von scharfen, dunklen Kanten gezeichnet.

Dann schreitet er rüber zum Hang, legt den Schirm aus und winkt mich mit einem Handwisch herüber. Ich lege mein Gurtzeug an, gehe in Position. Zeit für den Start zur nächsten Etappe, Richtung Großglockner, nach Matrei, Hauptsache weiter, Hauptsache nach oben. Wie lange wir noch fliegen würden an diesem herrlichen Tag? Rössel hört die Frage schon nicht mehr, er hat sich die Steuerleinen geschnappt, die Augen zum Schirm verdreht; dann hallt erneut und lautstark durch die Berge das Kommando, welches dieser Art der Fliegerei stets vorausgeht.

Lauf!

Gleitschirmfliegen

WAS SIE WISSEN SOLLTEN

Der Sport ist am besten in den Bergen auszuüben, weil hier gute Starthöhen zu erreichen sind und die Thermik meist optimal ist. In den Alpen gibt es viele ausgewiesene Reviere, prinzipiell dürfen die Paragleiter jedoch an fast jedem geeigneten Hang starten. Gleitschirmfliegen ist aber auch über dem Flachland möglich. Sogar in Norddeutschland gibt es Schulen und Plätze. Gestartet wird hier meist an Seilwinden, wobei es einen steil nach oben lupft. Das ist gewöhnungsbedürftig, aber durchaus praktikabel.

Paragliding gilt tatsächlich als ziemlich sichere Luftsportart. Vor allem, wenn große und gutmütige Schirme geflogen werden, üblich bei Anfängern und Flügen mit Tandempassagieren. Diese Schirme klappen im Flug so gut wie nie zusammen, »fallen nicht ein«, und sorgen für ein gemächliches Dahintreiben. Profischirme, wie Meister Rössel sie sonst ausschließlich fliegt, haben nämlich durchaus die Tendenz, sich in Turbulenzen und bei radikalen Manövern zusammenzufalten, wonach der Pilot wie ein Stein vom Himmel kracht. Wenn er gut ist, kann er sich aus der Situation befreien und den Schirm im freien Fall wieder entfalten. Ich persönlich jedoch möchte niemals in eine solche Situation geraten. Zur Not trägt der Pilot einen kleinen Rettungsfallschirm bei sich. Den wirft er seitlich in die Luft und schwebt dann mehr oder weniger sanft zu Tal.

Zur Kleidung. Packen Sie unbedingt warme Sachen ein! Völlig egal, wie heiß es unten im Tal oder gar oben auf dem Berg ist. Wer nämlich beim Fliegen weiter steigt und mit 50 km/h durch die Bergluft saust, dem weht ein schneidend frischer Wind ins Gesicht. Ich erinnere mich noch gut. Vor dem ersten Start sagte ich zu Rössel, was er denn habe, warum ich mich noch wärmer anziehen solle? Es sei doch herrlich warm hier oben. Rössel sagte nicht viel, er murmelte nur: »Wie du willst.«

Ich glaube, er hatte einfach nichts anderes im Kopf, als sofort zu starten. Oben wurde es dann so kalt, dass meine Fingerknöchel vor Kälte weiß anliefen, was sicher auch von der mangelnden Durchblutung herrührte, was daran liegt, dass ich zwanzig, an besonders harten Tagen auch dreißig Zigaretten rauche. Wie dem auch sei. Für den nächsten Flug war ich besser gerüstet. Ich trug mit Daunen gepolsterte Skihandschuhe, zwei Fleecejacken unter einer Regenjacke, Schal, Wollmütze sowie einen Thermostrumpf über dem Kopf. Rössel sagte nur: »Siehste.«

WAS SIE KÖNNEN SOLLTEN

Sie brauchen als Passagier praktisch null Fitness, was ja schon mal gut ist. Schließlich sitzen Sie lediglich in einer Art schmalem Klappsessel und dürfen die Aussicht genießen. Selbst das Anlaufen den Berg runter beim Start erfordert kaum Anstrengung, weil man nach wenigen Metern bereits abhebt und davonfliegt. Ein wunderbares Gefühl. Vorsicht ist jedoch geboten vor Tandempiloten, die vor dem Flug allzu pingelig bei der Auswahl eines Starthangs sind und stundenlang kreuz und quer die Berge hochmarschieren. Beim Biwakfliegen gehört das Steigen zu Fuß zwar streng genommen zur Disziplin, ich würde das jedoch den Puristen überlassen und all jenen vorbildlichen Outdoor-Fexen, die Lust daran verspüren, sich steile Bergflanken hinaufzuquälen. Mein Motto jedenfalls stand schon nach dem ersten Tag fest: Nichts schöner als Fliegen – und Wandern schon gar nicht.

Jetzt kommen wir zum verschärften Teil der Voraussetzungen, die Sie zum Paragliding mitbringen sollten. Thema Höhenangst. Vertigo. Fallpanik. Sie sollten von all dem im Grunde noch nie etwas gehört haben. Geschweige denn, solche Gefühle auch nur im Ansatz verspüren. Dann ist's aus. Der Magen wird sich Ihnen umdrehen. Sie werden sterben, wie Sie noch nie gestorben sind. In der Tat ist es so, dass Sie an guten Tagen so hoch fliegen werden, dass Sie mit dem ausgestreckten Daumen vor Augen ganze Talschaften verdecken können. Wenn meine Berechnungen stimmen, muss man für einen solchen Effekt schon ziemlich hoch sein. Um es kurz zu machen: In einem winzigen Sitz zu hängen, dreitausend Meter unter den Füßen nichts als Luft, während um Sie herum nur Wolken und Adler schweben – das ist einfach nichts für jedermann.

Mental sind Sie aber noch auf andere Weise gefordert. Sie vertrauen sich nämlich nicht nur dem Piloten, sondern auch beängstigend kleinen, dünnen und leichten Karabinerhaken an. Durch lediglich zwei solcher Karabinerwinzlinge verläuft die Aufhängung Ihres Sitzgurtes. Mehr nicht. Daran baumelt Ihr Leben. So ein Karabiner wiegt praktisch nichts. Bleibt nur, dem TÜV, den Materialforschern und dem Allmächtigen zu vertrauen. Motto: Die wissen schon, was sie tun. Wird schon halten. Kurz vor dem Start erinnerte ich noch, was mir Bob-As André Lange einmal mit auf den Weg gab: *Helm auf, Augen zu und durch!*

Wie hart ist es wirklich?

Eine nicht eindeutige Angelegenheit. Ich beispielsweise mag es, zu fliegen. Und ich leide nicht unter Höhenangst, bin sogar mehrfach vom Zehner gesprungen. Für mich würde ich bei diesem Abenteuer demnach eine vier plus bis fünf vergeben. Dies, weil Rössel mich einmal fast eine Stunde lang den Berg hochscheuchte, obwohl er gesehen haben muss, dass ich mächtig am Keuchen war. Ich hasse Anstiege.

Auch sind die Nächte im Freien zu berücksichtigen, die zum ernsthaften Biwakfliegen dazugehören. Auf zweitausendzweihundert Meter wird es nachts erstaunlich kalt und vor allem feucht. Einmal wurde ich mitten in der Nacht wach, weil ich aus meinem Schlafsack gerollt war und mit dem Gesicht mitten in einem sumpfigen Stück Bergwiese lag.

Nun zu all denjenigen, die die Höhe nicht so mögen und denen schon beim Reisen in einem Passagierjet mulmig wird. Verzichten

Sie auf dieses Abenteuer! Für Schwindelaspiranten ergibt es absolut keinen Sinn und macht schon gar keinen Spaß. Es sei denn, Sie neigen zu Masochismus und suchen die Angstlust. Rechnen Sie aber auch dann mindestens mit einer acht auf der Skala. Und zwar mit einer, die sich gewaschen hat. Und nehmen Sie ein Fernglas mit nach oben. Ich jedenfalls konnte in dreitausend Meter Höhe nicht mehr erkennen, ob die Punkte unten im Tal Menschen waren, Kühe, Autos, Busse, Kirchen oder womöglich Supermärkte.

INFORMATIONEN

Fast jede Schule bietet Tandemflüge für Gäste an. Für Streckenflüge gibt es bei manchen Schulen spezielle Arrangements je nach Wetter und Absprache. So genannte Bergsteigerflüge dauern einen Tag, Biwakflüge können über mehrere Tage gehen.

Eine Liste mit allen bundesweiten Flugschulen sowie sämtliche Informationen zum Sport hält der Deutsche Hängegleiterverband in Gmund am Tegernsee bereit. Telefon: 0 80 22/96 75-0. Internet: *www.dhv.de*

Tandem- und mehrtägige Streckenflüge in den Alpen sowie Gleitschirmreisen etwa nach Sizilien, Brasilien oder Mexiko bietet auch der Profi Oliver Rössel an, mit dem ich unterwegs war. Preise, Fluggebiete und Termine sprechen Sie am besten mit ihm selbst ab. Rössel ist da absolut flexibel. Hauptsache, er kann fliegen. Sein Kontakt: Tel. 00 49/1 76/24 89 95 78. Internet: *www.oliver-roessel.de*

Kosten

Die Preise für einen Tandemflug liegen zwischen 90 und 140 Euro, wofür der Gast zwanzig Minuten bis zu einer Stunde oben bleibt. Das hängt von der Thermik ab, vom Können des Piloten und davon, wie nett Sie zu ihm sind. Wer das Paragliding selbst erlernen will, muss zunächst einen viertägigen Grundkurs absolvieren. Das kostet um die 400 Euro und ist ein Witz gemessen an der Tatsache, dass man danach mutterseelenallein durch die Luft fliegen kann. Nach dem Grundkurs folgen je nach Interesse Höhenflug- und Streckenflugschulung mit entsprechender Zertifizierung. Infos und Adressen von Schulen vermittelt der DHV (siehe oben).

Die Fischer von Dodanduwa

Auf Thunjagd im Indischen Ozean

SRI LANKA

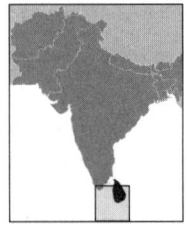

Die letzte Woche war keine gute Woche, die Frauen hatten sie verrückt gemacht und waren wie Furien vor den Hütten herumgelaufen, und die vom alten Samara hatte das erste Mal im Leben ausgesprochen, dass es ein Fluch von ganz oben sei. Ihre Worte waren in hartem Singhalesisch gekommen. Der alte Samara blieb zunächst noch ruhig und besonnen und versuchte, sein Weib zu besänftigen.

»Misch dich da nicht ein, du weißt nichts, du warst nie mit draußen«, sagte er, während er in seine Latschen rutschte, sich seinen Lunghi um die schwarzen Hüften band und sich fertigmachte.

»Ich muss nicht mit rauskommen«, sagte die Alte. »Ich sehe, was ich sehe, und was ich sehe ist, dass ihr keine Thunfische mehr mit reinbringt.« Die Alte brachte das Thema unter Zischen auf den Tisch. Ihre Worte drangen durch die warme Luft und wirbelten um die Kokospalmen, die im Garten hinter der Hütte wuchsen.

»Was willst du? Es waren vier schlechte Wochen in Folge, aber du hast keine Geduld und solltest nicht so reden.« Der alte Samara wusch sich das Gesicht und stellte den Plastikeimer wieder auf den Boden neben den Brunnen.

»Dann waren es wohl vier mal vier Wochen Pech hintereinander, obendrein habt ihr ein Netz verloren und nicht mal genug Geld, um euren Außenborder zu reparieren und die Pacht fürs Boot zu bezahlen. Wie soll das weitergehen? Ich werde unser Essen von nackten Fingern machen, und wir werden Reis essen für den Rest unseres Lebens. Es wird Zeit, dass du dir eine andere Arbeit suchst, hörst du.«

Es war jetzt raus, und die Worte von seiner Frau zu hören fühlte sich kalt und hohl an. Der alte Samara suchte seine Sachen zusammen, wickelte die Fleischbällchen in Zeitungspapier ein und sagte nichts. In die Hütte fielen durch die Bretter nur zwei helle Strähnen scharfen Lichts, und auf der kleinen Kochstelle neben den Hängematten und der löchrigen Matratze standen verbeulte Töpfe aus Blech.

»Wir werden nicht mehr vom Meer leben können«, sagte die Alte, die noch immer ein hübsches singhalesisches Gesicht hatte, mit scharf gezeichneten Brauen und vollen Lippen. »Ich habe es gelesen, wie es alle gelesen haben, dass im Meer keine Fische mehr sind.«

»Wir haben immer vom Meer gelebt.«

»Das Meer ist verflucht, so oder so ähnlich stand es in den Zeitungen, und sie reden schon an der ganzen Küste drüber.«

»Wir fahren jetzt weiter raus und bleiben länger.«

»Wie lange wollt ihr draußen bleiben, auf euren kleinen Booten? Fünf Tage? Eine Woche?«

»Diesmal werden wir vier Tage und Nächte bleiben und nicht länger, und wir werden sehr weit raus fahren, um den

Thun zu finden. Es ist kein Vollmond, und die Strömungen sind nicht so stark.«

»Du willst nicht begreifen, dass das Meer nicht mehr dasselbe ist«, sagte die Alte vom alten Samara, »aber geh nur und mach, was du tun musst.« Sie machte eine entnervte Geste, wischte mit der Rechten ihr Gewand um ihre Beine, verschwand im Garten und brachte ihm ein Stück Bambus zum Kauen und einige Palmherzen in einer Papierschachtel.

»Wir haben immer vom Meer gelebt.« Der alte Samara nahm seine Sachen und die Plastiktüte mit den Keksen.

»Passt auf euch auf.«

Der alte Samara hatte schon fünfzig Jahre auf dieser Erde zugebracht, fast vierzig Jahre davon war er raus aufs Meer gefahren. Früher hatten Segel die schmalen Auslegerboote angetrieben, aber seit vielen Jahren hatten sie jetzt Außenbordmotoren, die stanken und die sie für teures Geld von den Taiwanesen kauften, doch die Motoren machten sie unabhängig vom Wind und waren schnell genug und einigermaßen zuverlässig. Manchmal erzählte er den jungen Fischern, die jetzt rausfuhren, von den Zeiten der Segel, aber meistens hielt er seinen Mund.

Er sagte kein Wort mehr zu seiner Alten und drehte sich auch kein weiteres Mal zu ihr um. Es war vormittags und schon heiß im Süden Sri Lankas. Er hatte sich sein Bündel geschnappt und ging auf der Straße in Richtung des Hafens von Dodanduwa.

Es dauerte nicht lange, bis ein Tuktuk hielt und ihn mitnahm. Die Fischer zu ihren Booten zu fahren war Ehrensache auf der Insel, jeder Fahrer der offenen Dreiräder wusste, wer hier einer der Fischer war. Und so fuhren sie jetzt unten an der Straße entlang, an der noch einige der fortgespülten Wagons und Züge vom Tsunami lagen wie auf der Seite schlafende, rostige, tote Schlangen.

Der Ozean lag linkerhand, und er war an diesem Tag glatt und blau, nur am Ufer schoben sich die Wellen wie immer weiß und brechend über die Riffe an die sandigen Ufer. Der Wind kam aus West, eine Brise, die das Meer weiter draußen kräuselte, und der alte Samara konnte die Windfelder schon aus der Ferne erkennen.

Der Fahrer fuhr, ohne dass der alte Samara ein Wort gesagt hatte, auf das Gelände von Nimal Chandana, dem Boss von Hikkaduwa. So nannten sie ihn immer noch, obwohl er nicht mehr als Bürgermeister gewählt und als solcher tätig war. Sein dunkles, ernstes und wohlwollendes Gesicht hing noch immer auf den verblichenen Plakaten in den südlichen Distrikten. Alle kannten ihn, und wo immer Nimal Chandana auftauchte, hielten die Menschen ein Schwätzchen mit ihm und redeten über dieses und jenes, während Mister Nimal stets seinen großen, dicken, rechten Arm aus dem Fenster seines schwarzen Jeeps lehnte.

Der alte Käpt'n Samara stieg aus dem Tuktuk und bezahlte nichts. Er nickte dem Fahrer zu, nahm sein Bündel und schlappte durch den Garten von Mister Nimal, dem Boss, bis hin zu einer kleinen, grünweiß gestrichenen Steinveranda, die überdacht war und auf der einige alte Holztische standen und ein paar alte Stühle. Die Veranda diente den Fischern als Bar. Hier saßen sie und nahmen ihre Drinks, bevor sie rausfuhren, denn Mister Nimal sah das nicht so eng und man konnte bei ihm anschreiben lassen, ohne ein schlechtes Gewissen zu haben.

Die Veranda war etwas erhöht und lag im Schatten einer großen Palmenreihe. Unter der Decke torkelte ein Ventilator, daneben hing eine nackte Glühbirne an einem Stück Draht.

Die anderen beiden waren schon da, saßen am Tisch und tranken. Raja hatte schon vierzig Jahre auf dieser Erde gelebt, und einmal war er auf einem winzigen Boot drei Tage lang nach Südwesten raus aufs offene Meer gefahren, bis an die Grenze zum maledivischen Hoheitsgebiet. Vier Tage lag er auf dem Indischen Ozean, dessen Dünung das kleine Auslegerboot vier Meter hob und sanft wieder absenkte, erst dann war Raja umgekehrt. Sein Gesicht war wie aus Holz geschnitzt, mit schmalen Augen, er war ein guter Taucher und konnte am besten mit der Harvey-Weston-Harpune umgehen, wenn sie an den Riffen ankerten. Raja war der jüngste der drei Männer auf dem Boot. Sie waren schon oft zusammen rausgefahren und sie gaben nichts darauf, was die Frauen und die anderen sagten.

Ihm gegenüber, kreuzbeinig auf den klapprigen Stuhl geworfen, saß Bandara mit seinem dunklen Ledergesicht und der narbigen Hand, an der zwei Finger fehlten; Bandara, der das lange Netz meisterhaft führen konnte und sich gut mit den Tiefen auskannte.

Die drei begrüßten sich kurz und ohne Getue, und als der alte Samara sich an den Tisch gesetzt hatte, schob Bandara ihm sein Glas rüber und füllte es mit Arrak. Es stand noch eine halbvolle Flasche auf dem Tisch. Sie würden diese eine trinken und vielleicht eine weitere, und erst am Nachmittag würden sie rausfahren in die Nacht, so wie sie es immer taten.

»Der Wind kommt wie üblich, habt ihr alles dabei?«

Bandara und Raja nickten. Sie nahmen die Gläser und tranken wortlos.

»Habt ihr das Geld?«

»Ja, Bandara hat seine Rupien, und ich habe meine Rupien, aber es ist nicht viel und es ist nicht die Summe, die wir schulden.«

»Hauptsache, wir haben ein bisschen«, sagte Käpt'n Samara.

»Ein bisschen haben wir, jetzt haben wir nichts mehr.«

»Wir werden weit rausfahren.«

»Wir werden hinter die Frachterlinie gehen, mindestens fünfzehn Meilen, da, wo das Meer noch tiefer ist.«

»Wie brauchen Planen, es wird Regen geben.«

»Die Planen sind im Boot.«

»Gut.«

»Wir brauchen mindestens drei große Gelbflossen, drei, vier von den wirklich Großen, sonst geht es dem Ende entgegen.«

»Halt den Mund und red nicht. Wir werden tun, was wir tun können, wir können eh nicht viel machen.«

Der alte Samara blickte hinüber zu dem Haus von Nimal, dem Boss, und schwieg eine Weile, dann sagte er in den warmen Wind: »Von den Malediven kommt das Gerücht, dass sie die Regelungen für die Netze noch mal verschärfen wollen und dass sie drüben eine Fabrik dichtgemacht haben, die, die den Thun für Italien verpackt.«

»Italien.«

»Gerüchte.«

»Nichts Neues, sie machen es schon zu viele Jahre.«

»Was geht uns das an, wir sind Kleinfischer, wir haben damit nichts zu tun.«

»Sie sind bis rauf in unsere Gewässer gekommen, und das haben wir jetzt davon, mehr habe ich nicht zu sagen. Keiner unserer Leute hat in letzter Zeit genug vom großen Thun im Netz gehabt.«

»Das Meer ist nicht schuld.«

»Sie haben alle zu viel gefischt, das Meer ist leer.«

»Quatsch nicht rum und glaub nicht daran, was in den Zeitungen steht.«

»Habt ihr die Batterie geladen?«, fragte der alte Samara.

Bandara und Raja nickten.

»Wir haben sie die ganze Nacht geladen, wenn das nicht reicht, ist sie hinüber, und wir haben nur diese eine.«

»Wir haben genug Reis und Wasser?«

»Ja, davon haben wir genug.«

»Genug, um eine hübsche lange Zeit auf dem Wasser zu verbringen.«

»Ich soll den Job an den Nagel hängen, sie hat es jetzt das erste Mal ausgesprochen, und sie hat es laut und deutlich gesagt. So wird sie immer, wenn sie es mit der Angst bekommt.« Der alte Käpt'n Samara starrte in einem Fünfundvierzig-Grad-Winkel auf den Tisch.

»Meine hat es nicht gesagt, aber ich kann es schon lange in ihren Augen lesen. Sie lief die ganze Zeit rum.«

»Eure Sorgen sind hausgemacht«, sagte Bandara und lachte kratzig, dann nahm er das Glas mit seinen Fingern und den zwei Stumpen und trank es in einem Zug leer. »Ihr altmodischen Besenstiele.«

Die anderen beiden nahmen ebenfalls die Gläser und leerten die erste Flasche vollständig. Dann redeten sie noch ein wenig über die Vorbereitungen und berieten sich übers Wetter. Es war jetzt beinahe Mittag, die Sonne brannte, das

Meer hatte weiter draußen ein helles, gleißendes Blau angenommen.

Mister Nimal, der Boss, hatte einen dicken, dunkelbraunen Bauch, er hatte sich nur ein Tuch um die Hüften geworfen und war barfuß. Er grinste breit und fett, als er die drei sah und zu ihnen herüberkam. Mister Nimal, das war die Sonne selbst, Mensch der Menschen, König der Könige, er kannte kein schlechtes Wetter, denn er pflegte das Wetter immer selbst zu machen. Als der Tsunami kam, und sie wussten, was geschehen war, sagte Nimal, dass der Tsunami zur Hölle fahren könne und er alles unternehmen würde, um das Dorf wieder flottzukriegen.

Mister Nimal trug eine goldene Kette am Handgelenk, dann setzte er sich zu den dreien an den Tisch, wischte sich den Schweiß von seiner tiefen Stirn und sagte: »Ah! Was für ein Tag, was? Ihr fahrt raus, das ist gut! Ihr solltet nichts geben auf das, was die Leute reden. Die Leute quatschen zu viel, und soll ich euch was sagen? Es ist am Ende egal, ob ihr genug fangt oder nicht, darum geht es gar nicht. Ach, zum Teufel, ich wünschte, ich könnte mit rausfahren. Aber ich habe zu tun, ich muss in die Stadt.«

Mister Nimal stellte beim Reden immer seine große dunkle Hand aufrecht in die Luft, seine Finger weit gespreizt. Die drei lachten kurz, sie kannten den Boss seit Jahren. Nimal drehte sich um und schrie rüber zu der Hütte, in der die Küche war.

»Chanaka! Ey, Chanaka!«

Der Koch kam schnell, aber in unaufgeregter, entspannter Manier und brachte noch eine Flasche Arrak.

»Die geht aufs Haus, aber was erzähle ich euch«, sagte Mister Nimal.

Sie tranken die Flasche zu viert, beiläufig und selbstverständlich, der gelbe Arrak leuchtete in der Sonne wie geschmolzener Honig, und diese zweite Flasche Schnaps war anständig genug, um am Nachmittag auf den Ozean hinauszufahren.

Der alte Samara fluchte, sie waren spät dran und die meisten Fischer längst draußen. Die Sonne hing noch steil, sie mussten das Boot ins Wasser bringen, und es würde eine Weile dauern. Als sie zum Strand kamen, lagen die Auslegerboote in Zweierreihen nebeneinander, eine Schar hellblauer Plastikrümpfe, die weiß und mit farbigen Linien und am Bug jeweils mit einem bunten Fisch bemalt waren. Seit einigen Jahren nahmen sie kein Holz mehr, sondern bauten die Boote aus Glasfasermatten und Epoxydharz, per Hand laminiert und gespachtelt.

Die Form der Boote aber war wie seit Jahrhunderten. Der schlanke, ungemein schmale Rumpf, an dessen Backbordseite zwei lange Äste ins Wasser ragten und längsseits in etwa vier Meter Abstand einen dicken Baumstamm hielten, der auch in hohen Wellen für ausreichend Stabilität sorgte. Die Äste und der Baumstamm waren mit Hanfseilen und billigen Plastiktampen verknotet und sorgfältig verdrillt.

Auf die Rümpfe selbst hatten sie hoch aufragende Holzstangen geknotet, zwei sehr dünne Masten, zwischen denen eine schmale Bambusstange verlief. An dem wackligen Rigg hingen die Kabelage und die Glühbirnen, mit denen sie nachts die Fische anlockten, und wenn auf einem Boot mehrere Männer fuhren, kauerten sie während der langen Fahrt nach draußen zu den Fangplätzen zu fünft oder sechst oben auf den hölzernen Stangen und blickten aufs Meer.

Die Fischerboote der Singhalesen waren sehr einfach, aber durchaus seetüchtig. Auf diesen Booten jedoch drei oder gar mehrere Tage auf dem Ozean zu verbringen, kam einer Zirkusnummer gleich; denn um auf den Booten zu sitzen, zu stehen und sich zu bewegen, mussten sich die Männer verknoten und verbiegen und in jeder Sekunde die Balance halten, um nicht ins Wasser zu fallen. Die ausgehöhlten und völlig offenen Rümpfe waren sieben Meter lang, aber nur fünfzig Zentimeter breit, und auf diesem beschränkten, schwankenden Raum galt es zu sitzen, zu laufen, zu essen, zu hantieren, zu fischen, zu reparieren. Ja, es galt, auf diesem nackten Balken für einige Tage auf dem Meer zu *leben*. Eine Zirkusnummer, nichts als eine Zirkusnummer, aber sie hatten all die Jahre ganz gut davon gelebt.

Der alte Samara stand jetzt unten am Spülsaum des Meeres im Sand, und er brüllte die Männer und die anderen Fischer zusammen, um das Boot in die Brandung zu schieben. Als die Wellen auf den Strand liefen, spritzte das Wasser um seine Beine und um seinen karierten Lunghi, der im Wind flatterte, aber das Wasser war warm, und es machte keinen Unterschied, ob man nass war oder nicht. Der Lunghi des alten Samara tanzte im Tropenwind, er prüfte ein letztes Mal, ob die Styroporkisten an Bord waren, die Leinen, die Batterie, die Haken und das Essen. Dann steckte er sich eine an und begann, die vierzehn Leute anzuschreien, die sich das Boot an allen Ecken und Enden gegriffen hatten; sie gerieten in einen stampfenden Rhythmus und sie alle zusammen wuchteten das Vehikel Zentimeter für Zentimeter stoßweise in die Brandung.

Als das Boot endlich im Wasser war und durch die Brandung schnitt, riefen die Männer am Strand ihnen nichts nach und blickten sich nicht um. Es gab nichts zu sagen. Dann schmiss Bandara, der hinten am Ende des schmalen Rumpfs hockte, den 15-PS-Yamaha-Außenborder an, und die Fahrt aufs Meer begann.

Das Boot gewann schnell an Geschwindigkeit, und man konnte stundenlang zusehen, wie der schmale Ausleger durchs Wasser schnitt, mal emporkam, dann wieder vom vorbeiziehenden Meer überspült wurde. Der Indische Ozean wurde draußen blauer und blauer, und nach zwei Meilen nahm er eine tiefe Transparenz an, in der sich die Strahlen der Sonne verloren wie Bündel aus flirrendem Licht.

Es war bald sechs Uhr am Nachmittag, und das Tageslicht würde in einer Stunde verschwinden, aber es war noch immer warm.

Sie sprachen nicht viel. Sie hatten das alles schon zu oft getan, die Handgriffe waren vertraut, ab und zu reichten sie die Wasserflasche von einer Hand zur anderen und teilten sich eine Zigarette, die sie zu dritt rauchten.

Um halb sieben verschwand achteraus das Land. Die Südküste Sri Lankas löste sich am nördlichen Horizont auf, und auch die anderen Boote waren nur noch verstreute Krümel auf dem endlosen Meer.

»Wie weit fahren wir?«, fragte Bandara.

»Wir fahren bis neun Uhr weiter raus, dann sehen wir, wo die Frachter laufen, und dahinter werden wir es versuchen.«

»Hast du das Netz klar?«

»Ja«, sagte Raja, der in einer kastenförmigen Vertiefung in dem schmalen Rumpf stand, barfuß auf dem riesigen Netz, das noch zusammengelegt war zu einem halben Meter dicken Haufen aus Maschen und kleinen Korkproppen, die die lange Kante des Netzes säumten.

Das Netz war den singhalesischen Fischern ein Heiligtum, ohne Netz kein Leben, und sie hegten es, so gut sie konnten. Neue Netze kamen aus China und Taiwan. Sie waren bei den Fischern begehrter als selbst der alte, gut gereifte Arrak. Aber neue Netze kosteten zweihunderttausend Rupien, also kauften sie alte Netze und flickten sie über zwei, drei Wochen, bis sie wieder in Ordnung waren.

Eine stille, wortkarge Choreographie herrschte auf dem winzigen Auslegerboot, das immer weiter durch die dunkler werdende See rauschte Richtung Südsüdwest. Käpt'n Samara saß jetzt hinten am röhrenden Außenborder, Raja hockte oben auf dem Bambusbalken und spähte in die Ferne, während sich Bandara um die Batterie kümmerte, die mit Wäscheleinen auf einem Holzbrett ungeschützt unter freiem Himmel festgeknotet war. Der Batterie entwuchs ein loses Chaos aus Kabeln, deren abisolierten Enden sie einfach zusammendrehten, damit Strom für die zwei Glühlampen floss, die nackt über dem Boot hingen und nur von durchgeschnittenen Plastikflaschen geschützt waren.

Im Rumpf standen zwei Plastikeimer, den einen hatten sie per Hand genäht. Daneben lagerten, mit breiten Gummibändern gesichert, die Styroporkisten, die sie zu füllen hofften. Die beiden Kisten würden bis zu vierhundert Kilo Fisch aufnehmen können und ihn bis zur Küste halbwegs frisch halten, aber vierhundert Kilo waren zu einem irrwitzigen Traum geworden. Selbst auf guten Fahrten holten sie höchstens sechzig bis achtzig Kilo Fisch aus dem Meer, mit Vorliebe den Gelbflossenthun, weil der auf dem Markt hundertfünfzig Rupien pro Kilo brachte.

Auf einigen raren Fahrten aber hatten sie schon sagenhafte vierhundert Kilo Thun aus dem Meer geholt, und danach waren sie, zumindest für eine gewisse Zeit, Könige. Der alte Samara hatte gesagt, dass das der wahre Grund sei, weshalb sie noch immer rausfuhren und auch immer wieder rausfahren würden, ihre Frauen konnten noch so viel reden.

»Wir sind Spielsüchtige, verstehst du? Nein, wir sind schlimmer als Spielsüchtige! Weißt du, wie das ist, vierhundert Kilo auf einer einzigen Fahrt zu kriegen und aus dem Meer zu holen? Es kann passieren, es kann immer passieren, jeden Tag und jede Nacht. Es ist ein Spiel, ein Spiel mit allem, was du brauchst, um das Leben erträglich zu machen. Bei diesem Spiel kannst du alles verlieren und alles gewinnen. Darum fahren wir raus. Weil wir nicht damit aufhören können, an den großen Fang zu glauben.«

So hatte es der alte Samara erklärt, mit seinen dünnen Beinen, seinem drahtigen Körper und seinem fast schwarzen Gesicht, als sie am Nachmittag noch bei Mister Nimal beim Arrak gesessen hatten. Die beiden anderen hatten genickt.

Die Nacht war inzwischen schwarz über das Boot gefallen, und überall auf dem Meer waren nun Hunderte kleiner Glühwürmchen zu erkennen, die keine Glühwürmchen waren, sondern die unzähligen Lampen all der winzigen Fischerboote aus dem Süden Sri Lankas, die an den großen Fang glaubten und dafür weit raus auf den Indischen Ozean fuhren.

Es war stockdunkel, und es standen keine Sterne, weil es bewölkt war und bald anfangen würde zu regnen. Der alte Samara sagte, dass sie jetzt zwölf Meilen weit draußen seien, aber er sagte, dass sie noch weiter raus müssten.

Das kleine Auslegerboot fuhr weiter durch die Nacht, ab und zu spritzte der warme Ozean über das Deck. Sie hatten jetzt die Frachterlinie erreicht, und der erste Riese näherte sich aus Westen wie eine schwarze Stadt, die durch die schwarze Nacht glitt, und nur die Positionslampen und ein tiefes, unheimliches Dröhnen verrieten, dass das monströse Schiff nicht mehr weit weg war.

Sie durchquerten nun die große Schifffahrtsstraße, die um den Süden Sri Lankas führte. Auf diesem Breitengrad verlief die *South Ceylon Shipping Route*, und genau hier fuhren die Supertanker und Containerriesen, die von Europa nach Fernost reisten und von Fernost nach Europa, zehn bis zwölf Meilen südlich der Küste Sri Lankas. Die Schiffe, zweihundert, dreihundert Meter lange Zyklopen der See, kamen tags und nachts, wie an einer Perlenkette gezogen. In dieser Nacht pflügten sie beinahe unaufhörlich durch die See wie Manifeste einer anderen Zeit.

Manchmal kamen die haushohen Tanker und Frachter sehr dicht an die kleinen Auslegerboote heran, und sie hatten schon ganze Netze mit sich gerissen, wenn die Fischer nicht schnell genug verschwinden oder ihre Position ändern konnten. Es war, als würden sich dunkle Wale durch eine Schar Elritzen schieben, gleichgültig ihre Bahn ziehend und anderen Gesetzen gehorchend, und manchmal verschlangen die Wale die Elritzen.

»Wir sind sehr dicht dran«, sagte Raja, der noch immer barfuß oben auf dem Balken kauerte.

»Red nicht, wir sind weit genug entfernt.«

»Ich weiß nicht, ich sehe zwei aus Osten kommen, und du weißt, wie schnell sie sind, siehst du ihre Lichter?«

»Ja, ich sehe sie.«

»Sie kommen schnell.«

»Es täuscht, ich habe schon ein Netz verloren, ich weiß, wie nah nah ist, und ich weiß, wie ihre Lichter ziehen. Sie ändern ihren Kurs hier unten nicht mehr, sie fahren von hier aus nur noch geradeaus, bis nach Arabien.«

Die drei sagten nichts weiter, der Außenborder dröhnte. Es war jetzt die vierte Stunde, die das kleine Boot auf die offene See fuhr.

Um halb zehn drosselte Samara den Motor und blickte auf das schwarze Meer. Die See hob und senkte sich sanft, der Wind blies schwach aus dem Süden, und er wärmte noch immer, wenn er über die Haut ging und die Hemden zum Flattern brachte. Kein Geräusch war zu hören, nur das leise Plätschern, wenn der Rumpf in die Dünung eintauchte.

»Hast du das Netz fertig?«, fragte Samara Bandara, der sich unten wie ein Menschenknäuel in den Rumpf gehockt hatte und döste.

»Ja, willst du es hier probieren?«, sagte Bandara müde.

»Ja, die Lichter der anderen sind zwischen uns und dem Land, und die Strömung geht nach Osten und wird sich bis morgen nicht ändern. Lass uns das Netz hier einbringen und warten, vielleicht haben wir Glück.«

Bandara, nichts anderes als ein brauner, sehniger Muskel mit einem Gehirn drauf, krümmte sich und bog sich behände aus der Hocke, dem schmalen Rumpf wie ein Wunder entspringend. Im Nu war er an seinem Netz, seine Hände flogen durch die Nacht, und was nun folgte, war eine unglaubliche Prozedur von Muskelarbeit und Ausdauer, die stundenlang dauern würde, während die anderen beiden rauchten, sich die Zigaretten teilten, schwatzten und gelegentlich eine Angelschnur auswarfen, die sie auf dreißig Ellenlängen Tiefe eingestellt hatten.

Bandara ließ das Netz mit den grünen Maschen per Hand ins Meer, und er hatte die große Boje ans Ende geknüpft. Das Netz glitt in langen Schleifen ins Wasser und verlor sich bald gen Westen, während es weiter und immer weiter dem Rumpf entschlüpfte und über die Steuerbordseite ging. Das Netz nahm kein Ende, und es schien aus sich selbst herauszuwachsen, als wolle es Bandara kein Versiegen der Arbeit gönnen. Und er machte immer wieder die drei selben Handbewegungen, um mehr Netz ins Meer zu geben. Er tat dies über zwei Stunden.

Das Netz war fast einen Kilometer lang und zehn Meter breit. Eine riesenhafte Schleppe, die jetzt seitwärts vom Boot im Meer hing, und in die die Fische gehen und für den großen Fang sorgen sollten oder wenigstens für genügend Kilos, die sie auf dem Markt zu etwas Geld machen würden.

Es gab keine Regel, wie lange sie bleiben würden. Sie blieben, bis genug Fisch da war oder bis sie kein Essen und kein Wasser mehr hatten oder bis das Wetter umschlug. Einer dieser drei Gründe. Ansonsten nur das Warten und das Kauern auf dem schmalen Rumpf.

Das Gleichmaß des nächtlichen Tropenmeers umhüllte das kleine Boot, ab und zu funkelten die Sterne, dann zogen Wolken am Himmel, die sich vor der Schwärze eine Spur heller absetzten.

Der alte Bandara nahm sein Säckel und holte etwas Reis und seine Fleischbällchen hervor. Dann nahm er den Deckel der Styroporkiste, drehte ihn um und wickelte eine Handvoll

Essen aus dem Zeitungspapier, verteilte es auf dem Styropor und aß wie die anderen mit den Fingern.

Sie tranken Wasser und sie nahmen etwas von dem Arrak.

»Wir werden kein Glück haben.«

»Halt deinen Mund, was weißt du schon.«

»Die Strömung ist zu stark, siehst du nicht die Strudel im Wasser?«

»Die Strudel waren schon stärker, außerdem sind Vögel in der Nähe, die Vögel sind ein gutes Zeichen.«

»Deine Alte hat dir den Kopf verdreht, das passiert irgendwann, wenn du dir deiner Sache nicht mehr sicher bist.«

»Red nicht so daher, red mir lieber von etwas anderem.«

»Dann rede ich dir vom Priester.«

»Ja, red mir lieber vom Priester in Sinigawa, der uns segnet, und red mir vom Vollmond.«

Dann schwiegen sie wieder und aßen, ab und zu nahmen sie vom Arrak. Es war weit nach Mitternacht, als der Himmel einen warmen Regen schickte.

Sie griffen sich die Planen, billige, löchrige Planen, die sie sich über die Köpfe und über die sehnigen Körper stülpten, und dann hockten sie einfach auf dem schmalen Rumpf und dachten nicht an den Schmerz, den das gedrungene Sitzen und Kauern auf dem winzigen Boot schon nach wenigen Stunden verursachte. Ihre Zehen krallten sich an die Kante des Rumpfs, oder sie saßen verdreht in der Vertiefung, in der vorhin noch das Netz lagerte.

Die Nacht verging zäh, und das Boot trieb still in der Dünung, die wie unsichtbare Buckel heranrollte. Bandara zupfte gelegentlich am Netz, Raja holte die Angelschnur ein, die er in seiner bloßen Hand führte und die an einem Stück Treibholz befestigt war.

Das Boot schwebte wie ein groteskes Insekt auf dem endlosen dunklen Meer, und man konnte spüren, wie groß der Indische Ozean war und was er einem antun konnte.

Raja drehte sich zum alten Bandara um, dessen Gesicht im Schein der Glühlampe wie eine Maske aus Schiefer wirkte und der mit spitzen Knien auf der hinteren Bordkante hockte.

»Wann willst du das Netz einholen?«, fragte Raja.

»Sag es mir, woher soll ich es wissen?«

»Lass es uns in einer halben Stunde einholen.«

»Wie spät ist es?«

»Es ist drei Uhr nachts.«

»Wir holen es nicht vor vier ein, lass uns noch etwas schlafen. Du, du hast keine Geduld, und das ist das Schlimmste, hörst du.«

Es war ebenfalls an Bandara, das Netz einzuholen. Seine zwei fehlenden Finger waren kein Handicap, er hievte das endlose und vom Wasserwiderstand widerspenstige Netz Zug um Zug ins Boot und warf es in gleichmäßigen Bahnen in die Vertiefung im Rumpf, sodass es sich sauber aufeinanderlegte.

Es waren immer dieselben Bewegungen. Bandaras ausgestreckte Arme, deren Muskeln sich unter den blauen Adern beulten; und bevor er das Netz ins Boot geholt haben würde, würde im Osten bereits die Sonne aufgegangen sein. Drei Stunden lang zog er und zog.

Der Schrecken kam langsam und mit jedem Meter, und es war jene Sorte Schrecken, die stetig an Gewissheit gewinnt, etwa in dem Maße, in dem die Hoffnung schwindet.

Die Männer redeten dabei nicht, es war deutlich zu spüren, dass sie nur die Fragmente eines großen Schreckens waren.

Der erste Fisch kam nach etwa hundert Metern Netz, die Bandara ins Boot gehievt hatte, ein kleiner Fisch, der in den Maschen verreckt war und den die Männer trotzdem nahmen. Der nächste Fisch war ein sehr kleiner gelber Thun, der in Wahrheit silbern war, kaum größer als eine Hand, und er kam in etwa auf Meter hundertfünfzig. Sie sagten nichts. Bandara zog das Netz stetig weiter ins Boot. Auf Meter dreihundert kam ein größerer Thun aus dem Meer zum Vorschein, der noch lebte und dessen Augen schwarz und verdreht waren, aber er mochte nicht mal zwei Kilo haben.

Es hingen noch ein paar Fische im Netz, Makrelen, Bonitos, jämmerlich in ihren Ausmaßen. Zwei der kleinen Thunfische schmissen sie wieder ins Meer.

Sie lagen etwa sechzehn Meilen weit draußen, südwestlich von Sri Lanka auf dem Indischen Ozean, die Strömung hatte sie über Nacht schätzungsweise anderthalb Meilen nach Osten versetzt, und das Spiel nahm seinen Lauf, und es gab nichts zu sagen und nichts weiter zu tun, als das Netz gänzlich ins Boot zu holen.

Das Meer war sehr tief an dieser Stelle, und sie brauchten dafür keine Seekarten. Manchmal versuchten sie sich abzulenken, aber es war nicht einfach, sich hier draußen abzulenken. Die Präsenz des Netzes war ungeheuerlich. Aber es war weniger das Netz, das diese Wirkung auslöste. Vielmehr war es das, das nicht war, was einem hohl in den Magen kroch, und das Netz war letztlich nur das sichtbare Zeichen dafür, dass das endlose Meer leer zu sein schien.

Der alte Bandara, mit seinem Ledergesicht und seinen gespreizten Affenzehen, sagte als Erster etwas. Er sagte, dass er nichts darauf gäbe, sie sollten ihren Mund halten und sich schonen. Dann nahm er die Arrakflasche, aber er nahm nur einen kleinen Schluck und steckte sich eine an. Anschließend tänzelte er wie ein mahagonifarbener Zauberer zum Heck des kleinen Auslegerboots, wobei er sich nirgends festhielt und so sicher ging, als hinge er an unsichtbaren Fäden, dann sagte er, sie sollten die Batterie abklemmen und die Sachen verstauen. Er schmiss den Außenborder an, blickte auf die Benzinkanister, und gegen halb sieben am Morgen hing die Sonne bereits wie ein blasser gelber Ball über dem Meer.

Sie fuhren zwei Stunden nach Westsüdwest, der Indische Ozean hatte sein übliches Blau angenommen, und es war weit und breit kein Boot zu sehen. Der Motor lief stetig, und das Boot rauschte im üblichen Tempo mit vier, fünf Knoten durch die Dünung. Sie hatten kein GPS an Bord und keine Karten, kein Fernglas und keinen Treibanker, kein Epirb für den Notfall, keine Schwimmwesten und keine Schwimmleinen. Sie hatten Fladenbrot dabei und Reis und Fleischbällchen, den Bambus und die paar Palmherzen, die die Alte vom alten Samara ihm mitgegeben hatte.

Sie hatten zwei Handys dabei, aber hier draußen war schon lange kein Empfang mehr. Sie hatten nur das dabei, was sie wirklich benötigten, sowie ihre Körper, ihre Köpfe und ihre Hände.

Um acht Uhr morgens schnitt Raja einen der kleinen Thunfische auf, und sie aßen das rohe, frische Fleisch.

Die zweite Nacht und der zweite Tag auf See wurden sehr lang, so lang, dass man von den Elefanten im Dschungel fantasierte.

Das zweite Mal, als sie das Netz einholten, brachte es sechs Kilo. Das dritte Mal, als sie das Netz einholten, waren es vier Kilo.

Die Gespräche wurden dünner, und sie teilten sich die Entscheidungen, in welche Richtung sie fahren würden, wo die Strömungen am schwächsten waren und wo der meiste Fisch stand. Es galt, die Strömungen zu vermeiden, weil sie das Boot und das Netz zu stark vertrieben, und kein Thunfisch der Meere würde sich in einem zu schnell treibenden Netz zu Tode schwimmen.

»Wir haben noch genug Reis«, sagte Raja, »und mit dem Fisch kommen wir noch zwei Tage aus, den Rest sollten wir behalten und verkaufen.« Raja hockte vorn im Bug, wenn man diesen so nennen konnte, hockte da wie eine erstarrte Vogelscheuche.

»Ich habe meinem Weib gesagt, dass wir vier Tage bleiben, und sie wird mich für verrückt erklären, wenn ich ohne Fang reinkomme und jemals wieder rausfahre.«

»Du musst mit Buddha reden«, sagte Bandara zum alten Samara.

»Ich rede lieber mit dem Priester von Sinigawa.«

»Mit dem müssen wir alle reden.«

»Beim nächsten Vollmond.«

»Die Zeitungen haben Recht.«

»Vielleicht haben sie Recht«, sagte Käpt'n Samara. »Es geht jetzt schon eine ganze Zeit so. Nach dem Tsunami waren es wieder viele Fische, aber so ein Loch habe ich noch nie erlebt.«

Am Ende des dritten Tages warfen sie das Netz das letzte Mal aus. Sie waren wieder etwas Richtung Küste gefahren, weil das Benzin sonst für die Rückfahrt nicht reichen würde, aber sie lagen noch immer etwa vierzehn Meilen weit draußen. Als diesmal die letzten Meter des Netzes über Bord gingen, wehte ein leichter Südwestwind von den Malediven, und das Meer lag groß und still um das Boot. Sie hatten zwei der fliegenden Fische, die gegen die Bordwand geklatscht waren und kurz ohnmächtig wurden, aus dem Wasser gekeschert und hatten sie gegessen.

Die Sonne zerrann an diesem Abend wie eine schmelzende Orange am Horizont, wobei die Kimm im Westen kurz zu flimmern begann und die Unterseiten der Wolken lila und rot wurden. Es waren noch vier Liter Frischwasser an Bord und eine halbe Flasche Arrak.

Das Sitzen auf dem Boot war längst zur Pein geworden, nur Raja schien aus Gummi zu sein und hockte stundenlang auf der Bambusstange. Keiner von ihnen sprang ein einziges Mal ins Wasser. Die Fischer von Sri Lanka mieden es, wie die meisten Fischer, zu schwimmen.

Der alte Samara entschied, das Netz um ein Uhr nachts einzuholen. Sie trugen billige goldene Uhren an den Handgelenken, allein Raja schaute gelegentlich auf sein Handy, das ihm die Uhrzeit gab.

Nur ein paar Flüche auf Singhalesisch kamen über ihre Lippen, als sie das letzte Mal auf dieser Fahrt das Netz einholten. Raja konnte am besten Englisch, er konnte fast alles übersetzen und erklären, aber diese Flüche konnte oder wollte er nicht übersetzen.

Die grünen Maschen des Netzes troffen, als sie aus dem Wasser kamen, und sie waren von dünnem Schleim überzogen, der von den Schwebeteilchen und dem Plankton des Ozeans stammte. Die Maschen zogen sich wie ein endloses

Muster dahin, wie sie aus dem Wasser kamen, grüne Rhomben, durch die der warme Wind wehte und die gähnend leer waren.

Die Rückfahrt zur Küste dauerte sechs Stunden, weil sie den Motor nur auf halber Fahrt laufen ließen, um Benzin zu sparen. Sie teilten die letzten Schlücke Arrak und rauchten die letzten Zigaretten, Bandara klemmte der abgebrannte Filter wie festgewachsen im Mundwinkel. Dann spuckte er ihn ins Meer.

»Der Priester von Sinigawa wird uns beim nächsten Vollmond segnen.«

»Das nächste Mal fahren wir weiter gen Osten, gegen alle Regeln, aber manchmal verändern sich die Regeln.«

»Die anderen Boote werden auch kein Glück gehabt haben.«

»Woher willst du das wissen, man weiß nie, wer Glück hat.«

»Vielleicht haben sie Glück gehabt.«

»Ja, vielleicht. Was schert es mich.«

»Drossel den Motor noch etwas«, sagte der alte Samara. Er hockte in der Vertiefung auf dem Netz und schlief nicht ein.

Es war gegen acht Uhr morgens, als sie an den Riffen westlich des kleinen Hafens von Dodanduwa ankerten, der im Grunde nur ein schmaler Streifen Strand war, auf dem die Auslegerboote in Scharen im Sand lagen. Der Anker war ein großer Stein, um den sie die Ankerleine gebunden hatten, und sie ließen den Stein auf Tiefe. Der alte Käpt'n Samara schlief noch immer nicht, und er sah zu, wie sich Raja das T-Shirt auszog, sich die Harvey-Weston-Harpune schnappte und ins Wasser sprang.

Sie kamen nach diesen vier Tagen und Nächten auf dem Indischen Ozean mit zwei frisch geschossenen und blutenden Tintenfischen sowie mit zweiundzwanzig Kilo Fisch zurück, die sie auf dem Markt verkaufen würden.

Von den Tintenfischen würden sie und ihre Familien drei Tage lang essen können, das Geld des Verkaufs würde für die Pacht des Boots draufgehen und für den Arrak, den sie wie immer nach dem Klarmachen des Boots bei Mister Nimal nahmen.

Der Arrak leuchtete gelb gegen die Sonne, als sie auf der grünweiß gestrichenen Veranda saßen, die Palmen bewegten sich kaum, und die langen grünen Wedel hingen müde und reglos im Wind. Die drei drehten sich nicht ein einziges Mal um. Das Meer ohne Schaumkronen war fürchterlich anzusehen. Es war gleißend blau und glatt und tot, aber den letzten Gedanken würden sie niemals zu Ende denken.

Auf Fangfahrt mit den Fischern

WAS SIE WISSEN SOLLTEN

Ich esse liebend gerne Sushi. Überhaupt Meeresgetier fast jeder Art. Nach der Ausfahrt mit den drei singhalesischen Fischern jedoch betrachte ich meinen Teller stets mit einem gewissen Unbehagen, wenn irgendeines der wunderbaren Flossenwesen darauf liegt. Und wenn ich eine Dose Thunfisch öffne, um eine Pastasauce zu machen, überkommt mich ein besonders schales Gefühl. Ich sollte keinen Thun mehr essen, ich weiß, aber gelegentlich kann ich nicht anders. Die Dinger schmecken einfach zu gut. Man denke nur an ein ordentliches Vitello Tonnato, einen Nizza-Salat oder an einen frischen Happen Sashimi in Sojasauce. Köstlich! Doch eben weil sie so munden, sterben die Thunfische aus – und sind aus einigen Meeren bereits fast komplett verschwunden.

Ich bin kein Umweltaktivist. Ehrlich gesagt, noch nicht einmal ein besonders ehrgeiziger Kämpfer für einen intakten Planeten oder gar ein Prophet des drohenden Untergangs. Aber bei den Kiemlingen durchkriecht mich ein großer Schrecken. Ich mag Fische.

Es heißt, dass der Thunfisch im Mittelmeer bald ausgerottet sei. Dort drohe der totale Zusammenbruch der Bestände des Blauflossen-Thunfischs, der bereits in drei Jahren (2013) ausgestorben sein soll. Auch weltweit steht der Thunfisch laut Umweltexperten wegen exzessiver Ausbeutung und illegaler Fänge kurz vor dem Ende. Der Bestand des Roten Thunfischs im Indischen Ozean ist laut WWF bereits um neunzig Prozent geschrumpft.

Ich misstraue solchen Studien, Erhebungen und Zahlen in der Regel. Oft sind sie verzerrt, frisiert oder zu einem bestimmten Zweck ausgelegt. Und am nächsten Tag ist in der Zeitung oft schon wieder eine gegenteilige Meldung zu lesen.

Was die Thunfische betrifft, erzählte mir die Fahrt mit den drei singhalesischen Fischern die ganze Geschichte. Es war geradezu beklemmend mitanzusehen, wie sie das ein Kilometer lange Netz jedes Mal an Bord zogen – fast ohne Fische. Das leere Netz sprach eine deutlichere Sprache als alle Zahlen und Statistiken. Es war wie das Symbol dafür, dass der Mensch die Meere geplündert hat. Der Indische Ozean, vermeintlich vor Leben sprudelnd, schien verödet zu sein. Eine Wüste. Es war nicht schön. Es war furchterregend.

Wer sich selbst davon überzeugen will, sollte einmal mit den Fischern von Sri Lanka rausfahren. Es ist ein ungewöhnliches Abenteuer, in keinem Katalog zu buchen, von keiner Reiseagentur gepriesen. Nur wer Mister Nimal kennt und mit ihm mindestens eine Flasche Arrak trinkt, bekommt einen Kontakt zu den Fischern der südlichen Küste und darf vielleicht mit ihnen rausfahren (Mister Nimal kennt wirklich jeden auf der Insel, selbst den Präsidenten).

Meistens bleiben die Fischerboote eine Nacht draußen, manchmal zwei oder drei Nächte. Die Sache ist jedoch so: Kehren die Boote heim und sind gerade nicht mindestens acht Leute am Strand, um die Auslegerboote wieder auf den Sand zu zerren, dann ankern die Fischer draußen – so lange, bis sich genügend tatkräftige Männer am Ufer angesammelt haben, um das Boot sicher anzulanden. Die Fischer haben für diese Prozedur keine anderen Hilfsmittel als ihre bloße Muskelkraft, und sie treffen auch keine zeitlichen Absprachen. Es geschieht, wie es geschieht. Zeit spielt dort unten keine Rolle.

Sie werden also nie genau wissen, wann Sie wieder festen Boden unter den Füßen haben werden. Zudem sei eines klipp und klar gesagt: Die beschriebenen Auslegerboote sind wirklich verflucht schmal, klein, simpel, derb, ungemütlich und rustikal – ebenso gut könnte man auf einer mit Tesafilm geflickten Margarineschachtel raus aufs Meer schippern.

Auf diesen Booten schlafen? Für Menschen aus dem Westen ein Ding der Unmöglichkeit. Es sei denn, Sie können eingequetscht in Ihrer Besenkammer oder tagelang in einer schaukelnden Badewanne ratzen (was die Singhalesen problemlos schaffen würden).

Der Anblick der Boote ist ebenfalls nichts für jedermann. Wir reden im Grunde über nichts anderes als grob zusammengeschusterte Gestelle, an denen der GFK blättert und die Farbe wegplatzt; schrumpelige Donnerbalken zur See, bei deren Betreten ein ordentlicher deutscher Kapitän serienweise Stoßgebete gen Himmel schicken würde.

Eine gute Portion Gottvertrauen und Fatalismus sollte mitbringen, wer auf diesen winzigen Vehikeln mitten auf den Indischen Ozean hinausfahren will. Einmal im Wasser, entpuppen sich die Boote aber immerhin als flink und recht stabil. Was allerdings geschieht, kämen plötzlich Starkwind und Sturm auf, wage ich mir nicht auszumalen.

Und noch eins. Die Boote stinken nach Fisch. Jawohl, sie riechen wie eine schlingernde Fischfabrik, blutverkrustet und von den Resten aufgeschnittener Thunfischleiber überzogen. Aber das macht nichts. Sie müssen schließlich nur einen Schritt machen und landen planschend im Indischen Ozean. Und das Meer da unten ist klar, blau, sauber und unfassbar schön. Es reinigt Körper und Seele im Nu.

Was Sie können sollten

Beginnen wir mit den Basisfähigkeiten, die Sie für dieses Abenteuer mitbringen sollten. Der Reihe nach. Sie müssen zunächst sehr lange ohne Schlaf auskommen können, mindestens aber eine Nacht. Ich döste am Ende stundenlang in der Hocke, vorn, in einer dunklen Vertiefung im Bug, an deren Kanten meine Schultern schabten und aus der mein Kopf herauslugte. Bei Regen stülpte ich mir eine völlig zerknitterte Plastikplane über den Kopf, deren Geruch ich gar nicht erst beschreiben will. Immer wieder sprang ich ins Meer und legte mich auf den Ausleger. Mein Oberkörper hing auf dem Baumstamm, meine Beine dümpelten im warmen salzigen Wasser. So ließ es sich aushalten, und ich konnte mich ab und zu wenigstens ausstrecken.

Manchmal wundere ich mich selbst, in welch abstruse Situationen mich mein seltsamer Beruf immer wieder treibt. Jedenfalls hätte ich mir niemals ausgemalt, dass ich einmal mit drei singhalesischen Fischern dreißig Kilometer weit draußen auf dem Meer dümpeln sollte, mit ihnen Zigaretten teilen, gelben, brachial in der Kehle brennenden Schnaps trinken und zermanschte Fischklumpen mit den Fingern essen würde.

Mit dieser Art der Bordverpflegung sollten natürlich auch Sie auskommen können, falls Ihnen nach einem Ausflug dieser Art der Sinn steht. Aber fahren wir fort. Sie sollten ferner weder an Klaustrophobie noch an Platzangst leiden. Klaustrophobie könnten Sie an Bord des engen, winzigen Untersatzes bekommen, auf dem Sie sich befinden; Platzangst (Panik vor der Weite) hingegen beim Blick auf das endlose Meer, das Sie umgibt. Nichts als Wasser, bis zum Horizont und weit darüber hinaus.

Sie sollten die Tropensonne vertragen. Keine Angst vor den Sternen haben, die Ihnen bei klarem Nachthimmel auf den Kopf zu fallen scheinen. Sie sollten nicht panisch werden, wenn mehrere Hundert Meter Wasser unter Ihnen klaffen und Frachter, so groß wie umgekippte Wolkenkratzer, sehr nah an Ihnen vorbeirauschen. Gewöhnen Sie sich vorab an verstärkten Fischgeruch. Nehmen Sie ein, zwei trockene T-Shirts mit, beim Schuhwerk reichen Badelatschen. Ach ja, und vergessen Sie alles, was Sie über Sicherheitsausrüstung auf See wissen. Schwimmwesten, Funk, Notraketen? Absolute Fehlanzeige. Als ich den alten Käpt'n Samara fragte, ob er GPS habe, schüttelte er den Kopf. Und er schüttelte ihn wie jemand, der noch nie von den drei Buchstaben gehört hatte.

Wie hart ist es wirklich?

Für diesen Trip würde ich auf meiner äußerst seriösen Abenteuerskala einen Faktor von sieben vergeben. Ich mag die Sieben und finde, sie passt irgendwie gut zum Meer. Die Sieben aber auch, weil die Ausfahrt mit den singhalesischen Fischern bestimmt kein Sonntagsspaziergang ist. Wir reden hier eher von einem Himmelfahrtskommando zur See. Nicht, dass ich die Instinkte und seemännischen Fähigkeiten der Fischer anzweifeln würde. Aber hier und da beschlich mich doch eine gewisse Skepsis.

Spätestens als ich das Kabelgewirr sah, mit dem sie die nackte Batterie festgeknotet hatten, dies ohne jegliche Isolierung, konnte selbst ich als Physiklegastheniker ahnen, auf was ich mich einließ. Aber auch der im Text beschriebene alte Plastikeimer war nicht von schlechten Eltern. Sie hatten ihn tatsächlich per Hand genäht, damit er nicht vollends auseinanderbrach, und mit genau diesem zerschundenen Plastikding schöpften sie das Wasser aus dem schmalen Rumpf, das uns nach dem Regen immerhin fast bis zu den Knien stand.

Doch die Fischer waren sehr gastfreundlich und zuvorkommend. Sie baten mir und meinem Kollegen, der mit draußen war, ihren Reis an, gaben uns von dem Arrak und teilten die in Zeitungspapier eingewickelten Fisch-, Fleisch- und Reisklumpen. Ich bot im Gegenzug meine Zigaretten an, die sie, obschon sie wussten, dass ich jede Menge dabei hatte, ausnahmslos teilten. Meine blauen Winston gingen durch drei Münder, und am Ende rauchten wir eine Zigarette sogar zu fünft auf dem weiten Meer.

Das Schönste an diesem Abenteuer aber offenbarte sich in etwas anderem. Es waren die zahllosen Stunden weit draußen auf dem Ozean und meine Augen, die nicht aufhören wollten, auf dieses

Meer zu blicken. In mir lösten diese beiden Worte immer eine besonders große Sehnsucht aus. Der *Indische Ozean*.

Jetzt habe ich ihn gesehen und geatmet. Seine Wärme. Sein Blau. Und seine Weite.

Informationen

Mister Nimal Chandana betreibt eine kleine Pension, sie heißt »Endless Summer« und liegt im Süden der Insel im kleinen Ort Dodanduwa. Dort steht auch ein wunderschönes modernes Haus auf Stelzen direkt am Strand, das Sie sogar mieten können. Die Wellen beginnen nur fünfzig Meter weiter, abseits des Touristentrubels. Sie können im Internet auf diese Adresse klicken, *www.srilanka beachhouse.de*, und sich das Anwesen einmal anschauen. Mister Nimal wird Sie auch den Fischern vorstellen, die Sie mit rausnehmen. Bedenken Sie jedoch, dass dies keineswegs ein normales Abenteuer ist und Touristen und Fremde so gut wie nie mit rausfahren. Die Fischer werden Sie darum zunächst etwas verdutzt anschauen. Warum wollen die nur mit uns rausfahren? Was gibt es da draußen auf dem Meer schon zu sehen?

Sie könnten eine Angel mitnehmen oder einfach eine Schnur mit einem Haken über Bord schicken. Wenn Sie etwas fangen, wird Chanaka, der Koch von Mister Nimal, den Fisch nach Ihrer Rückkehr frisch und köstlich zubereiten.

Kosten

Die Fischer verlangen nichts, kein Geld, keine Gabe. Fremde auf einer Ausfahrt mit aufs Meer zu nehmen ist schließlich noch kein Geschäft, nichts, was die Fischer planen oder regelmäßig tun. Geben Sie den Fischern aber unbedingt ein sehr ordentliches Trinkgeld oder schenken Sie mindestens einige Flaschen Arrak. Das Trinkgeld würde wahrscheinlich sowieso zu großen Teil in Inselschnaps umgewandelt.

Bullen, Staub und Glut

Auf dem Pferderücken beim Rindertreck im Outback

AUSTRALIEN

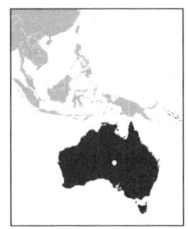

Es ist High Noon, als Pater Tony Redden mitten in der Wüste seinen Klapptisch aufstellt, zwei Flaschen Weihwasser und einen kleinen Jesus aus seiner Aktentasche holt und die Worte Gottes in die Hitze spricht.

Pater Redden trägt Boots, Blue Jeans, Westernhut. Er liest aus dem Buch Exodus, Fliegen kleben ihm im Gesicht, der Schweiß rinnt über seine Stirn. Zwischen den Sätzen herrscht Totenstille. Das Schweigen des Outbacks. Jener Wüste im Inneren Australiens, deren Grenzen nirgends präzise definiert sind und von der die Ureinwohner sagen, dass sie in ihren Gedanken beginnt und auch dort erst endet.

Der Pater blickt auf die Viehtreiber und hält inne. Rundherum nichts als verbrannte Erde. Eine maßlos ausufernde Leere, in die sich halb Europa hineinstopfen ließe. Steine, Sand und stehende Luft, bis zum Horizont und weit darüber hinaus. Die nächste Stadt, Adelaide, liegt über tausend Kilometer südlich.

Der Pater muss verrückt sein, vielleicht ist er es aber auch nicht, es ist schwer zu sagen. Monatelang ist er jedes Jahr in seinem klapprigen Wagen unterwegs, drischt seine Rostschaukel über die Wüstenpisten bis zu den entlegenen Cattle Stations, um dort mit den Farmern und ihren Familien die Messe zu lesen. Gelegentlich will er Säufer bekehren, Spielsüchtige kurieren, Verlorene in den Weiten des Outbacks; wenn das nichts nützt, segnet er sie. Es muss alles an der Hitze liegen. Pater Redden, diese gute verlässliche Staubwolke am Horizont. Wenn er mal wieder Tage lang unterwegs ist, rollt er nachts eine Matte aus, schläft neben seinem Wagen im Freien.

Der Pater stimmt ein Lied an, singt, aufrecht vor seinem Klapptisch in der Wüste stehend. Er singt: *Ich bin ein Farmer. Ich bin ein freier Mann auf diesem Land. Ich wurde Australier.*
  Der Gesang erinnert an die harten, alten Zeiten. Er soll die Rinder segnen und den Stockmen Mut machen auf dem Weg durchs Unwegsame. Wie vor über hundertfünfzig Jahren, als sich die ersten Viehtreiber durchs Outback wagten.
  Sie wollen jetzt noch einmal wissen, wie es ist, wollen den alten Cattle Drive aufleben lassen. Wie früher werden Hunderte Rinder durch die Wüste getrieben, flankiert von hundertvierzig Pferden und Peitschen schwingenden Drovern, den Cowboys von Down Under. Sechs Wochen schleppt sich der Nostalgietreck durchs Outback, von Birdsville bis nach Marree, obwohl moderne Viehtransporter die Strecke heute in wenigen Tagen schaffen, gut gekühlt und bequem gefedert. Dieser Cattle Drive aber ist etwas anderes, er ist den frühen Siedlern gewidmet. Ein Tribut an die raue Vergangenheit des Fünften Kontinents.
  »Zieht hin in Frieden, auf dass ihr wohlbehalten ankommt«, ruft Pater Redden noch, als die Herde losmarschiert. So un-

gefähr muss es gewesen sein, damals, als die Männer mit ihren Tieren in die Wüste aufbrachen, beladen mit Wasserkübeln, Wolldecken, Feuerholz und den Hoffnung spendenden Worten eines Predigers. Viele von ihnen kamen nirgends an. Es muss alles an der Hitze liegen.

Ich schwinge mich auf mein Pferd, das Jug Head heißt, stecke zwei Wasserflaschen in die Satteltasche und reite nah an die Rinder heran. Das heißt, ich kann gar nicht reiten. Habe erst einmal zuvor auf einem Pferd gesessen. Aber für Aufträge macht man alles, selbst das. Einer der Cowboys hat mir eine kurze Einweisung gegeben, so nennen sie das. Kurz erklären, wie die Zügel zu halten seien, Sitzposition, Mimik des Pferdes, Tritt in die Flanken. »You'll be allright«, sagte der Australier breit und röhrend, als verliefen seine Stimmbänder durch eine rostige Teekanne.

Inmitten der Glut wogt das Fleisch. Ein riesiges, schnaufendes Knäuel aus braunem, weißen und schwarzen Fell. Sechshundert Bullen, Kühe und Kälber, die sie über den berüchtigten Birdsville Track gen Süden scheuchen. Die Drover schreien auf die Rinder ein, Peitschen knallen, die Luft so trocken, als würde sie gleich zerbröckeln. Das Vieh und die Pferde schieben sich durch seichte Dünen, bald über ockerfarbenes, flaches Land. Ein dumpfes Stampfen steigt aus der Herde, als die dreitausend Hufe stoisch über den harten, aufgeplatzten Boden trampeln. Die Sonne steht steil, es herrschen achtunddreißig Grad im Schatten, obwohl es keinen Schatten gibt. Es ist Herbst. Dies ist noch die milde Jahreszeit.

Früher war der Viehtrieb knüppelharter Broterwerb. Im regenreichen Queensland im Norden fraßen sich die Rinder fett. Aber dann mussten sie in den Süden. Dorthin, wo die Städte des Kontinents heranwuchsen, Adelaide, Melbourne, Sydney. Dorthin, wo Tausende hungriger Arbeitermägen nach Fleisch und Steaks gierten. Dorthin, wo man für sein Vieh Geld wie Heu bekam.

Das Problem: Zwischen dem Norden und dem Geld lag das Nichts. Das Outback, jene Öde, in der die Ureinwohner seit vierzigtausend Jahren überlebt hatten, in der Schlangen und Echsen kriechen und in der man, wenn die Wasserstellen unterwegs versiegt waren, langsam von innen zu Tode trocknete. Die ersten Bullentreiber, die den Trip weiland wagten, müssen Hasardeure gewesen sein. Verwegene Kerle, die den Aborigines mit Händen und Füßen ein wenig Wissen abrangen, um sich dann mit ihren Herden aufzumachen. Sie waren gewarnt. Vor ihnen hatten schon einige der frühen Entdecker dran glauben müssen.

Sir Charles Sturt kehrte 1846 mit schweren Verbrennungen aus dem Outback zurück, er war danach beinahe blind. Der deutsche Forscher Ludwig Leichhardt ging in der Simpson Desert verloren, zwei englische Gentleman-Pioniere verdursteten, und ein dritter Wüstendurchquerer, nur noch ein lebendes Skelett, wurde von den Yantruwanta-Aborigines gerettet. Sie brauchten drei Monate, um ihn wieder aufzupäppeln. Die Hitze, die Sonne.

Einige Viehtreiber aber kamen durch und wurden zu Berühmtheiten. Wie Sidney Kidman, der auf einem einäugigen Pferd mit fünf Schilling in der Tasche losritt und am Ende Australiens bekanntester Millionär wurde. Als er 1935 mit achtundsiebzig Jahren starb, besaß er neunzig Prozent aller Rinderländereien, so viel Fläche wie England, Schottland, Wales und Nordirland zusammen. Das sind die australischen

Geschichten, jeder hier unten kennt sie. Dies ist nicht der Wilde Westen, es ist das noch weitaus wildere Innere des Outbacks. Mythenreich. Todeszone.

»Es war weiß Gott kein Zuckerschlecken damals«, sagt Shane Oldfield, der Chef der Viehtreiber heute, die es sich tatsächlich antun wollen, ihr Vieh wochenlang durch diese Wüste zu prügeln, obschon sie die Strecke in vier Tagen per Eisenbahn erledigen könnten. Oldfield gehören die sechshundert Rinder, mit denen der Cattle Drive jetzt wieder aufersteht. Oldfield trägt einen langen, gewachsten Mantel, seine Hände sind zerfurcht, er hat zusammengekniffene Augen, einen Schnurrbart. Krumm und fest sitzt er auf seinem Pferd. Blickt kurz zum Himmel, sagt nichts. Dann rückt er sich besorgt den Hut zurecht und reitet weiter.

Ich halte mich links der Herde, dort, wo man nicht ständig eine Staubdusche abbekommt. Jug Head ist ein gutes Pferd. Ein schwarzer Wallach, aus dem Blut der alten Brumbys, ein Abkömmling frei lebender Wüstenpferde. Im Schritttempo schleicht das Tier voran, als ob es instinktiv wüsste, dass es sich seine Kraft hier draußen einteilen muss. Fast behutsam schreitet der Wallach über die kleinen, roten Steine. Zu Milliarden liegen sie auf einmal herum, wohin der Blick auch fällt. Wir ziehen durch die Gibber Plains, eine Ebene, so flach und weit, dass einer auf die Idee kommen könnte, die Erde sei doch eine Scheibe.

Jug Heads Muskeln beulen sich unter dem dunklen Fell. Seelenruhig und schaukelnden Hauptes bahnt sich das Tier den Weg durch diese Marswelt. Wer reiten muss, aber nicht reiten kann, gibt eine jämmerliche Figur ab. Der sitzt stocksteif, findet sich niemals in den Rhythmus des Pferderückens, das Auf und Ab der Pferdebeine widerstrebt dem

Gesäß, den Hüften. Der Mensch wackelt in fürchterlicher Pose des Weges, nach zwei Tagen schmerzt alles, vor allem das Gesäß, vermutlich tut es auch dem Pferd weh.

Früher waren die Pferde die Lebensversicherung hier draußen, ohne sie wären die Männer verloren gewesen. Zu Fuß durchs Outback zu marschieren kam einem Todesurteil gleich. Nicht wenige, die der Wüste ausgeliefert waren, erschossen sich, um dem qualvollen Verdursten zu entgehen.

»Normale Pferde würden die fünfhundert Kilometer kaum überleben, diese hier sind seit Generationen an die Wüste gewöhnt«, sagt Tom Curtain. Curtain ist einer der Drover, er hat seinen Akubra, seinen Filzhut, tief ins Gesicht gezogen, trägt hochhackige Sporenstiefel, eine knallblaue Sonnenbrille und sitzt auf seinem Pferd wie angeschweißt. Den Cattle Drive hat er als Nebenjob angenommen. Normalerweise arbeitet Curtain als Horsebreaker im Outback, zieht als Pferdeeinreiter von Station zu Station, wie sie die großen Farmen nennen.

Curtain kennt sich mit Pferden aus. Er kann in ihnen lesen. »Siehst du Jug Heads Ohren, seine Augen, die Art, wie er seinen Kopf hält? Pferde haben einen Gesichtsausdruck, wie Menschen. Die letzten zweihundert Kilometer haben ihn müde gemacht.« Ich blicke Jug Head an. Zwei Augen, schwarze Nüstern, ein triefendes Maul. Was das Tier mir wohl sagen will?

Curtain hat gut reden. Er saß schon als Vierjähriger im Sattel, über fünfhundert wilde Pferde hat er in seinem Leben eingeritten, und wenn man ihn auf Robert Redford und den Pferdeflüsterer anspricht, legt sich ein müdes Lächeln auf sein dreißigjähriges, braungebranntes Gesicht. »Hollywood«, sagt er. »Bullshit.«

Curtain kommt näher. »Du musst lockerer auf deinem Pferd sitzen, und wenn du Jug Head trittst, mach es entschlossen. Zeig ihm, wer der Boss ist.« Curtains Pferd gehorcht blind, der Mann reitet auf den Millimeter genau. »Wenn das Pferd das tun soll, was du von ihm willst, musst du hart zu ihm sein, aber niemals ungerecht. Sie spüren diesen feinen Unterschied genau, Pferde können auch in Menschen lesen, das ist das ganze Geheimnis.« Ein rustikales Lächeln gräbt sich in Curtains Gesicht. Dann galoppiert er davon, um an die Spitze der Herde zu gelangen. Ich falle derweil weit zurück, ich will nicht traben, an Galopp nicht einmal denken. Ab und zu tätschele ich Jug Heads Mähne.

Die Rinder blöken, plattgetretener Kuhmist pflastert die Strecke, und immer wieder jagen die Männer ausgebüxtem Vieh hinterher. Wie tanzende Silhouetten reiten die Drover um die muhende Herde, die fliegenden Peitschen filigrane Striche vor der Nachmittagssonne. Shane Oldfield blickt noch immer über den weit gespannten Himmel. Er macht sich Sorgen. »Wenn bald kein Regen kommt und das Gras nicht nachwächst, muss ich die Rinder auf dem Markt unten in Marree vorzeitig verkaufen.« Die Regensorgen sind berechtigt. In den letzten sechs Jahren ist in diesem Gebiet so gut wie kein Tropfen gefallen, Wasser ist heute ein ebenso rares Gut wie eh und je. Sein Ausbleiben kann den Tieren den Tod bringen, die Farmer um ihr Jahresgeschäft. Nicht wenige haben schon falsch kalkuliert, die Tiere zu spät verkauft oder zu früh und zu billig. Das Farmerleben hier draußen ist Glücksspiel. Zu einigen der Rindertreiber kommt dann Pater Redden, die Sache mit dem Suff regeln, Segen von ganz oben verteilen.

»Es gibt keine Regeln, wann und wo der Regen kommt. Trotzdem musst du mit deinen Tieren zur richtigen Zeit am richtigen Ort sein, sonst kostet es dich ein Schweinegeld.« Oldfield spricht ernsthaft, Witze macht dieser Mann nicht. Er weiß, wovon er redet, er ist mit dem Cattle Business groß geworden. Ein ausgemergeltes Rind bringt statt achthundert nur noch vierhundert Dollar pro Stück. Ein Verlust, der einem Farmer das Genick brechen kann. Das ist heute so wie früher. »Manchmal fällt der Regen auf fremdem Land. Wenn ich meine Herde aber auf deren Boden weiden lassen muss, bin ich schnell mal hunderttausend Dollar los. Gras ist kostbar hier draußen.« Oldfields Augen wandern von Westen nach Osten. Nicht eine Wolke.

Drei Tage später erreichen die Rinder Mungarannie Gap. Flache Plateaus ragen wie geplättete Hüte aus der Ebene, helle, beinahe rosafarbene Erde spreizt sich in alle Himmelsrichtungen. Jämmerliche vier Tage Wüste, nach denen das Sitzen auf meinem Pferd zur Pein angeschwollen ist. Mein Rücken tut weh, die Nasenschleimhäute sind ausgetrocknet und verkrustet, meine Augen brennende Schlitze. Nur ein kleiner Geschmack davon, wie es früher gewesen sein muss. Sechs Wochen Outback. Ohne Begleitwagen wie heute. Ohne kalte Getränke, Zelte und halbwegs bequeme Feldbetten. Ohne Funk für Notfälle und ohne Arzt, der bei Dehydrierung, bei Schlangen- oder Skorpionbissen zur Stelle ist.

Fünf, sechs Tage sind wir bestimmt schon unterwegs, wer will bei den Temperaturen schon noch klar denken? Unter rotem Abendhimmel treiben die Drover das Vieh für die Nacht zusammen. Sie heben die Sättel von den Pferden und reiben die Rücken der Tiere mit kaltem Wasser ab. Das Lagerfeuer brennt, Tom, Shane, Clayton und die anderen Jungs sitzen vor dampfenden Kesseln und krossem Fleisch. Cowboy-Frau Debby säugt ein mutterloses Kalb mit warmer Milch und bloßer Hand. Das Lager in der Wüste unter Sternen.

An diesem Abend ist auch Eric Oldfield dabei, er ist weit über siebzig, ein Veteran des Cattle Drive. »Das letzte Mal haben wir es 1970 so gemacht, auf die alte Tour, verstehst du?« Tiefe, lederne Falten ziehen sich durch sein Gesicht. Nur kurze Sätze. Er ist einer der alten Schule, die ergraute Generation der echten Drover. »Damals kannten wir jeden Busch hier draußen. Sind nach der Sonne marschiert, GPS, vergiss es. Hatten alles dabei. Alles auf den Pferden. Hufeisen, Schmiedeeisen, Lederzeug, Wasser. Wenn du damals kein Wasser mehr hattest, Junge, dann hattest du ein ausgewachsenes Problem.«

Ein bisschen komisch muss ihm das Hier und Heute schon vorkommen. Heute, da die Rancher ihre Herden per Helikopter zu den Tränken jagen, die Kinder Schulunterricht per Funk oder Internet bekommen und der Postbote in der Cessna durch die Gegend fliegt. »Die Zeiten ändern sich, selbst im Outback«, sagt Oldfield. »Eines aber wird sich nie ändern. Wenn du ein paar Jahre hier ausgehalten hast, prägt dich dieses Land, woanders kannst du danach nicht mehr leben, die Städte würden dich erdrücken und dir die Luft nehmen.« Der alte Oldfield geht o-beinig durch die Nacht zu seinem Zelt davon. Das Firmament hängt voller Kristall.

Die restlichen Männer reden noch ein wenig am Feuer, quatschen, über den Regen, über die dreihundert Kilometer, die noch vor ihnen liegen. Dann schnappt sich Tom Curtain seine Gitarre und spielt. Er singt von Wildhunden und rostigen Schienensträngen, vom Leben in der Mitte des Nirgendwo. Kürzlich hat er eine CD herausgebracht, weil es nun mal doch moderne Zeiten sind. Curtain, dieser Derwisch, ist unversehens auf Platz dreizehn der australischen Charts gelandet und überlegt nun ernsthaft, umzusatteln. »Wenn es so weitergeht, stehe ich vielleicht bald auf einer großen Bühne.« Er würde die Wüste für ein paar Auftritte eintauschen, vom Pferdemann zum Country-Star. Aber dann würde er wieder zurückkehren, die Cowboys können nicht anders, es ist ihr Leben, fernab des Internets, des Fernsehens, diese Welt existiert noch, es gibt sie wirklich. Staub, Pferde, Wüste. Es muss alles an der Hitze liegen.

Um halb sechs am nächsten Morgen kriecht die Sonne hinter der Erdkrümmung hervor und streicht die Welt in hellem Gelb. Die Pferde sind gesattelt, die Herde muss weiter, noch ist es halbwegs kühl. Dann setzen sich die schaukelnden Rinderleiber wieder in Bewegung. Vierzig Kilometer müssen sie heute schaffen, um in der Zeit zu liegen. Drei Wochen noch bis nach Marree. Bis zum Markt. Dann kommt der große, ratternde Frachtzug bis nach Adelaide. Und dann die Schlachtbank. Rinder haben ein noch härteres Los als Reporter.

Um sieben ist das Gelb verschwunden, der Himmel trägt sein übliches gleißendes Blau. Der Boden hat sich aufgeheizt, die Temperaturen kommen von oben und unten. Ganz langsam schreitet Jug Head voran, die Herde einige Hundert Meter voraus. Das Tier ist erschöpft, schon morgens. Wahrscheinlich haben sie mir vorsichtshalber ein betagtes Auslaufmodell gegeben, um jeglicher Gefahr eines unkontrollierten Galopps vorzubeugen. Vom Pferderücken fällt mein

Blick auf eine grelle, orangefarbene Welt, wo der Horizont keine Linie bildet, sondern eine flimmernde Schicht. Dann bleibt Jug Head stehen. Das Tier braucht eine Pause.

Es senkt den Hals und frisst an einer Wüstenpflanze, die aus dem Sand wächst. Ein paar Stängel, braun und in der Sonne verdörrt. Die Australier nennen das Gewächs »Dead Finish«, weil es ein Wunder ist. Weil es sich den letzten Rest Feuchtigkeit tief aus dem Boden holt und noch gedeiht, wenn alles andere längst abgestorben ist. Genügsamer sind nur noch die Steine.

Jug Head zermalmt einige herausgerupfte Stängel mit den Zähnen. Dann lässt das Tier von seinem kargen Fraß ab, hebt den Hals und blickt regungslos in die Ferne. Die Herde wandert weiter, das Trampeln ist kaum noch zu hören. Aus einiger Entfernung wirken die Rinder und die Drover auf einmal winzig klein, nur mehr schwarze Punkte verloren in den Dimensionen. Ich trinke einen Schluck Wasser, wische mir den Schweiß aus den Augen.

Ein leichter Wind streicht über das völlig flache Land, und wer ihm genau zuhört, vernimmt sein ungestörtes Lied. Nichts bietet dem Wind hier noch einen Widerstand, nichts trotzt seinem geisterhaften Weg. Kein Baum, dessen Blätter rauschen. Keine Büsche, die in der Brise rascheln.

Ich höre nur den Wind selbst. Ein hohles Zischen, das durch die Ödnis geht.

Outback

WAS SIE WISSEN SOLLTEN

Es gibt heute verschiedene Arten, das Outback zu bereisen. Und es kommen wohl nur wenige Verrückte auf die Idee, dies reitend zu erledigen, obwohl sie gar nicht reiten können. Ich bin einer von ihnen. Das Reiten selbst war eine interessante Erfahrung, und ich glaube, es lässt sich alles auf einen Nenner reduzieren: Entweder man kann mit Pferden oder man kann nicht mit ihnen. Ich glaube jedenfalls, dass mich mein Pferd Jug Head nicht mochte. Zum Schluss blieb es einfach mitten in der Wüste stehen, kein Schritt mehr, egal, was ich tat. Ich redete ihm zu, knurrte und machte seltsame Laute; ich trat in seine Flanken, wie die Drover es mir gezeigt hatten. Nichts. Das Pferd streikte. Nun blieb ich allein zurück, die anderen Reiter und die Horde trampelten in gewohntem Schritt weiter. Hinter mir war niemand mehr, hinter mir klaffte die offene Wüste. Eine absurde Situation.

Ich überlegte. Ich hatte kein Handy dabei. Dann lachte ich mich über mich selbst tot. Hier draußen noch Empfang zu haben, das war schon ein kühner Gedanke, der darauf schließen ließ, dass ich bereits einen leichten Sonnenstich hatte. Ich hätte Rettungsraketen mitnehmen sollen, solche, die ich auf meinem kleinen Boot stets dabei habe.

Ich hatte noch anderthalb Liter Wasser in den Packtaschen. Die würden vielleicht bis zum Abend reichen, aber dann? Dann gute Nacht, Marie. Ich konnte natürlich nicht wirklich glauben, dass der Treck einfach weiterreiten würde. Sie wussten schließlich, dass hinter dem Viehpulk noch ein stark schwitzender Reporter aus Deutschland hinterherzuckelte, der besser im Auge zu behalten war. Aber die Reiter und das Vieh wurden in der Ferne immer kleiner.

Ich stieg ab. Versuchte, das Pferd an den Zügeln von vorn mit mir zu reißen. Wir müssen ein herrliches Bild abgegeben haben. Ein Europäer mit Tropenhut und weißen Turnschuhen, der ein Pferd durch die Wüste ziehen will. Aber nein. Er, dieser sture Gaul, blieb einfach stehen. Hunderte Kilo Pferd, die sich nicht rührten. Ich gab's auf, wagte es aber auch nicht, mich neben Jug Head in den Sand zu setzen und die Zügel loszulassen. Wäre das Tier dann davon galoppiert, hätte ich zu Fuß laufen müssen. In der Hitze früher oder später der sichere K.o. So verharrte ich neben meinem Pferd in der Gluthitze und stieg schließlich wieder auf. Lieber sitzen als stehen. Und so standen und saßen wir beide da, mitten im Outback, ich hätte schreien können. Doch ich konnte Jug Head verstehen.

Schließlich kam natürlich doch einer der Cowboys zu mir geritten, aber es waren garantiert zwei Stunden verstrichen. Der Cowboy flog regelrecht durch die Wüste, behände, mühelos, im Grunde surften er und sein Pferd durch die Weite, bis sie vor mir standen. Wo denn das Problem sei, fragte der australische Viehtreiber. Ich sagte ihm, dass ich alles versucht hätte. Ich sei schließlich Schreiber und kein Reiter. Der Viehtreiber blickte mich seltsam an. Zwei, drei Worte von ihm genügten, und mein bockiger Jug Head lief los. Lief einfach los. Ich war fassungslos! Wie zur Hölle konnte das sein? Mein Fazit: Pferde und ich passen nicht zusammen. Es soll einfach nicht sein.

Welche Form der Fortbewegung Sie auch immer wählen, um durchs Outback zu ziehen: Seien Sie sich bewusst, dass es tatsächlich gefährlich werden kann. Die Reiter und Drover haben uns täglich eingebläut, bloß genug zu trinken und die Mittagsglut zu meiden. Viele Reisende sterben heute noch, auch wenn sie mit dem Wagen unterwegs sind. Es kann nämlich durchaus sein, dass tagelang nichts des Weges kommt, einfach nichts, keine Tankstelle, kein Haus, kein Schild. Wer da draußen eine Panne hat, krepiert. Basta. Die australischen Zeitungen berichten immer wieder über solche Vorfälle, weil Ausländer partout nicht begreifen wollen, wie schlimm die Hitze sein kann und was sie mit dem Körper anstellt.

Erst kürzlich schrieb eine Zeitung, dass ein australischer Tierarzt im Outback eine Panne hatte und beinahe draufgegangen wäre. Wissen Sie, was er tat? Er hielt sich an Käfer. Ja, er aß Käfer, weil sie Feuchtigkeit und Wasser im Körper speichern! Auch ein gewisser Theo Rosmulder, 52, strandete im Outback, und er aß – Termiten! Aß fünf Tage lang Termiten, weil es die dort unten zuhauf gibt. Erst dann wurde er gefunden und gerettet.

Ergo: Merken Sie sich eines – nehmen Sie so viel Wasser mit, wie Sie schleppen können. Ansonsten ist das Outback jedoch wirklich schön und zutiefst beeindruckend. Nie wieder habe ich eine solche Weite gesehen, flaches, endloses und vor Hitze flimmerndes Land, das einem den Atem nimmt. Fantastisch. Man darf hier nur nicht stranden. Und mit dem Reiten sollte man es sich verdammt gut überlegen.

WAS SIE KÖNNEN SOLLTEN

Wer tatsächlich tagelang durchs Outback reiten will, sollte über das verfügen, was gemeinhin als Sitzfleisch bezeichnet wird. Davon zwei bis drei Schichten, und Sie könnten es überleben. Ansonsten wird es grausam. Nehmen Sie Vaseline mit. Reiben Sie sich damit Gesäß und Schenkelinnenseiten ein, sonst, naja, Sie wissen schon.

Es ist einfach unschön. Es juckt, es tut weh, es macht blaue Flecken und nach ein paar Tagen nässt es. Aber jetzt genug davon.

Dass Sie zudem unfassbare Hitze aushalten müssen, versteht sich von selbst. Wichtig ist dabei vor allem die geeignete Kopfbedeckung. Wer hier mit einem amerikanischen Baseballkäppi aufbricht, ist selbst schuld. Der wird sich kopfseitig zu Tode schwitzen und im Nacken derart verbrennen, dass man die ersten drei Hautschichten nach zwei Tagen vom Nacken pusten kann. Empfehlenswert sind leichte und weiche Tropenhüte mit breiter Vollkrempe und mehreren professionellen Belüftungslöchern im Hut selbst.

Sie können sich natürlich auch gleich einen Akubra besorgen, gefertigt aus dem Filz des australischen Kaninchenhaars. Diesen klassischen Cowboyhut tragen seit jeher die Stockmen von Down Under, und darin sehen Sie gleich ziemlich schnittig aus. Sie würden mit einem solchen Akubra-Hut daherkommen wie eine Mischung aus Crocodile Dundee und Adam Cartwright aus »Bonanza«. Ein gewagter Auftritt, wie ich finde. Besonders, wenn man vom Reiten null Ahnung hat. Ich jedenfalls stand vor dem Aufbruch ins Outback in einem Hutladen in Adelaide, hielt einen großen Akubra in der Hand und überlegte kurz. Aber nein, es hätte einfach lächerlich ausgesehen.

Verdammt gut sind die Dinger jedoch allemal. Sie kosten allerdings auch ab hundert Euro aufwärts, je nach Ausführung, Zierrand und Machart des Cowboy-Bommels. Hier sind die Klassiker der australischen Cowboys zu haben: *www.down-under-store.de* oder *www.akubra.com.au*.

Wie hart ist es wirklich?

Durchs Outback zu reiten ist echtes Abenteuer, das unter dem Faktor sechs bis sieben bei mir nicht wegkommt. Allein die Nächte. Bevor ich ruhig schlafen konnte (was wegen der Hitze sowieso nicht möglich war), ging ich mindestens eine halbe Stunde lang in meinem Zelt auf die Pirsch und leuchtete mit der Taschenlampe alles ab, was nicht niet und nagelfest war. Stiefel, Schlafsack, Tasche. Ich hörte von Schlangen, Skorpionen, Termiten und diversen anderen Outback-Bewohnern, die nachts nur zu gern kuschelige Plätzchen wie Menschenzelte aufsuchen.

Auch die Fliegen hatten es in sich. Im Outback sind so viele Fliegen unterwegs, dass man verrückt wird. Sie stechen zwar nicht, sind aber so groß und dick wie Reptilien. Sie umschwirren einen in Form schwarzer Wolken und sitzen am Ende überall. Im Gesicht, in den Hosen, in den Achselhöhlen. Es gibt kein Mittel gegen sie. Sie können sich einreiben, womit Sie wollen, es nützt alles nichts. Ich steigerte mein Rauchpensum darum gnadenlos auf zwei Schachteln am Tag, den Zigarettenqualm nämlich, ha!, den mochten sie nicht. Nun fühlt sich nach einigen Tagen ziemlich geplättet, wer bei über sechzig Grad in der prallen Sonne täglich vierzig Zigaretten wegdampft. Ich musste die Quote folglich reduzieren, letztlich natürlich auch, weil mein Vorrat drastisch dahinschrumpfte.

Zum Glück gab mir einer der Drover auf der Hälfte des Trips ein circa ein Meter langes Fliegennetz, dass ich unter meinen Tropenhut stopfen konnte und welches etwa bis auf Höhe meiner Hüften herabfiel. Fantastisch! Das war die Befreiung. Die Fliegenwolken klebten mir nicht mehr direkt im Gesicht, wohl aber überall auf dem Netz. Ich konnte zwar kaum mehr etwas sehen, aber das war jetzt auch egal. Jug Head lief sowieso nur dahin, wohin *er* wollte.

Zusammengefasst: Durchs rotglühende Herzen Australiens zu reiten ist ein verschärftes Unterfangen und nur etwas für extrem versierte Reiter oder Bekloppte. Ich jedenfalls würde es nie wieder freiwillig tun, obschon ich äußerst dankbar bin, diese unglaublich schönen Bilder für immer in meinem Kopf gespeichert zu haben. Die Wüste. Die Cowboys neben der staubigen Herde im Abendlicht. Das offene Feuer unter den Sternen. Wie in einem Film, dessen Regisseur zu Dramatik, starken Farben und ein wenig Kitsch neigt. Aber bedenken Sie die Fliegen. Ich schwöre: Finnland im Sommer ist ein Witz dagegen!

INFORMATIONEN

Den gesamten Birdsville-Track durchs Outback reitenderweise zu erleben, dies ist nicht jedem vergönnt. Das altertümliche Rindertreiben findet nur alle paar Jahre statt, wenn überhaupt. Selbst die Cowboys wollen sich das nicht jedes Jahr antun. Allerdings gibt es einige Cattle Stations, wo Gäste sich einbuchen und Touren durch die Wüste unternehmen können – auf Pferden. Komplett verwegene Kandidaten, die sehr gut reiten können, werden gelegentlich sogar auf entlegenen Rinderfarmen als Saisonarbeiter angestellt, um als *Horseman* beim Viehtrieb auszuhelfen. Jedem das seine, sage ich nur. Wer sich dennoch dazu informieren will, kann hier nachlesen:

www.outback-australia-travel-secrets.com
www.kingscreekstation.com.au

Kosten

Wer mal ein paar Nächte auf so einer Cattle Station verbringen will, muss zwischen 25 und 90 australische Dollar pro Nacht zahlen, je nachdem, wie hoch die Standards sind. Diese reichen vom Schlafen im Gästehaus bis hin zum Nächtigen im Schlafsack neben der Kuhtränke. Sechstägige Reittouren durch die Wüste sind ab etwa 1400 australischen Dollars zu haben. Näheres zum Beispiel unter: *www.hiddentrails.com*. Wer das Komplettprogramm »Outback-Reiten in Australien« sogar ab Deutschland buchen will (heutzutage ist wirklich alles möglich), kann sich hier direkt in die Wüste klicken: *www.reiterreisen.com*.

Atemlos

Apnoetauchen im Roten Meer

ÄGYPTEN

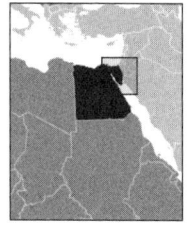

Ich sah Linda Paganelli das erste Mal an der Saumkante des Roten Meeres, sie stand regungslos da, hielt eine große Monoflosse in der Hand, und der Wind schmeckte merkwürdig nach Salz. Das Meer besaß eine petrolfarbene Bläue und rollte eine seichte Dünung vor sich hin; ich wusste, dass sie mir da draußen in den nächsten Tagen das Tauchen in seiner schönsten Form beibringen würde.

Linda Paganelli. Italienerin. Schlank, sehnig. Eher wortkarg. Stellt man ihr dumme Fragen, wendet sie sich ab. Stellt man ihr kluge Fragen, überlegt sie gründlich, antwortet präzise und ernsthaft.

Diese Frau mag keine Sprüche, verachtet das Alberne. Ich merkte das während unseres ersten Gesprächs, wir saßen in einer Beachbar und tranken heißen Tee. Ich war mir sicher, dass sie für einen über den Bordstein pfeifenden Papagallo genau zwei mögliche Reaktionen parat halten würde. Die milde Variante bestünde darin, den Mann auf eine sehr strafende Art und Weise zu ignorieren. Die verschärfte Variante wäre, den Mann mit einem Blick zu töten.

Dann erzählte sie noch etwas aus ihrem Leben. Leise und mit entfernten Worten.

Linda Paganelli hatte mal einen Unfall, einen schlimmen Unfall. Die Ärzte sagten damals, sie würde keinen Sport mehr treiben können. Mit dem Sport, das sei nun für immer vorbei. Sie sollte froh sein, noch ihre Beine bewegen zu können.
Ärzte.
Dachte Linda Paganelli, damals.
Weinte.
Hasste. Sich selbst und die ganze Welt.
Dann, es dauerte eine gewisse Zeit, dachte sie ans Meer. Sie schöpfte neues Vertrauen und stellte den Hass langsam ab. Anschließend ging sie das erste Mal wieder in den Ozean. Behutsam, allein. Warf alles davon.
Und begann zu schwimmen.

Sie schwamm viel nach diesem Unfall, der an einem Freitagnachmittag geschehen war, damals, das Auto war viel zu schnell um die Ecke gekommen. Doch nun hatte sie das Schwimmen. Immer im Meer und weit hinaus. Sie trug dabei einen dünnen Neoprenanzug, billige Flossen und eine alte Tauchermaske. Und dann tat sie, was sie einmal gesehen und wovon sie manche hatte reden hören. Paganelli holte Luft, bog den Oberkörper nach vorn und schwamm senkrecht in die Tiefe.
Zehn Meter.
Zwanzig Meter.
Verharrte etwas, da unten.
Dann tauchte sie wieder auf.

Schnappte nach Luft.
Leben.
Seitdem mag sie keine Albereien mehr. Antwortet nicht mehr auf jede Frage und vermag mit Blicken zu töten. Wir sitzen wieder in der Beach Bar, trinken diesen dicken, braunen, zuckrigen Tee der Ägypter. Linda Paganelli, inzwischen ist sie eine der besten Apnoetaucherinnen der Welt.

Die Kunst des Apnoetauchens besteht darin, mit nur einem Atemzug so lange wie möglich unter Wasser zu bleiben. Manche tauchen auf diese Weise sehr tief hinab. Sie bewegen sich äußerst effizient, verbrauchen kaum Sauerstoff, weil sie präzise und ökonomisch mit den Flossen arbeiten und es schaffen, alle Muskeln, die nicht zum Abtauchen benötigt werden, völlig zu entspannen.

Gute Apnoetaucher, sagt man, denken beim Sinkflug ins Meer an nichts. Ihr Herzschlag reduziert sich. Ab einer gewissen Tiefe wird das Herz vom Wasserdruck auf die Größe einer Zitrone zusammengepresst.

Paganelli war schon auf neunzig Meter Tiefe. Ohne Flasche, mit nur einem Atemzug. Europarekord. Sie ließ sich dafür an einem Gewichtsschlitten in den Abgrund ziehen, tauchte danach lediglich kraft ihrer eigenen Flossenschläge wieder auf, vier Minuten war sie da im Meer gewesen.

In neunzig Meter Tiefe herrscht bereits die ewige Dämmerung, die Strahlen der Sonne dringen nur noch wie ein Bündel aus diffusem Licht ins Blau. Darunter wird das Meer dunkelblau, dann immer dunkler, bald schwarz. Der Taucher schwebt wie ein groteskes Wasserwesen durch den Weltraum, sein Denken langsam wie zäh rinnendes Baumharz.

Wer seinen Körper bei solchen Unterfangen nicht richtig lesen kann, seine Reserven falsch einschätzt oder das einsetzende Zwerchfellflattern zu lange ignoriert, der kann Lähmungen davontragen, Schlaganfälle, der kann sterben. Linda Paganalli, dachte ich, kannte sich in solchen Sachen aus. Sterben. Leben.

In den nächsten Tagen würde sie mir das Tauchen beibringen. Das Tauchen in seiner schönsten Form.

Es ist ein milder Dezembertag in Dahab, diesem brüchigen Nest am Rand der Sinaiwüste. Drüben am anderen Ufer, vielleicht zwei Bootsstunden entfernt, erhebt sich das steinerne Saudi-Arabien aus dem Horizont. Eine Wand aus Glut. Zwischen den Wüsten liegt das Rote Meer, seiden und von metaphysischer Transparenz. So blau ist das Meer, dass der Anblick des Wassers angesichts der verbrannten Erde etwas Aufreizendes besitzt.

Das Meer am Ufer ist mild und klar, über den Grund flackern helle, lichterne Muster. Gleißende Quader, die durch die kleinen Wellen zucken, ihre Form immerfort verändern: Dreiecke, Ovale, rasende Figuren aus Licht. Der Gang ins Meer hat immer etwas Besonderes, es ist der vorsichtige Marsch in die flüssige Fremde, tief verbunden mit dem Wunsch, sich zu versöhnen, getragen zu werden, um dann zu fliegen.

Ein Traum, nichts als ein Traum. Dann füllen sich die Lungen mit der warmen Luft, hoch bis in den Hals, Ägypten, das Gekreische, die Welt, alles erlischt. Über mir verschließt sich das Menschenreich mit einem letzten Schwappen, bleibt zurück, erstickt; dann fällt der Vorhang und trennt uns für immer. Nichts ist mehr zu hören, nichts als ein dumpfes, fernes Rauschen. Wo ist der Boden? Der Grund des Meeres? Wo eine Referenz? Es ist der Sinkflug in die Bläue, die Anmaßung, Fisch sein zu wollen. Doch dann geschieht das Wunder, und die Welt dreht sich um. Das Unten ist das Oben, das Oben das Unten.

Blick hinauf. Der Himmel thront hoch über mir, eine lichtdurchwirkte Sphäre, hellblau, silbern, von kleinen Wellen bewegt. Die Wasseroberfläche – von unten betrachtet. Zehn Meter unter Normal null drifte ich im Roten Meer, um mich herum nichts als das ungreifbare Nass. Neben mir hängt eine Leine im offenen Wasser, an der ich senkrecht und kopfüber hinabgetaucht bin. Ein kleines Bleigewicht ist am Ende der Leine befestigt, mit der rechten Hand halte ich mich daran fest.

Ich darf jetzt nicht panisch werden. Ruhig bleiben, möglichst wenig bewegen. Muss mit dem Restsauerstoff in meinem Blut sparsam umgehen, obwohl der ganze Körper nach Luft schreit. Atme! Atme! Anders als die meisten Taucher, trage ich keine Pressluftflasche. Bin befreit von Metall, Schläuchen, Ventilen. Lediglich mit Flossen, Maske und dünnem Neoprenanzug reise ich durchs Meer, den letzten Schluck Luft habe ich vor vierzig Sekunden an der Oberfläche genommen.

Zwei, drei seichte Flossenschläge genügen, um zurück nach oben zu gleiten, behutsam, wie in Zeitlupe. Hektik und schnelles Schwimmen würden jetzt nur noch mehr Sauerstoff kosten. »Beweg dich wie in Trance.« Das hatte Paganelli oben noch gesagt.

Noch sieben Meter. Am liebsten würde ich wie eine Rakete hochschießen, um sofort nach Luft zu schnappen. Stattdessen treibe ich beinahe regungslos hinauf zur Oberfläche. Beim Tauchen dieser Art ist Langsamkeit gleich Sparsamkeit, Energiesparen das oberste Gebot.

Wer kurz vor der gefühlten Ohnmacht steht, für den sind sieben Meter eine lange Strecke, zwanzig Sekunden eine erdrückende Ewigkeit. Dann durchbreche ich die Oberfläche, sauge den halben Himmel in mich hinein.

Etwas über eine Minute war ich unten. »Nicht schlecht, für den Anfang«, sagt Paganelli. Sie schwimmt oben neben der Boje, mühelos, als würde sie ohne Bewegungen im Wasser manövrieren können. In der Hand hält sie eine Stoppuhr. »Nur das Atmen und das korrekte Abtauchen müssen wir noch etwas üben.« Es sind die Worte einer Großmeisterin. Linda Paganelli, der Fisch.

Flach über das Wasser gepeilt, aus der Perspektive des Schwimmers, hat das Meer eine unbezahlbare Farbe. Petrol, jetzt mit dunklem Silber und Hellblau vermischt. Was für ein Spaß es ist, die Maske aufzusetzen, den Kopf unter Wasser zu halten und sich auf den Rücken zu drehen. Den Himmel, die Sonne, die Wolken betrachten, nur knapp unter Wasser liegend, nur einen Film Meer über einem. Die Welt wird zur Wasserfarbenwelt, zum tollkühnen Aquarell. Dieses Meer bringt jeden zum Spielen.

Dahab, am Rande des dreckigen Ägypten gelegen, ist einer der wenigen Orte der Welt, wo man das Apnoetauchen lernen kann. Mit ihrer schwedischen Kollegin kümmert sich Linda Paganelli hier um die Tauchbasis »Freedive Dahab«, eine bekannte Schule für Freitaucher, wie sich jene Aquanauten auch nennen, die nicht an der Flasche hängen.

Im Freitauchen liegt etwas Puristisches. Die alten Perlentaucher beherrschten diese Kunst vor Jahrhunderten, das Hinabschwimmen in die tropischen Meere, schlicht und beinahe ohne Hilfsmittel. Manche sehen darin sogar eine geistige Haltung, schon vor tausenden Jahren hielten indische Yogis die Luft an, um ihre Seelen zu reinigen.

Bekannt wurde Apnoetauchen durch den Kultfilm »Im Rausch der Tiefe«, in dem sich eine Amerikanerin in einen Franzosen verliebt, der längst ans Meer vergeben ist. Die Taucher in diesem Film rasen an Gewichtsschlitten hundert Meter und mehr hinab in die Tiefe. In der Realität jagen Profis heute noch weitaus unfassbareren Rekorden hinterher. Der Apnoetaucher Herbert Nitsch aus Österreich ließ sich in der »No Limit«-Disziplin an einem Schlitten auf 214 Meter Tiefe reißen und stieg an einem luftgefüllten Ballon wieder auf. Mit einem Atemzug. Derzeit traut sich keiner, diese Tiefenmarke zu knacken. Nitsch selbst will es bald auf über 300 Meter schaffen.

Doch beim Apnoetauchen messen sich die Aktiven in vielen Disziplinen. Beim Streckentauchen mit Flossen im Pool liegt der Rekord bei 250 Meter. Beim Zeittauchen – dem reglosen Verharren an der Oberfläche – hielt der Deutsche Tom Sietas zehn Minuten und zwölf Sekunden die Luft an. Utopische Werte, Vorstellungen zwischen Leben und Tod.

Beim Tieftauchen schaffte Sietas siebzig Meter, ohne Schlitten, nur mit Flossen. Offiziell werden solche Rekorde erst anerkannt, wenn der Taucher danach noch klar bei Verstand ist, und, natürlich, er muss leben. »Die Magie der Tiefe ist unbeschreiblich, allerdings besteht auch die Gefahr, für immer dort unten zu bleiben.« So steht es auf Sietas' Seite im Netz.

Wir Schüler nähern uns dem Sport gemäßigter. Die Kunst, wie ein Fisch durchs Wasser zu schwimmen, beginnt an Land, mit Atemübungen, mit Meditation. Darum geht es in erster Linie. Ruhe finden, den eigenen Körper herunterfahren. Die Schüler, am Beginn dieser Kur, liegen rücklings auf Matten in einem kleinen, weißgestrichenen Haus am Meer. »Wichtig ist die totale Entspannung«, sagt Paganelli, die neben den liegenden Schülern steht, sie trägt Schlappen und T-Shirt und hat braune, strähnige Haare. Freitauchen, sagt sie, sei vor allem *a mental thing*, Kopfsache.

Wir sollen durch den unteren Bauch einatmen, drei, vier Sekunden, gefolgt von doppelt so langem Ausatmen. Vor allem das ruhige und lange Ausatmen verlangsamt den Herzschlag. Die Schüler schließen die Augen, sollen versuchen, an nichts zu denken. Die gleiche Übung werden wir später im Meer wiederholen, bevor wir abermals hinabschwimmen.

Nach diesen Übungen erklärt Paganelli die Physik des Atmens, sie spricht ruhig und ernst, so ernst, dass niemand dumme kleine Witze in die warme Luft schickt, wie Erwachsene sie sonst gerne machen, wenn sie in solchen Kursen sitzen.

Paganelli sagt, dass nicht etwa der sinkende Sauerstoffgehalt im Blut uns zum Atmen reize. Vielmehr löse der steigende Kohlendioxidpegel den Atemreflex aus. »Die Natur hat uns eine Art Frühwarnsystem eingebaut.« So entstehe der Atemreiz, lange bevor wir neuen Sauerstoff wirklich benötigten. Unter Wasser fühlt sich das so an: Irgendwann verspürt der Taucher den Drang zu atmen, erst nur mental, im Kopf. Bald jedoch melden sich die Atemmuskeln, es kommt zum Zwerchfellflattern, einem Zucken in der Bauchgegend, das sich wie ein inneres Japsen anfühlt.

Diesen Reflex gilt es zu überlisten, zu ignorieren. Denn tatsächlich kann der Taucher noch einige Zeit unten bleiben, auch wenn der Körper längst nach Luft giert. Erst später kann es zu motorischen Störungen kommen, zur Ohnmacht oder Schlimmerem. Die Kunst liegt darin, den eigenen Körpern gut zu kennen, seine Grenzen durch Training, Technik und Konzentration immer weiter auszureizen.

Zeit, erneut ins Wasser zu gehen. Wir legen die Anzüge an, schnappen uns Maske, Schnorchel, Flossen. Kleine Wellen schlagen gegen die Maske, wir drehen uns um, schwimmen rückwärts und kräftesparend in tieferes Wasser. Doch diesmal sollen wir nicht abtauchen. Stattdessen toter Mann spielen, regungslos auf dem Bauch an der Wasseroberfläche treiben. Arme und Beine hängen bald schlaff im Nass, Kopf unter Wasser, nur Rücken und Schnorchel lugen hervor.

Wieder tiefes und gleichmäßiges Atmen durch den Bauch, minutenlang, Meditation im Meer, gemächlich von den kleinen Wellen gewogen, so dümpeln wir an der Oberfläche. Es ist wie der Fall in eine tiefe Ruhe. Hier im Meer lässt sich viel besser entspannen als irgendwo an Land.

Paganelli schwimmt neben uns, sie sagt: »Wenn ihr so weit seid, könnt ihr anfangen.« Wer nun ganz bei sich selbst ist, atmet noch zweimal kräftig aus, saugt anschließend alle erdenkliche Luft in sich hinein, hält den Kopf unter Wasser – und verharrt. Kurz darauf liege ich bäuchlings im Meer wie ein Toter, der bis zum Bersten mit Luft gefüllt ist. Doch aus dem Liegen wird bald ein Schweben, aus Sekunden ein zeitloses Vakuum, der Körper getragen, sein Gewicht verflogen, dann drifte ich hinfort in ein inneres Nichts.

Nach einer Minute berührt Paganelli mich mit einem Finger zart am Nacken. Das Zeichen, dass ich dort noch leicht verkrampfe. Ich soll alles locker, mich völlig fallen lassen. Kein Muskel darf sich mehr spannen, nicht mal ein Verziehen der Mundwinkel soll Energie und Sauerstoff verbrauchen.

Das Resultat der Entspannungsübung im Meer ist verblüffend, dank Bauchatmung und Konzentration werden die Zeiten immer besser. Der erste Schüler hebt seinen Kopf nach einer Minute und vierzig Sekunden aus dem Wasser, James, ein Engländer mit zotteligen Haaren und rundem Bauch. Der zweite schnappt bei zwei-zehn nach Luft. Anna aus Schweden schafft zwei Minuten zwanzig Sekunden, Johann aus Hamburg fast drei Minuten. Als ich, tief nach Luft schluckend, den Kopf aus dem Wasser nehme, blicke ich Paganelli mit der Stoppuhr in der Hand an. *Two minutes forty*, sagt sie, mehr sagt sie nicht.

Keiner der Schüler hat jemals zuvor so lange die Luft angehalten. Die Badewannenzeiten aus Kindertagen sind verdoppelt, verdreifacht. Stilles Staunen in den Gesichtern.

Nachmittags schwimmen wir weiter hinaus. Die Geräusche am Strand verflachen, die Musik an den nahen Bars, das Kreischen der ägyptischen Nippeshöker an den Buden. Paganelli bringt erneut die aufblasbare Boje aus. Beim Blick durch die Maske sehe ich, wie die Leine tief hinabfällt ins grüne Blau, weiter unten ziehen Schwebeteilchen und Plankton durchs Meer. In der Tiefe verliert sich die Leine, absorbiert vom Meer, das Gewicht ist nicht mehr zu erkennen. Es hängt zwanzig Meter unter der Oberfläche, das angepeilte Ziel dieses Kurses. Für Leute wie Paganelli ein Witz, für uns eine brutale Durststrecke in die Atemlosigkeit.

Wieder absolvieren wir die Übungen, entspannen, meditieren an der Oberfläche. Wer so weit ist, gibt ein Zeichen und taucht hinab. Ich pumpe meine Lungen bis zum Anschlag voll, inhaliere bis in den Hals, fülle sogar meinen Rachen, meinen Mund mit Luft. Dann beuge ich den Oberkörper nach vorn und schwimme nach unten.

Der Organismus scheint innezuhalten, das Seil die einzige Orientierung. »Schaut nicht nach unten, entspannt den Nacken«, hatte Paganelli als Letztes gesagt.

Völlige Stille. Ich scheine im Meer zu versinken, vielleicht auch in mir selbst, während ich langsam weiter nach unten vordringe. Am Seil ist irgendwann eine kleine Markierung zu sehen, zehn Meter, die halbe Strecke nach unten ist geschafft. Aber das ist schon der falsche Gedanke. Denke an nichts!

Ich schließe die Augen, fliege weiter hinab. Der Körper sinkt, nun fast ohne eine Bewegung. Durch den Wasserdruck schwindet der Auftrieb, Lungen und Lufträume im Körper sind schon auf weniger als die Hälfte des Normalvolumens zusammengepresst. Siebzehn Meter. Der eigene Herzschlag will sich im Meer auflösen.

Dann ist das Gewicht erreicht. Ich wende, treibe aufrecht im Wasser, entnabelt, entrückt, ich verharre. Beim Blick nach oben sehe ich die Oberfläche. Nur noch ein weites Dach aus Licht, ein Himmel aus Silberpapier. Die Struktur der Wellen ist kaum mehr zu erkennen. Die Beine, die Körper der anderen Taucher sind nur noch schwarze Klümpchen, die an einem fernen Firmament kleben. Der Aufstieg wird ein Kampf gegen ein inneres Schreien, gegen die Sucht nach Luft.

Eine kleine Minute und zwanzig Sekunden ist es mir vergönnt, frei und schwerelos durchs Rote Meer zu schwimmen, bevor ich zu explodieren drohe. Eine konzentrierte Ewigkeit und eine Reise in eine seltsame, kostbare Ruhe. Keine Atemblasen stören den Flug, nichts, was die Sinne ablenkt. Die Hektik der Welt Millionen Kubikmeter weit weg.

Der Anfang ist gemacht. Apnoetaucher wollen keine Fische gucken. Sie wollen nur für eine gewisse Zeit im Meer versinken.

Doch ab hier warten Jahre des Übens und geduldigen Trainierens; das richtige Schwimmen, das perfekte Abtauchen, die Kunst, möglichst widerstandslos nach unten zu gelangen, ohne ein Quäntchen unnötiger Energie zu verschwenden. Die Tiefen Meter um Meter zu verbessern, dem Organismus Sekunde für Sekunde dieses atemlosen Innehaltens abzuringen.

Das Pilgern in eine andere Welt.

Nach dem Kurs sah ich Paganelli das letzte Mal. Sie saß am Strand, neben ihr lag ein Buch im Sand, aber sie las nicht. Paganelli war barfuß, sie trug eine schwarze Sonnenbrille, ihre Haare ein braunes, nasses Bündel auf dem Kopf.

Am Morgen war sie am Blue Hole gewesen, einem Loch im Riffdach, einem über hundert Meter tiefen Korallenschlund, in dem schon Dutzende Sporttaucher zu Tode gekommen sind und noch immer auf dem Meeresgrund liegen, weil einige Verwandte nicht wollen, dass sie geborgen werden.

Worin liegt der Reiz des Apnoetauchens?

Paganelli antwortete nicht sofort, überlegte, die Zeit dehnte sich. Schließlich sagte sie, dass sie nicht mehr genau wisse, worin für sie der Reiz läge. Dann sagte sie, dass es sehr schön sei, eine Einsamkeit, die einen gelegentlich überkäme, wenn man weit genug hinabtauche. Dann sagte sie nichts weiter.

Neben Paganelli lag ihre riesige Monoflosse, lag im Sand wie ein Stück Fisch. Ein außergewöhnliches Sportgerät. All das Unterrichten, fuhr Paganelli fort, sei anstrengend. Wenn Wettbewerbe anstünden, müsse sie sich drei, vier Monate vorbereiten, dann würde sie keine Kurse geben, weg vom Lauten, dann würde sie am liebsten keine Menschen mehr sehen.

Sie möge die Frage bitte entschuldigen, aber ich würde doch gerne wissen, wie tief sie schwimmen könne – aus dem Stegreif, ohne zu trainieren. Einfach nur zum Spaß, ohne Schlitten, nur mit Flossen und völlig frei.

Paganelli überlegte, dann entschied sie, mich leben zu lassen. Sie fixierte mich und antwortete ohne Umschweife und ohne Eitelkeit.

Ich kann problemlos auf sechzig Meter Tiefe tauchen, umkehren und wieder auftauchen. Ohne Flaschen, ohne Training und mit nur einem Atemzug. Einfach so.

Paganelli hielt kurz inne, saß im Sand.

Aber mich interessieren keine Tiefen, verstehst du? Ich tauche nur gern tief genug hinab, bis die Geräusche nachlassen und das Wasser dunkler wird. Dann halte ich meinen Körper an. Ich habe da unten keinen Auftrieb mehr. Ich schwebe einfach nur in der Tiefe und blicke nach unten oder zur Seite in die Weiten. Ich mag es, in dieses Blau zu schauen.

Paganelli sah kurz zur Seite, dann blickte sie mir wieder in die Augen.

Ich trage keinen Tiefenmesser.
Ich trage auch keine Uhr oder dergleichen.

Aber ich spüre immer, wann es Zeit ist, wieder umzukehren. Du verstehst doch, oder?

Ich fand, dass diese Antworten reichten. Auf die Frage, was Linda Paganelli da unten im Meer empfindet, verzichtete ich.

Apnoetauchen

WAS SIE WISSEN SOLLTEN

Apnoetauchen, auch Freitauchen genannt, kann gefährlich sein. In den Zeitungen sind gelegentlich diese Randmeldungen zu lesen: »Kind stirbt nach Luftanhalten.« Was die Racker als Mutprobe und Spielerei wagen, kann tödlich enden. Das Gehirn mag es nun einmal nicht, lange ohne Sauerstoff zu sein. Und Herz, Leber, Lungen, Nieren, Blutbahnen natürlich ebenso wenig.

Doch gerade beim Apnoetauchen wird der Körper stark belastet und die Sauerstoffzufuhr bewusst für eine gewisse Zeit unterdrückt. Im Grunde der gezielte Wahnsinn, unter Wasser, ohne Ausweg. Nicht wenige Apnoetaucher sind gestorben, andere trugen Lähmungen davon. Auch diese Schlagzeilen kennen wir aus den Zeitungen.

Nun muss nicht gleich abwinken, wer es doch einmal probieren möchte. Sie wollen schließlich nicht sofort in große Tiefen vordringen. Im Gegenteil. Zunächst dreht es sich ja um Meditation, um gesundes und bewusstes Atmen – an Land, an der Wasseroberfläche. Eine wirklich gute Übung übrigens. Und für all jene eine Alternative, die Yoga nicht mögen und bei denen sich Skepsis und Esoterikalarm einstellt, sobald ihnen Worte wie *Meditationskurs* oder *Tiefenentspannungsseminar* zu Ohren kommen. »Ich lerne jetzt Apnoetauchen!« Das hört sich schon sportlicher an.

Auf jeden Fall sollten Sie vorher zum Arzt gehen, wenn Sie nach den Meditationseinheiten letztlich doch abtauchen wollen. Lungen testen, Kreislauf, Herz. Auch die Nasen- und Ohrenorgane sollten Sie untersuchen lassen, denn all die Hämmerchen, Trommelfelle und Luftwege im Schädel werden beim Apnoetauchen arg belastet. Ein Schüler tauchte während meines Kurses aus vierzehn Meter Tiefe wieder empor und sagte, es höre sich dabei an, als spiele in seinem Kopf jemand Trompete. Schuld waren Probleme beim Druckausgleich, womit viele Anfänger ihre Schwierigkeiten haben. Dann bekam der Schüler Nasenbluten und entschied sich vernünftigerweise dazu, den Kurs abzubrechen.

Zwei Tipps sollten Sie als Anfänger darum dringend beherzigen. Erstens: Informieren Sie sich gründlich über Ihren Gesundheitszustand sowie über die Risiken des Sports. Und zweitens: Treiben Sie es nie zu doll, sprich – gehen Sie beim Luftanhalten niemals zu weit!

Was Sie können sollten

Sie sollten das Meer mindestens sehr, sehr mögen. Und nicht nur, weil Sie so gerne in den Sonnenuntergang blicken und den Sundowner am Strand genießen. Nein, wer Apnoetauchen lernen will, sollte den starken Drang verspüren, in das Meer hineinzuspringen, in ihm zu schwimmen, zu kraulen, zu planschen, zu wühlen, zu spielen, zu spritzen, sich in ihm zu drehen, zu wenden und nach Herzenslust darin zu bewegen. Kurz: Sie sollten sich im Wasser pudelwohl fühlen und sehr gut schwimmen können. Ansonsten – vergessen Sie das Freitauchen besser sofort wieder.

Wer sich nicht ganz sicher ist, ob seine Schwimmfähigkeiten genügen, dem schlage ich vor, Folgendes auszuprobieren: Suchen Sie ein Schwimmbad auf, hüpfen Sie ins Becken der Turmspringer, da ist das Wasser schön tief, meistens um die fünf Meter. Holen Sie Luft und tauchen Sie auf den Grund. Dort blasen Sie nun alle Luft aus den Lungen, reduzieren so den Auftrieb und setzen sich im Schneidersitz auf die Kacheln. Sagen Sie nun im Geiste ein mindestens vierzeiliges Gedicht auf, ohne hektisch zu werden. Erst dann dürfen Sie zurück nach oben schwimmen. Wer das problemlos schafft, darf mit dem Apnoetauchen liebäugeln.

Wie hart ist es wirklich?

An dieser Stelle einige Sätze zum Schwimmen. Ich will nicht protzen, Ihnen wohl aber dabei helfen, das Apnoetauchen für sich persönlich einzuschätzen. Ich beispielsweise kann, wie bereits erwähnt, tausend Meter in circa zwanzig bis zweiundzwanzig Minuten schwimmen. Dabei kraule ich etwa zwei Drittel der Strecke. Auch tauche ich gern, kann problemlos über Kopf einmal quer durchs Becken schwimmen, Purzelbäume unter Wasser schlagen, rückwärts, vorwärts, und mich in fünf Meter Tiefe kopfüber auf den Grund stellen. Kurz: So sehr ich Spazierengehen, Klettern und Bergsteigen verschmähe, beim Wandern und Joggen blitzartig keine Lust mehr verspüre und haltlos schnaufe – so liebend gern halte ich mich im Wasser auf.

Und doch war es eine beträchtliche Herausforderung, tiefer als vierzehn Meter zu tauchen. Die Strecke wird lang und länger, besonders zum Schluss zieht es sich gewaltig. Beim Auftauchen scheint die Oberfläche bereits wieder zum Greifen nah zu sein, und doch folgt noch Meter auf Meter auf Meter.

Hinzu kommt, dass der Aktive zu keinem Zeitpunkt kurzerhand auftauchen kann, schließlich ist er senkrecht hinabgetaucht. Dies ist bei einer Tiefe von zwanzig Metern gewöhnungsbedürftig, vor allem eine Kopfsache. Vierzig Meter in der Horizontalen zu tauchen ist bereits eine solide Leistung. Doch hier ist diese Distanz vertikal zu bewältigen – zwanzig Meter nach unten, zwanzig wieder nach oben. Unterwegs gibt es keine Alternative zum Abbruch.

Einen Faktor von sieben bis acht halte ich darum für angebracht. In einem hautengen Neoprenanzug zu stecken, eine Maske zu tragen und in zwanzig Meter Tiefe freiwillig zu testen, wie sich der Erstickungstod anfühlt, das ist nicht nach jedem Geschmack.

Informationen

Viele Tauchvereine bieten das Apnoetauchen an und trainieren regelmäßig im Schwimmbad – ohne dabei gleich Rekorden nachzujagen oder Risiken zu suchen. Es geht ihnen vor allem darum, den Körper zu trainieren, fit zu bleiben oder dies zu werden. Freitauchen eignet sich gut hierfür, wie viele andere Sportarten auch.

Im Meer und auf größeren Tiefen wird das Erlernen dieses Sports jedoch selten angeboten. Ich habe bei meinen Recherchen keine andere Schule gefunden, die das Freitauchen gezielt im Ozean lehrt, als jene von Frau Paganelli in Dahab am Roten Meer. Eine wirklich nette Tauchbasis übrigens, geführt von Expertinnen, die regelmäßig in den weltweiten Ozeanen auf extreme Tiefen gehen und bei den Wettkämpfen zu einer kleinen, eingeschworenen Szene gehören. Jenen Tauchern, die, wie auch immer, imstande sind, hundert Meter und mehr in den Meereskeller hinabzufliegen.

Schüler sollten mindestens achtzehn Jahre alt sein und sehr gut schwimmen können. Gelehrt wird zunächst Theorie, danach die

Technik des Atemanhaltens und Entspannens sowie das Abtauchen auf zehn, im zweiten Kurs auf zwanzig Meter. Im zweiten Kurs werden auch Sicherheitsregeln, Rettungs- und Schwimmtechniken vermittelt. Wer sich wirklich für diesen Sport interessiert, gibt diese Adresse ein: *www.freedivedahab.com*

Kosten

Die Ausbildung erfolgt zum Glück streng nach den Richtlinien des Verbands AIDA, der auch Weltmeisterschaften und andere Wettbewerbe im Freitauchen austrägt und überwacht. Die Kurse für Anfänger heißen AIDA *One Star* und dauern einen Tag. Die Kurse mit dem Abschluss *Two Star* nehmen zwei bis drei Tage in Anspruch. Die Preise liegen bei 75 beziehungsweise 210 Euro. Etwas teurer als eine Yoga-Stunde, aber dafür zappeln Sie auch nicht in einer Turnhalle herum wie ein Fisch auf dem Trockenen.

Der kleine Lord

Gefangen im mächtigsten Pilgerstrom Indiens

ANDHRA PRADESH

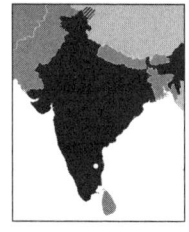

Es dürfte ein mitreißender Tag werden, eine Million Inder wollen in den Himmel. Lord Venkateshwara, mächtigste Inkarnation Vishnus, wird heute die Pforten ins Paradies öffnen. Oben in den Bergen von Tirupati ist die Hölle los.

Schon unten in den Dörfern und auf den Zufahrtsstraßen verdichten sich die Massen. Blinde, Kühe, Taxis, Busse, Rikschas, Ziegen, Buden, Baracken. Laster mit Menschenbergen. Dicke auf Sänften, flankiert von dürren Greisen, die barfuß laufen und seit Stunden im schreienden Gebet absorbiert sind. Mitten im Strom: Polizisten, Elefanten, Pferde, Ochsen. Der Krach und die Ramschhändler, die am Wegrand Plüschaffen, Götter und Plastikhubschrauber verkaufen. All das. Derart wälzen sich die Karawanen die Berge hinauf. Mahlströme unterwegs zu Gott.

Vom Moloch Madras, von Osten her kommend, gelangen die Pilger durch ein Dorf, dessen tamilischer Name zehn Zentimeter lang ist und unaussprechlich. Eine schattengeflutete Vorwelt, ein stinkendes Dschungelkaff am Fluss und eines von mehreren Sammelbecken. An diesen Sammelbecken bündeln sich die Hauptströme ein erstes Mal und ziehen weiter zur Heiligenfigur.

Auf dem Südweg zum Tempel drifte ich in einem Meer von Menschen; und das Meer schwillt weiter an. Die Gläubigen fließen aus ganz Indien. Aus dem Norden, dem Süden, den Städten, den Dörfern, aus den letzten Ritzen. Heute wird sich über die Heiligenstätte auf den Hügeln von Tirumala eine Sintflut ergießen. Einer der gewaltigsten Pilgerströme des Subkontinents.

Es ist Vaikunta Ekadasi. Jener Tag im Januar, an dem die Sonne ihre Strahlen wieder gen Norden schickt und Licht wirft auf die Gesichter der Götter. Jenes Datum, an dem die Hindus seit Urzeiten Opfer bringen und ihre großen Heiligen um die letzte Erlösung ersuchen.

Salesh ist nervös. Haut wie schwarze Erde, Beine wie Besenstiele. Salesh, das schaukelnde Skelett. Vierzehn Jahre lang hat er auf den Straßen Delhis Reifen geflickt, um die Reise ins südliche Andhra Pradesh bezahlen zu können. Aber heute ist er hier. Es ist der Tag der Tage. Diesen Morgen hat er sich im Fluss die Sünden vom Leib gewaschen, sich mit dem Staub der Mandalaye-Blüte bestrichen, und nun ist er bereit.

Wer es heute schafft, vor die Gottstatue des Lord Venkateshwara zu treten, der wird nicht als Ratte wiederkehren, nicht als Schrotthändler, nicht als Krüppel. Der wird nach dem Tod senkrecht gen Himmel fahren, dies selig und begütert, garantiert und ohne den Umweg einer lästigen Wiedergeburt. Sie glauben fest daran.

Alle kennen die Geschichte, die sich um den Superstar der Hindugötter rankt wie pure Verheißung. Alle wissen, dass der Diener Rangadasa den Lord hier oben einst vorfand, in Wind und Regen darbend, nur von den Schwingen Garudas behütet. Und Rangadasa, der treue Jünger, schuftete, türmte einen schützenden Steinwall auf und brachte fortan Blumen.

Eines Tages aber ließ sich Rangadasa, der Gottesretter, von König Gandharva und seinen sündigen Gespielinnen verwirren. Die Blumen? Vergessen. Doch Lord Venkateshwara ist groß. Groß im Verzeihen und groß in der Güte. Und so verzieh er. Versprach dem abtrünnigen Rangadasa gar die Wiedergeburt als königlicher Provinzherrscher, gestopft mit Luxus.

Die Mythenwelt des hinduistischen Pantheons ist bunt. Geschwängert von irren Geschichten und wilder Fantasie. Aber diese Nummer zieht besonders. Vergebung, Reichtum, das Paradies: Lord Venkateshwara wird es bescheren, und darum fließen sie aus allen Ritzen, nackt bis auf die Dhotis und die wehenden Lendentücher, weihrauchumnebelt und Kokosnüsse, Reissäcke und andere Opfergaben auf dem Kopf balancierend.

»Ich muss da rein«, sagt Salesh, und seine Augen hetzen über tausend Gesichter. Er muss heute bis zum Erlauchten vordringen. Die Stufen im Sanktum erreichen. Sie berühren, küssen, dem Gebieter ins Antlitz beten. Muss sich irgendwie in den Zentralschrein schwemmen lassen, tief hinein ins Herzen des Tempels. Bis zu dem dunklen Verlies, wo die Prunkstatue des Venkateshwara seit Jahrhunderten thront. *Darshan* nennen sie den erlösenden Moment: das Erblicken Gottes.

Auf Saleshs dunklem Gesicht steht Schweiß. Perlen glitzern auf seiner Stirn zwischen den beiden Streifen aus verbranntem Kuhdung, heiliger Asche, dem Signum Vishnus. Dreimal haben sie ihn schon abgewiesen. Zu voll. Keine Tickets mehr. Überall Menschen.

Im Gewimmel der Südzugänge steckt Salesh einem Schwarzhändler tausend Rupien zu. Sich einen Weg ins Tempelinnerste erschmieren? Aber ja doch! Bitte, bitte. Nur irgendwie zu Ihm gelangen. Wer es bis in die frühen Morgenstunden nicht geschafft hat, muss ein Jahr warten. Muss im schlimmsten Fall ein weiteres Leben lang schuften, erneut die Anreise auf sich nehmen oder fürchten, ein nächstes Dasein als Bettler im Dreck zu kriechen.

Der Gottessitz auf den grünbewaldeten Höhen von Tirumala ist reich. Nach dem Vatikan die reichste Heiligenstätte der Welt, sagt man. Der Tempel des Venkateshwara verleibt sich inzwischen mehr Pilger ein als Rom und Mekka. Schon an normalen Tagen strömen bis zu dreihunderttausend. Aber heute, heute ist Vaikunta Ekadasi. Heute werden es eine Million sein.

Ich werde Salesh nie wiedersehen. Werde nie erfahren, ob er die Aussicht aufs Himmelsreich mit nach Hause nehmen wird. Am südlichen Gopuram, dem Tempelturm mit den tausend Fratzen, verschluckt ihn das Meer.

Es sind zu viele, die heute den Weg in die heiligen Berge finden. Durchs staubige Tirupati, mit seinen Hökern, Absteigen und flackernden Neonfronten. Vorbei an den Kontrollposten, die die anstürmenden Busse und Autokolonnen nach Alkohol und Zigaretten durchstöbern, weil fünfzehn Kilometer um Gott Reinheit herrschen muss. Die steilen Serpentinen rauf, auf denen sich die Gläubigsten und die Krüppel zu Fuß hochschleppen. Der Fußmarsch ist ihnen heilig, Symbol für das Durchschreiten der irdischen Finsternis.

Oben auf dem geweihten Terrain stinkt es. Zu viele, die in die Ecken machen. Zu viele, die ihre Bananenblätter, von denen sie ihren Reis essen, wegschmeißen. Zu viele, die am Wegrand neben Pfützen warten und schlafen. Die großen Unterkunftsblöcke, die sie hochgezogen haben, reichen nicht. Nicht die Hotels. Nicht die riesigen Schlafgaragen, in denen die Ärmsten auf dem Weg zur großen Audienz kostenlos ruhen dürfen.

Sanitätshäuser haben sie errichtet, Urinale, TV-Stationen und Druckereien. Druckereien, die Broschüren drucken, in denen geschrieben steht, wie man die *Free Queues*, die längsten Warteschlangen zu Gott, drei Tage lang stehend, kniend und liegend überlebt. Sie verteilen Prospekte. Prospekte, die verraten, wann die Götzenfigur mit dem teuersten Juwelenschmuck der Welt gesalbt wird; Flugblätter, die zum Lobgesang rufen: »O Gott der sieben Hügel! Es gibt keinen mächtigeren, keinen höheren Gott als Dich!«

Eine Frau streckt mir ihre Hände entgegen. Sie ist eines dieser Wunder, die Indien im Gestank immer wieder zum Leuchten bringen. Die Frage nach ihrem Namen versteht sie nicht. Weil sie kein Englisch spricht und weil ihr Name in diesem Leben nicht gefragt ist.

Sie trägt ein zerfetztes Stück Stoff, ihre Füße, ihre Haut sind vernarbt und zerrissen. Doch ihr Gesicht. Es ist extrem fein gezeichnet, es ist ernst und von so schmuckloser Schönheit, dass jede goldene Gottheit verblassen muss. Sie will Geld. Sie fleht. Die Bettler wimmern um ein paar Rupien Gnade, weil das mit der Gnade auf heiligem Boden besser funktioniert.

Auf dem Vorplatz zum Tempel hocken Tausende. Alte, Junge, Greise. Leiber in allen Brauntönen, Mahagoni, Teak, schwarzes Kittul. Die Menschen säumen Reihen von Ramschbuden, die Plastikgötter verkaufen, Räucherstäbchen und lamettabehängte, blinkende Mini-Schreine. Es ist die kreischende Fassade des Hinduismus. Ein Rausch aus Kitsch.

Es bleiben noch sechzehn Stunden für das göttliche Rendezvous – und ich werde dem Lord heute gegenübertreten dürfen. Doch bevor mich die Tempeleingänge einsaugen werden, brande ich an den Kahlgeschorenen vorbei.

Ramudha trägt Oberhemd, Flanellhosen, er ist aus der Business-Stadt Bangalore angereist, er ist ein *modern man*, und heute hat er sich für den Lord den Schädel rasieren lassen. Der Lord mag das. Die Tonsur ist das innigste Opfer. Zeichen der Demut, Geste der Unterwerfung.

Im Kalyana Katta, einem weißen, kargen Bau, kauern siebenhundert Frisöre auf vier Etagen und scheren von morgens bis abends die Schädel des nicht verebbenden Ozeans. Ramudha kommt die Treppen hinab, im feuchtgrünen Neonschein, und befühlt seine klamme helle Kopfhaut. Sein Schädel glänzt vom Bad im Pushkarini-Becken. Das heilige Nass des Brunnens hat seine Gedanken reingewaschen.

Ob er weiß, was sie mit den Tonnen dicker, schwarzer abgeschnittener Haare machen? Ob er weiß, dass sie die hauptlosen Mähnen von Frauen und Männern verpacken und für Millionen Dollar im Jahr verschicken? Nach New York, nach Tokio, in jene Welten, in denen Hair Extensions und prächtige schwarze Echthaarperücken so gefragt sind? Ja, Ramudha weiß das. Er ist Hindu und ein *modern man*, und er entwaffnet westliche Besserwisser, wie es nur die Inder beherrschen: »Warum sollte der Tempel die Haare nicht verkaufen? Lieber Geld machen als Müll. Davon haben wir schon genug.«

Ein Uhr mittags am Tage der Tage. Vor den Südeingängen, vor den Hauptschlünden in die göttlichen Abgründe, kleben die Leiber längst aneinander. Seit Stunden dröhnen die Refrains der Brahmanen auf die Massen herab. Mitten im Gewühl hat ein alter Mann seine Augen geschlossen, seine Hände vor der Stirn gefaltet. Seit wie vielen Stunden mögen seine Lippen schon zittern, im hämmernden Zwiegespräch mit dem Allmächtigen?

Die Ehrfurcht vor Gott durchdringt alle Herzen, doch dies wird die Masse erst am nächsten Tag in den Zeitungen lesen. Abseits der schiebenden Schlangen, in der tempeleigenen Thulabharam-Halle, sitzt der Minister für urbane Entwicklung aus Karnataka, D. K. Shiv Kumar, und lässt seinen neugeborenen Sohn in Gold aufwiegen. Heute lockt der Himmel, und vier Kilo Mensch bringen vier Kilo Gold. Der Minister wird die Priester bitten, sein gespendetes Gold zu schmieden, es in tragbaren Prunk verarbeiten zu lassen. Ornamente, Ketten, Kronen, um die Gottstatue des Venkateshwara mit immer neuem Schmuck zu überschütten.

Das Paradies verlangt Opfer. Alle wissen das. Die Armen, die Kerzen bringen und duftenden Nektar. Die Blinden, die nichts schenken als ihre Gesänge. Und der Präsident einer Wohlfahrtsorganisation, der sich heute für die Barmherzigkeit Gottes von einem saphirbestückten Collier trennt.

Ich werde nichts schenken, aber ein ausländischer Pass wirkt Wunder. Beim fünften Versuch, in den Haupttempel vorzudringen, halte ich das irdische Dokument einem Aufpasser vor die Nase. Am Osteingang schließlich drückt mich der Mann ins Gerammel und ruft: »Go, go, go!« Die Wächter der nächsten Pforte lassen mich passieren, und dann, ein

Mysterium, rutsche ich mit den Fluten auf einmal hinein, immer tiefer hinein Richtung Gott.

Was macht ein Fremder hier? Ein einsamer, weitgereister Gläubiger? Sie jubeln, sie reichen mir die Hände, weil der Lord alle Kreaturen liebt, und eingekeilt zwischen Barfüßigen und Kahlköpfigen muss ich nun einem Offiziellen hundert Rupien zahlen und eine Unterschrift leisten. Muss schriftlich beteuern, an den Lord zu glauben. Dann darf ich weiter. In die Keller des *Vaikuntam Queue Complex*, der unterirdischen Vorhalle zum Tempel, dem wimmelnden Vorhof zum Gott der Götter. Dort hinunter, wo sich die Massen endgültig komprimieren für den irrwitzigen Endspurt zum heiligen Schrein.

Das Warten wird zum Schmerz, denn von nun an führen sechs Gänge durch die Katakomben. Sechs enge Schläuche, durch die das Meer weitergepumpt wird und in denen sich die Körper ineinanderfräsen. Diese Schläuche dienen dazu, den Ansturm zu bremsen und die Gläubigen der Gottfigur in Schüben zufließen zu lassen. Und diese Warteschläuche, die sich wie Krakententakeln zu Gott winden, sind vergittert. Vergittert wie Raubtierkäfige. Einmal von ihnen verschlungen, gibt es kein Entrinnen mehr, kein Vor und kein Zurück. Diese Vorkehrung ist nötig. Sonst würden sich die Menschen gegenseitig zermalmen.

Stunden quälen wir uns voran, dicht an dicht, barfuß über kalten Stein. Die Menschen stehen, schweigen, dösen. Wer eine Nische ergattert, hockt sich nieder. Eine Frau lehnt ihr Kleinkind an die Schulter eines Mannes, weil sie es nicht mehr tragen kann. Dann beginnt das Kind zu schreien, weil jetzt wieder eine Schleusentür geöffnet wird und die Menschen sich eine Sektion weiterkneten und vorwärtsschmirgeln. Draußen vor den Gittern drängeln die fliegenden Händler. Sie reichen Trinkwasser durch die Stäbe, verkaufen Tee und zuckersüße Teigbällchen hinein in den voranquellenden Strom.

Und dies ist die Luxusschlange. Die Röhre der Betuchten, die sich umgerechnet einen Euro siebzig für den gemäßigten Vormarsch zu Gott leisten können. Nur etwas weiter, in den Nebenröhren, treiben die Mittellosen. Dort schwitzen und pressen noch ein paar Zigtausend im Sog Gottes.

Saurav ist ein höflicher Mensch mit trüben Augen, wir stehen dicht, seit Stunden streichelt sein warmer Atem meinen Nacken. Was treibt ihn zu diesem göttlichen Marathon? Der halbblinde Gewürzhändler aus Kerala versucht mir die drangvolle Zauberwelt zu erklären, der alte Mann antwortet freundlich und offen: »Der Lord verleiht Kraft, viel Kraft. Wenn du vor Ihm stehen wirst, wirst du es spüren – He is a powerful God.«

Und dann rutscht dem Besserwisser wieder so eine törichte, westliche Frage heraus. Was ist, wenn es Feuer gibt? Hier, in diesen Schläuchen ohne Ausgänge, ohne Vor und ohne Zurück? Saurav blickt ruhig und sanft und antwortet: »Hier bei Ihm, mein Sohn, wird es kein Feuer geben.«

Das Warten wird endlos und unerträglich. Das Klammern an die Gitter, die dunklen Winkel, die Köpfe, die Füße, die alte lederhäutige Frau, die längst gehalten werden muss, der Menschengeruch und der Wunsch nach Gehen und nach Urinieren.

Doch irgendwann, nach den Röntgengeräten der Checkpoints, nach den letzten Kontrollen, nach zehn Stunden Eingequetschtsein, beginnt Saurav zu beten. Denn gleich wird sich das Hauptportal auftun. Wird der röhrende Singsang der Nagaswaram-Bläser ertönen, werden die Fackeln brennen und sich die Brahmanen unter Blumen und Girlanden drehen. Fünfzig Meter weiter, dort, wo sie sich langsam zur vordersten Front verquirlen, fiebern die Pilger jetzt ihrem *Darshan* entgegen. Dem Moment des Gottsehens.

Es ist neun Uhr abends, am Eingang zum Haupttempel schwappen die Gläubigen nun in eine lärmende, schrill dekorierte Welt. Immer tiefer dringen sie ins Innerste vor, wälzen sich hysterisch ihrem Gebieter entgegen. Doch zunächst kommen die Vorgötter. Eine Frau kniet nieder vor dem Emperor of Vijayanagaram, einer glotzenden Steinfigur. Die Frau tut dies schnell und hektisch, um nicht aus dem finalen Strudel zu Gott hinausgeschleudert zu werden.

Das Gold. Hinter der Statue von Raja Todarmul erhebt sich die gleißende Decke der Dhwajastambham-Halle. Uralte Gravierungen, fratzenköpfige Himmelswächter stieren von oben hinab, während den Menschen zu Füßen ein Fakir über den Boden schlingert. Der Mann ist in Trance, rollt bis aufs Lendentuch entblößt durch Lachen und über feuchten Stein, und dann schäumen die Emotionen über, denn einsehbar über all den Köpfen wird nun das Bangaruvakili. Das goldene Portal zum Zentralschrein.

Garuda fliegt vor diesem letzten Tor mit weiten Flügeln in die hinduistische Ewigkeit, und dann stolpern die Pilger an vierzehn Wachposten vorbei, denn nun sickern wir ins sanctum sanctorum und sind vom reichsten Gott Indiens nur noch Meter entfernt.

Man kann Ihn sehen. Von Tempelpriestern bewacht und mit heiligem Ghee, Kuhbutter, gesalbt, am Ende eines zehn Meter langen dunklen Korridors, in einer von Flammen erhellten Nische thront Lord Venkateshwara.

Und dann darf ich vor Ihn.

Der große Lord ist klein. Ein Meter pures Gold, bis zur Unkenntlichkeit verziert und mit Schmuck überhäuft. Die Figur hat einen winzigen Kopf, und aus ihrem Körper wachsen vier Arme und vier Hände.

In der oberen Rechten hält der Gott das *Chakra*, das Rad der Zeit. In der oberen Linken eine Muschel, Symbol der Veden. Die untere Rechte zeigt auf die Füße, Aufforderung, sich zu unterwerfen. Und die untere linke Hand, sie reicht herab auf den flachen, vor eintausenddreihundert Jahren geformten Schenkel der Figur.

Es ist die ersehnte göttliche Geste: Sinnbild dafür, dass der Zyklus aus Tod und Geburt keine höllische Endlosschleife ist. Dass der Herr all jene daraus erretten und in seinen Schoß nehmen wird, die sich ihm bedingungslos ergeben.

Es ist der Moment der Erlösung, und nach Stunden, Tagen, Jahren des Wartens schließen die Menschen die Augen, berühren die heiligen Mauern, flehen und singen ins Jenseits, alles Irdische erlöscht – und nach drei Sekunden ist der Zauber vorbei.

Drei Sekunden.

Dann schubsen mich die Wachposten weiter. Hinter mir pulsieren noch ein paar Zehntausend in den Schläuchen.

Dies ist das Auge des Orkans, und die Glücklichen, die den Lord heute erblicken durften, tragen eine merkwürdige Ruhe davon. Die leichte Fröhlichkeit nach einem Sturm. Damit wanken sie zurück ins Diesseits Indiens.

Auf dem Weg nach draußen komme ich vorbei an Wärtern und Prasadam-Verkäufern. Und ich passiere eine Glaswand, hinter der die Kassierer sitzen. Kassierer, die Berge von Rupien zählen. Hier landen die Spenden, die den Gottessitz von Tirupati reich machen. Tausende, Millionen Dollar im Jahr stecken die Pilger in die Schlitze des Tempels, zahlen an den Donation-Schaltern Bündel von Scheinen ein und stopfen die Tempelfonds für den Einzug in die Sphären der ewigen Seligkeit.

Die Tempelherren werden damit Garagen für die Schlafenden bauen, Lazarette für die Armen und Beinlosen. Sie wollen damit computergestützte Systeme und codierte Eintritts-Chips entwickeln, um die Pilger von morgen besser zählen und effektiver steuern zu können. So zumindest lautet die offizielle Version, und noch hat kein Rechercheur ein Loch im Millionenschlund aufgedeckt.

Draußen vor den Toren, unter dem schwarzen Himmel Indiens, brennen Kerzen. Die Luft in den Hügeln von Tirumala riecht nach Weihrauch, überall liegen Menschen, wartend, erschöpft, an den Buden blinken die Plastikgötter und kriechen die Bettler im irdischen Nebel. Und noch immer wogt das Meer Richtung Erlösung.

Dutzende Male werde ich gefragt, ob ich *Darshan* hatte. Ja, ich habe den Lord erblickt. Und nie werde ich die flehenden Hände vergessen, die nach mir tasten, mich streicheln und befühlen für einen Hauch vom Paradies.

Der Weg zu Gott

Was Sie wissen sollten

Über das Jahr verteilt werden mehrere hohe Feiertage begangen, an denen besonders viele Menschen den Tempel in Tirupati besuchen. An diesen Tagen können es jeweils mehrere Hunderttausend sein, die auf die heiligen Berge strömen. An jenem Termin namens Vaikunta Ekadasi jedoch, meist im Januar, sind es, wie oben beschrieben, gefährlich viele Pilger – angeblich bis zu einer Million. Wie hoch die Zahl tatsächlich ist, kann niemand genau sagen. Zum einen lösen nicht alle Tickets; ihnen genügt es, an diesem heiligen Tag der Sonnenwende allein in der Nähe des Megagottes zu sein. Zum anderen ist dies Indien. Mit dem Zählen nimmt man es hier nicht so genau.

Wer die Tempelanlage partout an Vaikunta Ekadasi besuchen will, sollte wissen, dass derartige Massenversammlungen an hochreligiösen Stätten nicht immer glimpflich verlaufen. Während des islamischen Hadsch in Mekka etwa strömen meist bis zu zwei Millionen Menschen, wobei es öfter Tote gibt. Bei der symbolischen Steinigung starben 1998 im Gedränge 118 Pilger, 2001 kamen 38 Menschen um. Nach einem Stromausfall zwischen Mekka und Mina kam es 1990 zu einer Massenpanik. Mehr als 1400 Menschen trampelten sich zu Tode. Selbst in Deutschland, jeder wird sich erinnern, führten unkontrollierte Massen schon zu einer Tragödie. Die Love Parade 2010 in Duisburg endete im Chaos, über zwanzig Menschen starben.

Auch in Tirupati gab es bereits Tote. Manche starben an Erschöpfung, andere wurden tatsächlich totgetrampelt. Glimpflicher, aber nicht weniger erschreckend verlief die Attacke eines Elefanten.

Im September 2009 drehte eines der heiligen Tiere auf dem Tempelgelände durch und galoppierte wie entfesselt mitten durch die Menge. Die Menschen rannten davon, glücklicherweise wurde niemand von dem wildgewordenen Dickhäuter erwischt. Die indischen Zeitungen titelten: »Elephant went berserk in Tirupati.«

Wenn Sie Tirupati besuchen wollen, tun Sie dies am besten an einem normalen Tag ohne heiliges Spektakel. Der Tempel ist auch so beeindruckend, vor allem die unendlich vielen in Stein gehauenen Fratzen und Figuren. Bringen Sie Kokosnüsse oder zumindest ein paar Blümchen mit. Solche kleinen Opfergaben sind gern gesehen. Und betreten Sie die Tempelanlage niemals mit Schuhen. Das kann Ärger geben!

WAS SIE KÖNNEN SOLLTEN

Zwingend für dieses spirituelle Abenteuer ist es, eine gehörige Portion Körperdruck ertragen zu können. Ich meine damit eine Art Pressdruck, der von außen auf Sie ausgeübt wird. In engen Passagen, etwa in den schmalen Schleusen (kleine Eisentüren) zwischen den Zugängen zum Tempel, kann einem das Gedränge kurz den Atem nehmen und hier und da blaue Flecken hinterlassen.

Wie darf man sich das Ganze vorstellen? Falls Sie Familie haben, schlage ich vor, dass Sie zum Training vorab einige Nächte auf ungewohnte Weise schlafen: Sie unten, Ihre Frau und die Kinder auf Ihnen drauf. Um die Vorbereitung abzurunden, sollten Sie hintereinander mehrere hochrangige Open-air-Rockkonzerte in großen Arenen besuchen (Rolling Stones, Madonna etwa ziehen genügend Menschen an). Stellen Sie sich ganz vorn an die Eingänge und versuchen Sie bei Einlass im kreischenden Pulk der Jugendlichen in die erste Reihe zu rennen. Schubsen und rempeln Sie dabei so vehement wie möglich. Multiplizieren Sie das Erlebte mindestens mit dem Faktor fünf. Dann in etwa haben Sie Tirupati-Verhältnisse.

Zur Hygiene. Bei diesem Thema sollten Sie nicht zimperlich sein. Zum einen müssen Sie heftigen Gestank über mehrere Stunden klaglos erdulden sowie die unmittelbare Nähe tausender verschwitzter und halbnackter Körper mühelos ertragen. Sie werden zudem barfuß unterwegs sein. Das ist nicht nach jedermanns Geschmack, zumal der Pilger ständig durch Pfützen, Lachen, Bananenreste, Spuckeklumpen und diverse den Steinboden zierende Aussonderungen watet. Ich brauchte etwa vier Stunden, bevor ich mich ans Barfußgehen durch den Dreck gewöhnte. Irgendwann sagte ich mir einfach: Egal, jetzt ist eh alles zu spät – Augen zu und pietätvoll weitermarschieren.

Wie hart ist es wirklich?

Eine klare Fünf. Nicht mehr, nicht weniger. Sie benötigen schließlich keine Kondition, keine Outdoor-Ausrüstung, keine topografischen Karten oder dergleichen. Auch müssen Sie keine speziellen Techniken beherrschen oder über sonstiges Hintergrundwissen verfügen. Dennoch ist eine Fünf angebracht. Schon das normale Indien ist wegen der fremden Eindrücke stets ein Abenteuer. Oben in Tirupati aber droht man vom Glauben abzukommen. Zu unbegreiflich sind die Szenen, die einem geboten werden. Frenetisch Betende, dürre, von blauen Adern überzogene Greise, Bettler, bimmelnde Plastikgötter, Jahrhunderte alte Heiligenfiguren, vor allem aber der unerschütterliche Glaube und dieses unfassbare, das Leben auf unnachahmliche Weise erduldende Indien – all dies lässt einen verstummen. Wer sich zu guter Letzt auch noch das Pilgern zu Vaikunta Ekadasi antut, erlebt gesteigerten Irrsinn. Indien im

Ausnahmezustand. Der Mensch wird zu gepresstem Dosenfleisch im schreienden Diesseits. Darum, genau darum die Fünf.

Informationen

Der Tempel von Tirupati liegt etwa drei bis vier Stunden mit dem Taxi von Madras, heute Chennai, entfernt. Und schon die Fahrt über die Lande ist vergnüglich, ein fortwährender Slalom durch heilige Kühe, Bauernkarren, Reisschlepper und rammelvolle Busse, die mit Fullspeed nur Zentimeter neben dem Taxi vorbeirasieren. Das Tempelgelände ist kaum zu verfehlen: immer den Massen folgen. Wobei in Indien sowieso jeder diesen Gott und diesen Tempel kennt. Für erste Eindrücke lohnt ein Blick auf die Internetseiten. Hier bekommen Sie zwar nur ein sehr vagen Vorgeschmack, aber bitte sehr: *www.tirumala.org*

Kosten

Der Eintritt zum Tempel ist frei. Wer allerdings *Darshan* haben, also das Erblicken Gottes selbst erleben will, muss je nach Feiertag und Zeremonie umgerechnet zwischen 50 Cent und 2,50 Euro zahlen. Für die Aussicht aufs Paradies ein allemal verlockender Preis.

In einem anderen Land
Offroad zu den türkischen Bergnomaden

HOHER TAURUS

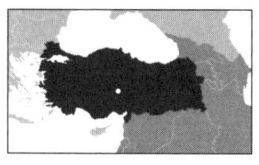

Die Sommer in Zentralanatolien können sehr heiß werden, die Temperaturen steigen weit über dreißig Grad, aber es fühlt sich schlimmer an. In den Hochsteppen südlich von Kayseri brennt die Sonne steil vom Himmel, das Licht weiß und glühend, die Luft ist beinahe gänzlich ihrer Feuchtigkeit beraubt, und nicht selten schickt die Thermik Windhosen durch die Ödnis. Es ist zu weiten Teilen ein Land wie ein dürres Gerippe, baumlos, schattenlos, die Menschen hier arbeiten hart, sie holen ihr Wasser in alten Farbeimern und Benzinkanistern von den steinigen Brunnen und sie beten fünfmal am Tag gen Mekka.

Die meisten von ihnen sind Cifci, türkische Bauern. Sie bauen Kürbisse an, Zuckerrüben und Weizen, aber sie haben nur eine karge Ernte im Jahr, weil ab Oktober der erste Schnee kommt und dann der Frost.

Neben den Bauern leben in dieser Region noch einige Hirten und Nomaden, und ab Mai treiben sie ihre Ziegen und Schafe auf die wortkargen Hänge des Taurus, auf den Vulkan Erciyes und auf die Flanken des Divrik, bis auf zweitausend, dreitausend Meter. Sie tun dies, weil sie von den Tieren leben, weil die Sonne in den Sommern das Land unten in den Tälern verbrennt und weil das Vieh hier oben noch etwas Gras zum Fressen findet.

Es ist kurz nach neun Uhr morgens, als die sechs 2,5-Liter-Common-Rail-Turbodiesel, Typ Pathfinder, starten und die Reise in eine andere Welt beginnt.

Die sechs Geländewagen sind makellos geputzt. Silbergrau fahren sie auf den Schotterpisten gen Süden, sie haben jeweils 174 PS, eine Zweizonen-Klima-Automatik mit separater Einheit für den Fondsbereich und verfügen über Turbolader mit variabler Schaufelgeometrie, Xenon-Scheinwerfer, innenbelüftete Scheibenbremsen, Selbstzünder, sie haben GPS, Funk, Navigationssystem und LCD-Displays. Die Pathfinder, die Wegfinder, sind nach der Konzeptstudie »Dunehawk« konstruiert, Dünenfalke.

Die Fahrer sitzen hinter getönten Scheiben. Sie sitzen auf hellgrauen Kunstledersitzen, die per Knopfdruck in Position surren und Kopf-Airbags haben. Die Fahrer wollen Abenteuer erleben, die Wagen ausreizen. Auf den Spuren der 4x4 Challenge, so lautet die Signatur dieser Reise, Türkei offroad, Zentralanatolien und Kappadokien, eine Woche Outdoor-Leben, so nennen sie das heute.

Vormittags. Heute steht eine Passstraße an, Schotterpisten bis auf 2215, später bis auf 3000 Meter. Im Laufe des Tages werden die Abenteurer den Fluss Zamanti überqueren, nach Kapuzbase fahren und bis zu den Wasserfällen.

Die Fahrt führt gen Süden. Die Klimaanlage rauscht, sie ist kaum zu vernehmen. Die Temperatur im Wageninneren liegt bei zwanzig Grad, konstant. Über Funk kommt vom

Kolonnenführer rein: »Schaltet jetzt auf Four-Wheel-Low um, wir verlassen die Pisten.« Es folgt ein gewagter Streckenabschnitt, mehrere Kuhlen, Steine, links ein steiler Abhang. Zur Sicherheit besitzen die Pathfinder Traktions- und Gierwinkelkontrollen, dazu eine Fünf-Stufen-Automatik mit sequenzieller Schaltgasse und EBD, elektronische Bremskraftverteilung.

Die Fahrer lenken die Wagen durch Pfützen und über Wurzeln, die Fahrzeuge spuren sicher und gehorsam, sie haben hydraulische Teleskopschwingungsdämpfer und arbeiten sich zielstrebig voran. Die Fahrer sind begeistert. Die Wagen laufen gut, sie laufen sehr gut.

In etwa fünfhundert Metern Entfernung, ein Krümel in der Landschaft, ist vor den Windschutzscheiben ein Mann zu erkennen, der auf einem Esel über eine Ebene reitet, die mit Stechgras und Kletten übersät ist. Der Esel ist mit schweren Packtaschen und ledernen Bündeln beladen, und der Mann sieht sich einmal flüchtig um, als er die Wagen sieht. Dann reitet er weiter.

Es ist ein Yörük, ein türkischer Bergnomade. Die Nomaden kennen sich hier sehr gut aus, sie sind in der Gegend aufgewachsen und haben sie nie verlassen. Sie leben in Zelten, deren Tuch aus schwarzem Ziegenhaar geflochten ist, einige von ihnen nehmen heute auch die alten Plastikplanen, die sie von den Lastwagenfahrern unten in Develi kriegen.

Diese Planen sind meist aus blauem billigem Plastik, sie sind praktisch und recht stabil. Wenn der Wind in den Bergen unerträglich wird, setzen sich die fliegenden Disteln an ihnen nicht gleich fest wie Geschosse. Auf dem Esel brauchen die Nomaden drei bis vier Tage bis nach Develi und noch einmal drei bis vier Tage zurück zum Lager, aber die Reise lohnt sich, weil die Maultiere schwer tragen können und weil das Flechten des Ziegenhaars viel Zeit kostet.

Der Mann auf seinem Esel ist noch immer in der Ferne zu sehen. Er reitet eine Flanke hinauf, eine fragile Silhouette vor den Graten der Berge. Wie ein Punkt quält er sich voran, ein Punkt in der lodernden Weite.

Es ist fast Mittag, die Outdoor-Traveller legen eine Rast ein. Es gibt Cola light, Salami, Melonen, Brot. Aus einem Wagen kommt Musik, die Jeeps besitzen hochwertige Soundsysteme und CD-Wechsler. Sie nennen diese Wagen SUVs, *Sports Utility Vehicles.* Dann will die Truppe weiter. Die sechs silbergrauen Allradmaschinen klettern jetzt ockerfarbene Hänge und zerschundene Bergrücken hinauf. Sie wollen eines der Nomadencamps besichtigen, oben in der Nähe der Passstraße.

Das GPS zeigt eine Höhe von 2253 Meter an, über die Berge spannt sich ein hitzeweißer Himmel, als die Flotte das Lager erreicht und die Wagen parkt. Ein alter Nomade kommt aus seinem Zelt. Er trägt eine Hose aus zusammengenähtem, schweren Wolltuch, ein ordentlich geschlossenes Baumwollhemd, und er hält eine bis zum Stummel abgebrannte Zigarette zwischen den Fingern. Der Nomade lächelt, ein freundlicher Mann, er gibt den Fremden die Hand. Seine Handinnenflächen fühlen sich an wie steifes, gegerbtes Gnuleder.

Vor dem Lager brennt noch Glut, Eisenpfannen liegen auf der Erde, etwas weiter den Hang hinunter weidet ein Teil der Ziegenherde, dreißig, vierzig Tiere, auf einem abgefressen, kahlen Stück Wiese. In den Zelten liegen geknüpfte Teppiche auf dem nackten Erdboden, als Isolierung gegen die aufsteigende Kälte in den Nächten. Die Zeltwände sind mit Hanfseilen, Drähten und ausgedienten Gummitropps über kräftige, knochenweiße und völlig ausgetrocknete Kiefernäste gespannt, die in den Boden gerammt sind. Der Wind weht heute gut, fauchend kommt er über die Grate, und er macht die Haut rissig.

Der alte Nomade gibt einer der jungen Ziegen einen behutsamen Schubs, als sie zu nah an die Feuerstelle kommt. Die türkischen Bergnomaden leben sehr eng mit ihren Ziegen zusammen. Sie trinken deren Milch, alle paar Wochen schneiden sie einer Ziege die Kehle durch, um Fleisch zu haben; doch wichtiger ist es, die Tiere zu verkaufen. Eine gute Ziege bringt unten in den Tälern einhundertfünfzig Türkische Lire, das sind umgerechnet achtzig Euro, und der Hirt, der im Herbst genügend gute Ziegen verkauft, wird satt durch den Winter gelangen, und so kann er sich schon mal versöhnen mit dem Wind und dem sandigen Brot und der Abwechslungslosigkeit da oben.

Im Herbst, wenn die Temperaturen schneller sinken als der Mensch reagieren kann, beginnen die großen Trecks. Männer, Frauen, Kinder, die Alten und die Gebrechlichen packen dann ihr Hab und Gut und ziehen mit den Ziegen, Hühnern und Eseln zurück in die Täler, um sich als Tagelöhner auf den Baumwoll- und Kartoffelfeldern zu verdingen.

Oben im Lager, neben den sechs geparkten silbrigen Offroad-Maschinen, kommt ein Nomadenjunge hinzu. Er trägt ein gelbes T-Shirt und aus Gummi gegossene Schuhe mit imitierten Schnürsenkeln, und er sagt zu dem alten Nomaden, der sein Vater ist:

»Sie haben sehr große Wagen. Solche habe ich noch nicht gesehen. Was machen sie hier?«

»Es ist nichts«, antwortet der alte Nomade. »Es sind Touristen. Sie fahren jetzt in diesen Autos durchs Land. Da, wo sie herkommen, haben sie nicht solche Berge wie bei uns in der Türkei.«

»Warum tun sie das?«, will der Nomadenjunge wissen.

»Frag nicht so viel. Sie transportieren jedenfalls nichts nach Kayseri oder weiter nach Westen, und sie sind auch nicht auf der Durchreise. Ich glaube, sie fahren zum Spaß. Sie verdienen ihr Geld damit. Unser Land ist groß, bei ihnen zu Hause haben sie keinen Platz.«

Der alte Nomade macht eine Pause. Dann sagt er zu dem Jungen: »Los, geh jetzt und hol die Hunde.«

Die Nomaden sind keine Menschen, die ihre Liebe sehr überschwänglich zeigen, aber in ihren Augen steht, dass sie eine besondere Beziehung zu ihren Hunden haben. Die Hunde beschützen die Herden, und wenn es wirklich gute und zuverlässige Hunde sind, kommen sie einer Lebensversicherung gleich.

Der Übersetzer ist ein Türke, er spricht zwei Sprachen sowie das Nomadisch der Yörüks und der hanafitischen Sunniten.

Viele der türkischen Hirtenhunde, die Akbash und die Sivas-Kingal, tragen Bissspuren und Narben an den Ohren und an den Schenkeln, da, wo es nicht ganz so übel ist. Um die Hälse ihrer Hunde aber binden die Nomaden Metallbänder, die mit zahnstocherlangen, spitz geschmiedeten Eisendornen versehen sind. Nachts, wenn die Bären und Wölfe kommen, beißen diese überall hin, nur nicht an den Hals. Der Hals bedeutet Tod.

Syrien, Irak, Iran, Aserbaidschan und Georgien liegen von hier aus nur zweihundert bis vierhundert Kilometer entfernt. Die Nomaden haben gehört, dass bei Kargili im Südosten wieder mehr Wölfe gesehen wurden und dass sie fünfzehn Menschen angefallen haben. Wenn die Wölfe Hunger im Bauch haben, gehen sie auf alles los.

»Geh jetzt und hol die Hunde«, sagt der Vater zu seinem Sohn. Der Übersetzer der Offroader berichtet, dass die Familie jetzt seit drei Monaten hier oben ist und in etwa zwei Monaten wieder ins Tal gehen wird. Wann sie genau die Berge verlassen, hängt vom Wetter ab, vom ersten Schnee. Bei der Frage, ob sie Strom hätten, einen Generator, lacht der alte Nomade. Nein, sie haben keinen Strom. Sie brauchen keinen. Unten in den Dörfern, da haben sie Strom.

Es werden noch einige Fotos gemacht, von der Nomadenmutter mit dem Kopftuch, den braunen Zähnen und dem weiten, flatternden Rock, von der barfüßigen Kleinen, der Glut und den Ziegen. Der Junge dreht sich noch einmal zu den Wagen um, dann geht er in seinen Gummischuhen davon. Er hat einen ausgetrockneten Stock geschultert und marschiert langsam und mit festen Schritten den Hang hinunter.

»Du solltest ihn um diese Zeit nicht mehr losschicken«, sagt die Mutter durch ihren hohlen Mund zu dem alten Nomaden, der oben neben dem Zelt im Wind steht.

Der Nomade sagt nichts, er kümmert sich um die Glut.

»Du weißt doch, was sie sagen, es wird nicht mehr lange dauern, bis sie hier sind, sie werden auch hierher kommen.«

Die Mutter wendet sich ab, mit einer Hand hebt sie ihren Rock und geht über die Steine und über die verbrannte Wiese.

»Er muss lernen, die Hunde rechtzeitig zu holen, die Hunde sind seine Freunde, sein Vater ist nicht sein Freund, und seine Mutter ist nicht sein Freund.«

Der Nomade sagt nichts weiter, kümmert sich um die Glut. Für einen Moment legt sich ein Schweigen über die Weite, nichts ist zu hören als der Wind und das Gras, das sich in ihm biegt.

Die Abenteuerreisenden verabschieden sich. Sie werden heute noch zwanzig Kilometer zurücklegen, über Ulupinar bis nach Camlici, wo es ein rustikales Abendessen geben wird und die Zelte aufgeschlagen werden. Die Fahrer steigen jetzt wieder in ihre Autos, sie tragen atmungsaktive Hemden, auf denen »Titanium« steht, und bald öffnet sich eine steile, ausgedörrte Bergwelt, in der nichts als Millionen rote, eisenhaltige Steine herumliegen, so weit die Augen blicken können.

Als die silbergraue Flotte davonfährt, blicken die Nomaden noch eine ganze Zeit hinterher. In den Rückspiegeln sind die Mutter und der Vater zu sehen, sie werden immer kleiner, schwindende Pfähle im Wind auf den Hängen.

Früher verlief die Seidenstraße durch diese Region. Sie führte vor über zweitausend Jahren bis nach Kayseri, dem Hauptumschlagplatz, von wo aus die Waren aus Asien westwärts in den Mittelmeerraum verteilt wurden. In den späteren Jahrhunderten kamen die Kreuzzüge, die Türkenkriege, die Seldschuken und Osmanen. Die Berge zu bezwingen und dort oben zu leben war immer hart. Es ist jetzt das erste

Mal, das zum Spaß gefahren wird, und sie müssen sich noch etwas daran gewöhnen.

Die Fremden verbringen die nächsten zwei Tage damit, über den Alagöl zu kommen, Flussbetten zu durchqueren und durch Feenkamine und Tuffsteinhöhlen zu fahren. Die Wagen lenken sich leicht und sicher, Servolenkung, Leiterrahmenchassis und Direkteinspritzung. In Anbetracht dessen, was in diesen Tagen vor den Windschutzscheiben vorbeizieht, liegt der Schluss nahe, dass die Fahrer nicht in Autos sitzen, sondern in Zeitmaschinen.

Unten, unweit von Damsa und Harabeteri, steht auf einem Feld, mit einer hölzernen Heugabel, eine Frau, die mindestens sechzig Jahre alt sein muss. Sie arbeitet gebückt und schwer, inmitten des riesigen Feldes und unter der Sonne, sie erntet das Heu per Hand und wirft es auf einen drähternen Karren. Am Rande des Feldes steht ein riemengetriebener Drescher, der die Spreu vom Weizen trennt.

Die Wagen parken direkt neben dem Feld in einer Talsenke. Es werden einige Fotos gemacht, dann geht es weiter. Die Zeitmaschinen rollen unter der Sonne dahin, silbrig und mit getönten Scheiben. Sie kosten etwa vierzigtausend Euro pro Stück, das sind umgerechnet fünfhundert Ziegen, sie klettern mühelos dreißig Grad steile Hügel hinauf und sie verfügen sogar über ein Intelligent Key System. Um sie zu starten, muss kein Schlüssel mehr gedreht werden.

Abends, wenn die Sonne untergeht, legt sich in Zentralanatolien ein sehr dunkler, rotblauer Himmel über das Land, die Silhouetten der Berge tauchen für einige Momente gestochen scharf aus der Erde empor und zeichnen sich vor der Nacht ab. Das mit dem Licht war schon immer so, aber nun ist im Hohen Taurus die Zeit angebrochen, da das Abenteuer per Knopfdruck beginnt.

Bei den Bergnomaden

WAS SIE WISSEN SOLLTEN

Viele der Bergnomaden sind inzwischen sesshaft geworden, es ist der Lauf der Zeit. Einige wenige leben aber noch auf die alte Weise, treiben ihre Herden in den Sommern auf die bis zu über dreitausend Meter hohen Berge und Flanken des Taurusgebirges. Das Leben dort oben ist entbehrungsreich und hart; allein auf die Frage, woher die Familien über all die Monate genügend Wasser herbekommen, erhielt ich keine eindeutige Antwort. Die Nomaden reagieren heute nicht mehr völlig irritiert, wenn hier und da eine Trekking-Gruppe oder gar einen Jeep-Kolonne im Nichts auftaucht. Und doch sind sie noch immer scheu, zurückhaltend. Die Frauen kichern und ziehen sich in die Zelte zurück; die Männer erzählen und antworten frei heraus, wenn auch vorsichtig. Hinterm Mond leben sie freilich nicht mehr, sie wissen, was draußen in der Welt los ist, bevorzugen es aber, vom Rummel nicht so viel mitzubekommen. Natürlich spielt hier auch, wie so oft, das liebe Geld eine Rolle.

Eine Tour in den beschriebenen Allradmonstern ist sicher nicht die dezenteste Art und Weise, sich in den Bergen der Nomaden zu bewegen. Doch werden auch andere Touren in diese Region angeboten. Trekking, Wandern, Klettern. Diese Reisen können bis zu einer oder gar drei Wochen dauern, wobei einige in der Besteigung gewagt hoher Berge gipfeln, wie ich finde, etwa des Embler

(3723 Meter) oder gar des nahegelegenen Ararat (5137 Meter), auf dem selbst im Sommer Schnee liegt.

Doch allein die karge Bergwelt ist eine Reise wert. Selten habe ich eine so leergefegte, klare Landschaft gesehen, die dennoch keiner Wüste glich, sondern die Züge des Hochgebirges trug. Eine imposante Welt. Die Vorstellung, dass die Menschen hier jahrhundertelang mit ihren Hunden, Ziegen und Eseln lebten und Handel trieben (und dies teils ja noch heute tun), nötigt hohen Respekt ab. Ein einsames Dasein, rein und frei und fern aller Versuchungen. Sich ein solches Leben inmitten dieser rauen und ehrlichen Landschaft vorzustellen und sogar ansatzweise zu erleben, dies ist allein schon ein Abenteuer.

An zwei Phänomene erinnere ich mich besonders, und Sie sollten – anders als ich – darauf vorbereitet sein, falls Sie eine Reise zu den Nomaden im Hohen Taurus planen sollten. Erstens: die Kletten. Zweitens: die Sonne.

Die Kletten waren allüberall, und es wäre trefflicher, diese kleinen runden, mit Pieksern bewehrten Gewächse als Stechraketen oder Fluggeschosse zu bezeichnen. Sie kamen waagerecht mit dem starken Wind auf mich zugerast, hafteten sich an alles, was im Weg stand, und blieben beharrlich dort kleben. Zum Schluss nahm ich eine geborgte Kneifzange zur Hand, um die türkischen Hochlandkletten aus Schürsenkeln, Reißverschlüssen, Schlafsack, Sonnenhut und Fleecejacke zu pulen. Eine enorm nervtötende Angelegenheit, denn natürlich stechen die Dinger wie der Teufel. Ergo: Seien Sie gewappnet – am besten glatte Kleidung tragen, Brille und bloß keine Wolle! Nie mehr würden Sie die kleinen Biester wieder loswerden.

Zur Sonne. Naturgemäß scheint sie hier unten sehr intensiv; wir sind im Süden, noch dazu in den Bergen. Doch Vorsicht: Hier empfand ich die Sonne als extrem aggressiv. Nie zuvor habe ich die UV-

Strahlung so vehement gespürt, es fühlte sich an, als würden Stecknadeln auf jede freie Hautstelle prasseln. Es ist angebracht, nicht nur einen hohen Schutzfaktor zu wählen, sondern obendrein lange, den Körper bedeckende Kleidung. Sonst sehen Sie nach einem Tag aus wie ein gekochter Hummer. Unschön.

Was Sie können sollten

Falls Sie im Jeep durch die Berge fahren sollten, brauchen Sie im Prinzip nichts zu beherrschen. Sitzen Sie selbst am Steuer, müssen Sie natürlich Autofahren können; als Beifahrer können Sie jedoch, so wie ich, einfach Platz nehmen, die Beine lang machen und genießen. Doch wie bereits angemerkt, ich rate Ihnen, obschon es keinesfalls meinen Neigungen entspricht, zu einer Art der Fortbewegung, die eine Spur landestypischer ausfällt als das Dahinpreschen in einem vollklimatisierten, fast zweihundert PS starken Querfeldeinboliden.

Wandern zum Beispiel. Das fällt nicht so auf und verpestet nicht die Berge. Doch Vorsicht, für solche Touren sollten Sie entsprechend trainiert sein. Ich hörte von Gruppen, die ein eisenhartes Sieben-Stunden-Pensum pro Tag vorlegten, um die Berge des Taurus zu durchkämmen, und das eine geschlagene Woche lang. Zudem sollten Sie gern im Zelt schlafen, denn Hotels, Pensionen oder dergleichen gibt es dort oben nicht.

Die wichtigste Fähigkeit jedoch, die Sie für diese Reise mitbringen sollten, ist im Gegensatz zu Hotelzimmern, Trekkingsocken und Outdoor-Ausrüstungen nicht zu kaufen. Ein Ohr für Geschichten, ein Blick für die Menschen. Darauf sollten Sie sich konzentrieren, und die Berge und Nomaden Zentralanatoliens werden Sie reich beschenken.

Wie hart ist es wirklich?

Diese Reise besticht nicht durch ihre Härte. Sie werden kaum Herzrasen verspüren oder nach Luft ringen. Jedenfalls nicht, wenn Sie im Jeep oder auf einem geländetauglichen Motorrad sitzen. Gerade mal ein Faktor von zwei, vielleicht eine gemäßigte Drei wären in diesem Fall zu vergeben. Natürlich müssen Sie auf allzu üppige Abendbuffets verzichten und hier und da schon mal selbst Tee kochen. Aber das kann ja fast jeder.

Sportlicher wird es, falls Sie per modernem Trekking-Arrangement aufbrechen. Diese Touren führen oft hoch hinauf, und jenseits der dreitausend Meter wird die Luft bereits spürbar dünner. Zudem sollten Sie trittsicher sein, denn es stehen immer wieder Etappen über Geröllhänge an, Passagen durch Flussbetten und Hochsteppen.

Zudem setzen sich die Einheiten moderner Trekkingtouristen oft aus erstaunlich ambitionierten Teilnehmern zusammen, bisweilen sogar aus eisern motivierten Marschierern, die partout das im Katalog ausgeschriebene Tagespensum schaffen wollen oder dies gar zu überbieten gedenken. Eine furchterregende Vorstellung. Sie haben es mit knallharter Gruppendynamik zu tun, und die arme Seele, die hier zwischendurch mal verschnaufen, eine Stulle essen oder gar eine rauchen will, ist auf der Stelle unten durch.

Eine noch größere Herausforderung ist es, auf eigene Faust in den Hohen Taurus aufbrechen. Ohne Auto. Ohne Gruppe. Ohne Übersetzer. Sie müssen sich allein durchschlagen, sehen, wo Sie nächtigen und die Kunst der Zeichensprache beherrschen, um den Nomaden zu erklären, was Sie da oben eigentlich suchen. Fragen sind mit Händen, Füßen und Augen zu stellen. Ein schönes Abenteuer, eines jenseits der Kataloge, Trekking-Garnisonen und buchbaren Erwartungen. Dafür die Höchstzahl.

Informationen

Tatsächlich werden Jeep- und Motorradtouren durch die wilde Türkei angeboten. Mit Fourwheeler, Enduro, Packtaschen und Vollgas durch die Bergdörfer. Auf diese Weise lassen sich viele Kilometer am Stück fressen, wobei die Fahrer an die entlegensten Orte gelangen und nach Belieben stoppen können, um Fotos zu machen, zu rasten, zu tanken oder mit den Einheimischen zu diskutieren. Für solche Touren sollten Sie schon ein recht guter Offroadtechniker sein und tagelanges Motorendröhnen klaglos erdulden.

Von Deutschland aus buchbar sind vor allem die beliebten Wander- und Trekkingreisen. Dafür müssen Sie unbedingt teamfähig sein und es mindestens eine Woche lang in einer Truppe von fröhlichen Trekkern aushalten können. Die Belohnung liegt in Form majestätischer Berge und wunderschöner Landschaft vor Ihnen.

Kosten

Motorrad- und Offroad-Reisen bieten Firmen an wie zum Beispiel »Taurus Trax« *(www.offroadmotorbiketoursinturkey.com)* oder GS Sportreisen *(www.gs-sportreisen.de)*. Die Touren heißen »Im Schatten des Taurus« oder »Auf den Pfaden der Lykier«, das klingt gut, und schlägt für eine Woche, zwar ohne Flug, dafür aber mit Transfers, Führer, Mietmotorrad und allem Pipapo mit gut 1000 Euro zu Buche. Das sind umgerechnet etwa 12,5 Ziegen, und jeder sollte selbst entscheiden, ob die Reise diesen Preis wert ist.

Wer lieber zu Fuß aufbricht, kann aus einem bunten Angebot wählen (ich glaube, es existiert heute kein Land mehr auf Erden, in dem keine Trekkingreisen angeboten werden; außer vielleicht Nordkorea, Irak und Pakistan). Die Wanderreisen im Taurus dauern mal eine, mal zwei, mal drei Wochen. Sie werden von Veranstaltern wie *www.dr-koch-reisen.de* oder *www.hauser-exkursionen.de* angeboten, und gelegentlich tragen diese Reisen sogar Nummern. Zum Beispiel die Nr. 1241 von »Paradeast Reisen« *(www.nahost-entdecken.de)*. Unter diesem Code zu buchen ist der Trip »Türkei – Trekking im Taurus und in Kappadokien«, er kostet für 15 Tage 1390 Euro. Dafür bekommen die Reisenden allerdings auch einen Trekkingsack, vierzehnmal Frühstück und Nomadenwissen auf Deutsch serviert.

Ein großer Schluck Wind

Fünfhundert Seemeilen auf einem alten Segelboot

SCHWEDEN, DÄNEMARK

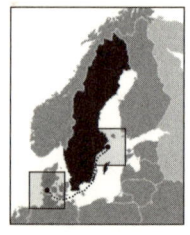

Mitten in der Nacht fängt sie das erste Mal an zu singen. Ein hohles Jaulen, das bald zu einem Fauchen und fernen Sausen wird. Ich komme aus dem Schlafsack hoch, lege mein Ohr an die Kajütwand. Jetzt ist es deutlich zu hören, in allen Oktaven und Tonlagen. Die Musik des Windes, eingefangen vom Holz, vom Mast, von den Wanten, vom Deck. So also hört sie sich an, die alte Dame. Wie zur Bestätigung, dass sie zu den Lebenden gehört, schickt *Atina* nun auch noch ein Zittern, ein zartes Vibrieren durch ihren Rumpf.

Es sind die ersten Tage auf dem neuen Boot. Alle Geräusche sind neu, jeder Anblick, jeder Schritt noch unvertraut. Die ersten Male über das Deck zu gehen, die Kajüte zu entdecken, die Schrauben, Beschläge, Ecken und Winkel – es ist wie ein Gang über eine Kiste roher Eier. Ein Segelboot, wenn auch ein kleines, ist ein Universum für sich. Es braucht etwas Zeit, um das Schiff kennen zu lernen.

Die Neue ist alt. Ein »Winga«-Kreuzer, 1952 von der Hallberg-Werft in Schweden gebaut. Es ist die Nummer vierzehn von nur vierundzwanzig Booten der kleinen »Winga«-Klasse, benannt nach einem berüchtigten Leuchtturm an der Westküste. Das Boot lag knapp südlich von Stockholm, als es verkauft werden sollte. Verkauft! Welch schauderhaftes Verb im Leben eines Segelschiffs! Der Vorbesitzer war Börsenmakler, dessen neue Frau, nun ja, dem Sport unter weißen Tüchern nicht sonderlich geneigt war.

Doch so kann es gehen. Jetzt gehört *Atina* mir. Ich bin nach Schweden gefahren, habe sie mir angesehen und einfach gekauft. Die Gute ist gänzlich aus Holz, Oregon Pine, hübsch geplankt und weiß wie ein Schwan. Sie ist 8,65 Meter lang, 2,20 Meter breit, 2,3 Tonnen schwer. Alles in allem nichts Großes und kein Luxus, an Bord gibt es nur zwei kleine Kojen, keine Schminkspiegel und dergleichen, die Toilette ist ein grüner Plastikeimer aus dem Baumarkt. Aber ein seltsamer und völlig irrationaler Mechanismus namens Eignerstolz macht es möglich, dass *Atina* ohne Zweifel das schönste Vehikel ist, welches je die Meere besegelte.

Doch niemand kann so ein altes Boot einfach kaufen und besitzen. Der Mensch muss es sich erarbeiten. Muss es erriechen, ertasten. Muss schwitzen und vielleicht auch etwas leiden, sonst bleiben Boot und Eigner sich für immer fremd. Dies ist kein fertiger Gegenstand frei Fabrik, mit Gebrauchsanleitung und Service-Hotline. Ein betagtes Segelboot aus Holz ist ein schwimmendes Buch voller Fragezeichen.

Über den Kiefernwäldern von Oxnö hängt die Sonne an diesem Maiabend wie ein rotunterlaufenes Säuferauge, im Osten greift eine tiefe Bläue nach dem Himmel. Vor wenigen Tagen kniete ich noch unter ihr, spachtelte und trug bauchpinselnderweise das Antifouling auf. Der Anstrich des Unterwasserschiffs ist wichtig, sonst setzen sich Muscheln und Algen an und verkleben das ganze hübsche Schiff. Aber nun ist es so weit, *Atina* schwimmt. Der Überführungstörn muss vorbereitet werden, gut fünfhundert Seemeilen südwärts, von Stockholm bis in die Flensburger Förde zum neuen Heimathafen.

Ich quetsche mich bäuchlings ins Heck, den Kopf wie den einer neugierigen Schildkröte in ein schwarzes Loch gereckt. Ein altes braunes Kabel verläuft unter den Decksplanken und verliert sich im Nichts. Alles Dunkel hier hinten. Ich fühle, taste mich am Holz entlang. Wo mag das vermaledeite Kabel nur hinführen? Speiste es früher einmal ein Hecklicht?

Dann beuge ich mich tief in die Bilge. Nach unten in jenen düsteren Keller des Boots, in dem sich Seewasser und Öl sammeln. Es riecht nach Teer; einer der Voreigner muss die Planken einst damit abgedichtet haben. Bootsgeschichte zum Inhalieren. Die alte, gusseiserne Handlenzpumpe muss ausgebaut werden, Manschetten und Ventilklappen müssen erneuert werden. Jemand hat die irische Whale-Pumpe früher einmal raffiniert eingebaut. Nämlich so, dass man vier Arme und vier Hände braucht, um die Schrauben tief unter der achteren Sitzbank zu lösen. Mein Kopf steckt abermals tief in einem dunklen Spalt, die Nase platt ans Holz gedrückt, während die Beine im leeren Cockpit zappeln. Ich rieche. *Atina* duftet nach Lack und Leinöl und Meer.

Das Kennenlernen eines alten Boots ist ein sonderbarer Prozess. Man beschnuppert sich förmlich, kommt sich langsam näher, Schraube für Schraube, Tag für Tag. Und immer wieder gehen die Augen auf Wanderschaft. Besehen sich das dunkle Leibholz unter der Kajütdecke. Die fein gezimmerten Kassetten aus Mahagoni an den Schottwänden, im Cockpit. Das helle Eichenholz unter den Rüsteisen, sorgfältig dem Plankensprung angepasst, und die kleinen Wellenbrecher auf dem Kajütdeck.

Blick auf die lackverkrustete Meilenanzeige. Sie ist eines Tages bei 4850 nautischen Meilen stehengeblieben. Was mag *Atina* auf ihren Reisen gesehen haben? Wer ist alles auf ihr gesegelt in den letzten sechs Dekaden?

Das Boot hat gelebt, keine Frage. Da setzt man sich nicht einfach wie ein wichtig geölter Kapitän drauf und segelt breitschultrig davon. Man ist nur ein Kapitel in der Geschichte des Boots, darf für eine gewisse Zeit an seiner Seite segeln. Boote sind größer und langlebiger als Menschen.

Und dann, spät abends, sitzen plötzlich die Geister an Bord. Ein altes Boot zu kaufen bedeutet stets, auch eine Reise in die Seelen der Vorbesitzer anzutreten. Überall haben sie ihre Spuren, ihre Handschrift hinterlassen.

Wer mag früher einmal das Deck mit Sperrholz erneuert haben? Wer hat sich das Trimmsystem am Mast ausgedacht? Und welcher Bootsnarr mag sich eines Winters die wahnwitzige Mühe gemacht haben, das Schiff von innen komplett abzuziehen und zu lackieren, so dass die Planken, Spanten und Kupfernieten wie für die Ewigkeit konserviert scheinen?

Der Voreigner weiß vielleicht noch etwas vom Vorvoreigner, der wiederum vom Eigner davor. Doch dann verlieren sich die Fakten im Nebel der Vergangenheit. Und wer waren überhaupt die Meister, die *Atina* vor fast sechzig Jahren erschufen? Wie sahen diese Männer aus? Graubärtige Bootsbauer, die Pfeife rauchend an der Hobelbank standen und ihr geheimes Wissen in Schiffe verwandelten?

Tiefschürfende Fragen. Ein letztes Lauschen der Windmusik. Dann kommt die Nacht.

Am nächsten Morgen ist der Himmel frisch geputzt, die Wolken ziehen über die Wasserwelt wie von einem frohgelaunten Schöpfer dahinaquarelliert. Zeit, *Atina* das erste Mal zu segeln. Neben dem ersten Wassern und der ersten Nacht an Bord ist dies einer der großen Augenblicke. Man muss ihn bewusst wahrnehmen. Es ist einer dieser Momente, die man nicht allzu oft erlebt.

Als *Atina* im Wind liegt, gehe ich aufs Vordeck, nehme das Großfall und ziehe. Blick nach oben: Unter leichtem Flattern kommt das Segel zum Leben, spurt am Mast empor und steht bald in ganzer Größe vor dem Himmel. Es ist das vielleicht schönste Bild beim Segeln: ein weißblaues Gemälde, gegen das kein Impressionist, kein Picasso je ankommt. Dieses Bild hier atmet.

Fock setzen. Leicht abfallen. Die Segel dichter nehmen. *Atina* gewinnt an Fahrt und zieht bei einem weichen Südwind Richtung Schären. Die erste Wende, beim Steuern das erste Mal den Druck an der Pinne spüren, Blick in die Trimmfäden. Das Boot krängt, legt sich auf die Seite, wird schneller, vier, fünf Knoten; spätestens jetzt nehme ich einen großen Schluck Wind und vergesse die gesamte Restwelt. Das Boot segelt. Und wie es segelt!

Vier Stunden dahingleiten. Wenden, halsen, hoch an den Wind gehen, Vorwindkurse. Die Winschen, über welche die Leinen laufen, geben ein sattes Klack-Klack-Klack-Klack-Klack von sich, der wässrige Schaum am Heck atmet ein besänftigendes Champagnerrauschen aus. *Atina* fühlt sich gut an. Leicht giert sie nach Luv, der Bug geht weich durch die kleinen Wellen, ohne zu bremsen.

Die Sinne nehmen jetzt jeden Reiz, jede Bewegung wahr. Wie schnell schießt das Boot in den Wind? Wie ist es getrimmt? Ein herrliches Gefühl: Diese ersten Schläge fühlen sich an wie Freudenhüpfer auf dem Mond. Doch dann die ersten Tücken, Macken.

Beim Bergen der Segel klemmen zwei Schäkel. Der obere Rutscher des Großsegels ist aus der Spur gesprungen, ich stolpere über den kleinen Reitbalken, peng! Zong! Rumms! Aua! Dirk, Fallen – all die Taue und Leinen verknoten sich am Mast zu einer grausamen Wuhling, so nennen Segler Chaos an Bord. Das erste Auslaufen endet mit immer neuen Vermerken auf der Liste der noch zu erledigenden Arbeiten.

Das laufende Gut optimieren, diesen und jenen Schäkel ersetzen, die Belegklampen am Mast festschrauben, Lackstellen ausbessern, die obere Latte am Großsegel ersetzen. Alles nur kleine Schritte auf dem Weg, die alte *Atina* für mich zu gewinnen. So einfach hingeben will sie sich schließlich nicht. Alte Segelboote sind auch nur Menschen.

Inzwischen sind wir uns über hundert Seemeilen näher gekommen. Gleiten durch die Schären weit südlich Stockholms, ein Meer aus Inseln, Inseln aus Meer. Die nordischen Tage sind lang jetzt im Sommer, die Sonne versteckt sich nur wenige Stunden auf der anderen Seite der Erde, dann schickt sie einen neuen Tag, der sich immer wieder rosafarben und in vorsichtigem Blau ankündigt.

Hinter den Schären klafft die offene Ostsee, Meer bis nach Finnland, bis zum Baltikum, bis Russland. Ich sitze schweigend im kleinen Cockpit, führe die Pinne, blicke in die Segel. Dies ist mein Raumschiff, das mich durch die Welt trägt, schwabbelnd und leise rollend in der See. Hier und da ragen dünne Masten aus dem Meer, feine Striche nur, ab und zu kommt ein Boot nah vorbei, wir winken, Segler grüßen sich. Dann wieder nur Wasser. Silbrige See, von Millionen Reflexionen betanzt.

Ich gewinne Vertrauen ins Boot, zaghaft, langsam; schlafe nachts in kleinen Häfen oder ankere an einer felsigen Insel. Das Boot ist nah am Wasser gebaut und flach, ich kann mit der Hand ins Wasser greifen. Quallen schwimmen vorbei, pulsierende Ufos, transparent mit blauen Kringeln. Genau betrachtet Wesen von einem anderen Stern.

Die Meilen werden mehr. Wir ziehen gen Süden, immer weiter gen Süden. Manchmal lässt die Sonne das ganze Meer aufblitzen, kein Blau mehr, nur noch Silber. Dann wieder liegen wir im Öl. Das sagen Segler, wenn Flaute herrscht, null Wind, das Meer platt wie Zellophanpapier, wenn es frisch von der Rolle kommt. Oder eben wie regloses, träges Öl. Wir treiben, schweben auf der Stelle. Wie tief mag die Ostsee hier sein? Ein Blick auf die Seekarte verrät es, 45 Meter. Das ist nicht viel, aber genug, um die Gedanken in die Tiefe zu schicken.

An einem trägen, heißen Nachmittag springe ich ins Wasser, tauche hinab. Ich besehe mir mein Schiff durch die Taucherbrille von unten, den Rumpf, den Kiel. Wie ein Wal sieht *Atina* von unten aus, ein großer Wal vor dem grün herableuchtenden, wässrigen Ostseehimmel. Ich fühle mich doppelt entrückt. Allein auf einem kleinen Boot. Acht Seemeilen weit draußen und nun auch noch drei, vier Meter unter dem Boot.

Anderntags fliegen wir weiter, der Wind ist zurück, er weht weich und mit vier Stärken aus Ost. Das Boot krängt leicht, liegt auf der Backe, zieht mit sechs Knoten durchs Wasser.

Ich glaube, das Boot gluckst. Ja, es gluckst. Treibt eine schöne Bugwelle in die Ostsee, weiß und schaummäulig, stetig das Wasser verdrängend. Ein ewiges Auf und Ab ist's, ein Wiegen, ein Rhythmus, der nirgends anders zu spüren ist als auf einem Segelboot. Auf einem kleinen alten Segelboot, so wie es Kinder zeichnen.

Was macht der Mensch den lieben langen Tag auf so einem Boot, auf dem Meer, allein? Er guckt in die Segel, in die Seekarte, in die Wolken. Er trimmt die Segel, überprüft den Kurs, schaut aufs GPS, peilt durchs Fernglas, träumt sich übers Wasser und an den Küsten entlang.

Zeit zum Sinnieren, zum Spinnen, auch das. Was macht es eigentlich aus, dieses Segeln? Ich schnappe mir eine Dose Bier, trinke. Ich schnappe mir noch eine Dose Bier, trinke. Sitze an der Steuerpinne, fliege.

Von einem undefinierbaren Kitzeln im Bauch könnte der Segler berichten. Von einem seltsamen Reiz, der ihn übermannt, wenn das Boot aus dem Hafen gleitet, wie von Geisterhand getragen, hinaus aufs Wasser, das bald nur noch vom Horizont begrenzt ist. Eine sonderbare Mischung aus Ehrfurcht und Angst, Abenteuerlust und Glück macht sich breit. Ein Gefühl, das wohl jeder schon einmal gespürt hat, sobald das Land in der Ferne schwindet und bald so klein ist, dass kein Schwimmer der Welt es mehr lebend erreichen würde.

Zudem verrichtet die Physik ihr Werk beim Segeln leise und ohne Aufsehen. Linde zwei Windstärken kräuseln das

Meer, eine leichte Dünung hebt und senkt sich, als atme der Ozean in tiefem Schlaf. Auf ihm zieht das Segelschiff dahin, mühelos und schweigsam.

Eine unsichtbare Luftströmung in den bauchigen Segeln treibt das Boot voran, saugt es förmlich über seinen Kurs. Gleichzeitig verhindert der Kiel die Abdrift, das Boot legt sich behutsam auf die Seite. Der Rumpf verdrängt Tonnen an Wasser, und doch schiebt er lediglich eine zarte Bugwelle vor sich her, als wolle dieses sonderbare Vehikel aus Mast und Tuch und Tauen das Meer nicht stören.

Das scheinbar Unmögliche geschieht. Das Segelboot entlockt Wind und Wasser das Wunder der geräuschlosen Fortbewegung. In perfekter Balance segelt es über die Meeresoberfläche. Kein Tropfen Benzin wird verbraucht, null Schadstoff erzeugt. Über einem nichts als Himmel, Wolken, ein paar Seevögel, die kreisen. »Nichts kommt dem Fliegen so nahe wie Segeln – außer Träumen«, schreibt der Romancier Jerome K. Jerome.

Ein anderer Weiser schrieb noch diesen Satz: »Das Meer gibt dem leisesten, schwächsten Druck nach, und doch trägt es die schwersten Lasten.« Worte, die die wundersame Ambivalenz des Meeres ganz gut greifen. Auch wenn es nur die Ostsee ist, von der ja mancher Kapitän sagt, sie sei lediglich eine geflutete Wiese.

Wir segeln weiter, noch immer gen Süden. Süden, was für ein schönes Wort. Süden ist immer gut, wenn man im Norden wohnt. Es ist ein schöner Tag, weiße, saubere Wolken, die vor einem klaren, blauen Himmel ziehen. Einem Himmel, den die Augusthitze noch nicht getrübt hat. Ein Donnerstag. Oder ist es ein Freitag? Ein Mittwoch? Zur Hölle mit den Tagen. Tage ärgern, Tage sind nichts als hässliche Kalenderkategorien, von Menschen ersonnen, um sich selbst einzukerkern. Geht weg, ihr Tage! Hier draußen will ich euch nicht mehr haben. Was wäre das Leben wohl ohne Tage? Ohne Stunden und ohne Fesseln?

Spinnereien zur See. Solche Gedanken kommen einem hier draußen, beim Segeln und beim Trinken. Es macht Spaß, beim Segeln Bier zu trinken. Oder Rum. Oder Wein. Man sollte es nicht tun. Es gibt so vieles, was man nicht tun sollte.

Es dürfte kaum Worte geben, die die Stimmung eines verlorenen, beschwipsten Meeresfreunds besser beschreiben als ein paar Zeilen des amerikanischen Mystikers Herman Melville, der einst – wenige wissen es – drei Jahre auf Walfängern Atlantik und Südsee durchkreuzte. Die Zeilen sind zu lesen in Kapitel 35 seines gewaltigen Romans »Moby Dick«, in dem der Dichter unter der Überschrift »Im Topp« schrieb:

Da steht man hundert Fuß hoch über dem stillen Deck, es ist, als schreite man auf Riesenstelzen über die Tiefe. Man verliert sich ganz an die Unendlichkeit der See. Nichts regt sich als die Wellen, träumerisch entrückt treibt das Schiff seinen Weg, schläfrig weht der Passat, und alles sinkt in Schweigen und Vergessenheit. Diese tropischen Tage sind von einer wunderbaren Ereignislosigkeit.

Ich sehe das Meer vor mir. Groß und weit sieht es aus und schön. Kein Buch, keine Druckerschwärze. Ein endloser Teppich aus flirrendem Licht, während die Gedanken darin versinken. Doch gemach. Wie jäh kann selbst die Ostsee jede Träumerei beenden! Das Barometer sinkt, grimmige Wolken wie aus schwarzer Putzwolle wälzen sich heran: Sturm!

Doch der Himmel über mir ist klar, er spannt sich weit und blau, von Nord nach Süd, von Ost nach West. Das Barometer zeigt 1032 Hektopascal. Hochdruck. Zuckerwetter. Noch ein Bier. Nur noch eins. Fliegen. Sechs Knoten macht *Atina*, dieses wunderbare gute alte Holzschiff.

Das Boot ist inzwischen so etwas wie kleines, schaukelndes Heim geworden, gegen das die Wellen klatschen, ein winziges Zuhause auf dem Wasser. Wer sich so fortbewegt, erlebt das Reisen in seiner uralten Form. Die Weggefährten sind die Wellen, der Himmel, die Sonne, die Wolken und, in guten Nächten, die Sterne. Sonst nichts.

Das Land wird eng, die Welt hinter den Häfen. Die Straßen, die Geschäfte, die Menschen. Ich sehe inzwischen zu, dass ich morgens sehr früh loskomme. Raus, atmen.

Wer Perlen will, muss sich ins Meer stürzen. Goethe.

Wir laufen durch den Kalmarsund gen Süden. Längst sage ich wir. Ja, *Atina* und ich rollen, surfen bei achterlichem Wind die Wellen herunter und hinauf, bis Bornholm, der Himmel nach wie vor eine riesenhafte blaue Kuppel, die von einem Ende der Welt zum anderen reicht. Wie lange bin ich unterwegs in diesem gütigen Schwedenmeer? Zehn Tage? Zwei Wochen? Auch die Schritte an Deck sind längst vertrauter geworden, die Handgriffe, die Anlegemanöver, die Geräusche, der Geruch.

Eine dieser alten Indianerweisheiten geht so: Wenn du einen Mann verstehen willst, musst du die Prärie einmal in seinen Mokassins durchquert haben. Auf Segelboote gemünzt könnten die weisen Worte bedeuten: Wenn du dein Boot kennen lernen willst, musst du einmal Angst auf ihm gehabt haben.

Die Angst kommt an einem Donnerstag.

Diesmal weiß ich, welcher Tag ist. Solche Tage merkt man sich, sie landen als Eintrag im Logbuch, im Menschenkalender.

Die Angst kommt mit einem Fünferwind aus Südwest, der weiter zunimmt. Dann schwillt die Angst an, weil das Land weit weg ist, offene See bis Polen; weil es bis Møn noch immer fünfundzwanzig Seemeilen gegen den Wind sind, es keinen nahen Ausweichhafen gibt und am Ende die Dunkelheit drohen wird. Laut Seehandbuch weht es mit Stärke sechs bis sieben, wenn die Wellenkämme serienweise zu brechen beginnen und erste lange Schaumstreifen das Meer dekorieren.

Sicher, für gestandene Segler mag dies einem leichten Spiel gleichkommen. Nicht aber für einen, der erst einige Jahre auf dem Meer segelt, gerade seinen ersten Törn auf dem neuen alten Boot erledigt und gegen milde drei bis vier Windstärken aus Ost in der Regel absolut nichts einzuwenden hat. Es ist halb fünf am Abend, als ich entscheide zu reffen, die Segel zu verkleinern. Das erste Mal. Es musste ja irgendwann kommen.

Nun ist mein alter »Winga«-Kreuzer keine Hightech-Yacht. Das Boot besitzt keine Seereling, keine ins Cockpit umgelenkte Reffleine, keine Reffhaken; von Segeln, die sich salopp einrollen lassen, ganz zu schweigen. Hier bedeutet das Manöver balancieren, festhalten, zupacken. Handarbeit.

Ich liege bei, haste aufs Vordeck, berge das Großsegel. *Atina* wogt artig in den Wellen; nur gut, dass sie nicht stampft und zetert. Ich muss eine Schraube am Mast lösen, einen Teil des unteren Segels aus der Mastspur pressen, das Tuch nach unten schieben, das Meer grollt. Vordere Reffkausch niederbinden, zurück ins Cockpit, Schäkel am Schothorn lösen, zweite Reffkausch niederholen, Achterliek neu einschäkeln und sichern. Seglerarbeit, Seglerlatein. Ich blicke kurz ins schiefergraue Wasser. *Atina* macht gut Fahrt, selbst beiliegend noch.

Jetzt den Unterliegstrecker dichtholen, dann schifte ich die Fock, das kleinere Vorsegel, drehe langsam in den Wind. Bootsschufterei. Zurück nach vorn an den Mast, einmal durch die Waschanlage, patsch! Wusch! Dann das Groß wieder hoch. *Atina* nimmt Fahrt auf. Gleich segelt sie sich leichter, stabiler, als hätte jemand eine Tonne Druck aus dem Segel genommen.

Es wird spät, neun, halb zehn. Von der Kimm schieben dunkle und zerschundene Wolkentürme heran, nur ab und zu brechen die letzten Sonnenstrahlen wie Flammen durch das düstere Bild. Ich habe mich nach Lee in den Windschatten verzogen, hocke unten im weggekippten Cockpit fast neben der Süllkante. Wasser spült vorbei, zum Greifen nah, ein grüngrauweißes Zischen und Schäumen.

Wie weit ist es noch bis zum nächsten Hafen? Es ist noch immer weit genug, die Meilen ziehen sich wie ein nie reißender Kaugummifaden. Ich bin allein auf diesem winzigen Boot. Es gibt keinen anderen Hafen. Die Alternative hieße, eine ganze Nacht nach Osten abzulaufen, nach Rügen oder Polen. Ich besitze keine Seekarten von diesem Seegebiet. Ich will nicht bei sechs bis sieben Windstärken die Nacht segeln. Alles, nur das nicht.

Doch plötzlich erlebe ich einen seltsamen Moment der Ruhe inmitten der irren Natur, im Wind, in den Wellen. Das Boot läuft weiter. Läuft einfach weiter, als sei nichts los. Gutmütig geht der Bug durch die Wellen, nur leicht drücke ich die Pinne nach Luv, als ob das Boot am liebsten allein segeln würde und noch nie etwas anderes getan hätte. Sechzehn Stunden segelt *Atina* jetzt gegenan, diese sechsundfünfzigjährige alte Dame, aber in diesen Stunden wächst das Vertrauen zum Boot, macht große, raumgreifende Schritte. Sie macht sich gut. Sie hält prima durch, viel besser als ich selbst.

Es gibt Menschen, die behaupten, Segelschiffe haben eine Seele. Wir werden die Wahrheit darüber nie erfahren, genauso wenig wie wir die Wahrheit über viele Dinge je erfahren werden. Aber als *Atina* spätabends endlich im Hafen liegt, ruhig und auf eigenartige Weise gelassen, klopfe ich ihr auf das Luk am kleinen Niedergang, blicke lange am Mast hoch und rede, todesmüde, ein paar Worte mit ihr. Die erste richtige Angst auf einem neuen Boot, wenn überstanden, bringt alles zum Leben. Sogar schwimmendes Holz.

Es sind jetzt noch etwa hundertfünfzig Meilen bis in den neuen Heimathafen, je nach Wind, je nach Kurs. Beim nächsten Auslaufen steckt noch eine Spur mehr Sicherheit in den Handgriffen, in den Manövern, in dem Gefühl für das Boot. Schwer zu sagen, in welchen Maßstäben Segelschiffe denken. Aber ein bis zwei Hundsfottlängen, Kupfernietenstärken, Kielschweinfäden oder was auch immer dürfte ich ihr inzwischen näher gekommen sein. Ein ganz klein wenig gehört *Atina* jetzt mir.

Mittags. Auf See. Siebzehn Tage sind wir inzwischen unterwegs. Vielleicht auch achtzehn, neunzehn. Wir ziehen durch das Fahrwasser von Småland, nun weit in dänischen Gewässern, seit Bornholm gab es nur einen letzten Abstecher ins südliche Schweden bei Smygehuk, von wo aus ich einen besseren Windwinkel nach Dänemark bekommen wollte. Ich fixiere die Pinne, auf kleinen Booten eine Möglichkeit der einfachen Selbststeuerung. Ich habe eine dreißig Meter lange Schwimmleine nach achtern ausgebracht; sollte ich über Bord gehen, meine letzte Rettung.

Ich gehe zum Bug, wir kreuzen am Wind, das Boot liegt leicht auf der Seite. Ich sitze an Deck, schaue *Atina* beim Segeln zu. Sie segelt jetzt allein. Ich mache nichts. Zehn Minuten, zwanzig Minuten, eine Stunde. Nur ab und zu gehe ich nach achtern, korrigiere die Pinne, um Kurs zu halten. Zwei Seemöwen kreisen über uns, hoch über dem Mast, weiß und mit ihren weiten, zu den Enden hin ausgefächerten Flügeln. Ich beobachtete die Möwen. Sie segeln und gleiten im Wind, kein Flügelschlag, die Schnäbel gierig gekrümmt.

Wie spät ist es? Wo liegt Afrika? Wo liegt Schweden? Wie flink laufen Antilopen? Wie schnell dreht sich eigentlich die Welt im Universum? Was heißt Meeresleuchten auf Französisch? *Lumière de la mer?* Klingt hübsch, aber es heißt bestimmt anders. Was schert es mich. Ich dichte falsches Meeresfranzösisch.

Die alte *Atina* segelt allein. Ich mache nichts. Liege vorn auf dem Bug. Trinke ein Bier und sehe zu, wie die Tage langsam über Bord kippen.

Es gibt nicht mehr viele Plätze, wo das funktioniert.

Segeln auf dem Meer

WAS SIE WISSEN SOLLTEN

Manche könnten es für einen unerreichbaren Traum halten. Andere mögen denken, segeln auf einem eigenen Boot, das ist doch viel zu teuer! Aber dem ist nicht so. Ein altes Boot zu kaufen, auf dem man übers Meer segeln, auf dem ein bis zwei Leute sogar wochenlang schlafen, kochen und wohnen können – das ist erschwinglicher als sich einen Wohnwagen zuzulegen, ein Auto oder gar so etwas Ephemeres wie, sagen wir, eine Harley Davidson. Und was sind schon tumbe Straßen gegen die schilderlosen Weiten auf dem Wasser?

Auch ich dachte anfangs: Segeln? Zu teuer, geht nicht, lerne ich nie. Doch, es geht. Ich kaufte also ein altes Segelschiff, einfach so, und lernte segeln. Es war das Beste, was ich je in meinem Leben gemacht habe. Das Boot ist klein (obschon es sehr schön ist), aber zwei Leute können auf den schmalen Kojen problemlos schlafen, ein zweiflammiger Spirituskocher dient als Herd. Ich habe schon Fisch und Koteletts darauf zubereitet, Nudeln und Milchreis. Ich habe schon fünf, sechs Wochen am Stück auf dem Boot verbracht. Es ist mein Fluchtvehikel. Ich kenne keinen besseren Weg, dieser durchgedrehten Welt so einfach, so schnell und auf so schöne Weise zu entfliehen.

Das ist mir das Wichtigste am Segeln. Und die Reduktion. Nur das Nötigste dabeizuhaben, auf kleinstem Raum; es ist ein konzentriertes Dasein, es entledigt einen allen dummen Ballasts. Ein Segelboot ist ein kleines Kloster. Der griechische Philosoph Sokrates sagte einmal in seinem bekannten Dialog zu Phaidros, als sie draußen vor der Stadt wandelten: »Ich habe noch nie so viele Dinge gesehen, die ich nicht brauche.«

Ich mag diese Anekdote. Beim Segeln muss ich öfter an sie denken. Obendrein erzieht einen so ein Boot auch. Der Segler muss dieses und jenes machen, tun, erledigen. Muss sich ständig um das Boot kümmern. Er darf nie faul, nie träge werden. Und doch, wenn alles geschafft, ist der Müßiggang nirgends süßer als an Bord eines Segelboots.

Was Sie können sollten

Auch hier sollten Sie das Meer, das Wasser mögen. Wer das Wasser nicht mag, wird keine gute Zeit haben auf einem Segelboot. Wer nicht schwimmen kann, wird diese Angst nicht los, sie segelt dann immerfort mit. Ansonsten brauchen Sie einen Segelschein, obwohl Sie ihn vom Gesetz her nicht benötigen, solange der Motor an Bord weniger als fünf PS hat. Sie sollten einfach segeln können. Wissen, woher der Wind kommt. Wie man die Segel stellt. Was bei mehr Wind zu tun ist. Wie Wenden und Halsen funktionieren. Das alles lässt sich lernen, es ist keine Hexerei. Einen Grundschein zu machen kann natürlich nicht schaden, einen so genannten A-Schein. Sie können ihn etwa auf einem See erwerben, es ist gar nicht so teuer und auch nicht so schwierig.

Dann, es bleibt nicht aus, müssen Sie üben, üben, üben. Der Wind ist dabei Ihr Freund, er treibt Sie und das Boot voran. Aber der Wind kann auch zum schlimmsten Feind werden. Wenn der Wind plötzlich zunimmt, und damit ist besonders auf dem Meer stets zu rechnen, verändert sich die Welt sofort, das Meer dreht sich auf den Kopf, es sprudelt und schäumt. Der Wind reißt in den Segeln und droht, das Boot auseinanderzunehmen. Sie sollten das zunächst meiden oder wissen, was zu tun ist.

Viele Menschen an Bord eines Segelboots werden seekrank. Dagegen ist kaum etwas zu machen. Einige überstehen es, leiden tapfer. Dann geht die Seekrankheit vielleicht vorüber. Andere ertragen Höllenqualen, sie wollen nie mehr wieder ein Boot betreten. Ob Sie seekrank werden, müssen Sie für sich selbst herausfinden. Bis heute gibt es keine verlässliche Methode, dem alten Übel beizukommen.

Wer sich dann wirklich ein eigenes Boot zulegt, der, nun ja, bindet sich einen schönen dicken Klotz ans Bein. Es gibt ständig viel zu tun, zu basteln und zu fummeln. Endlos lange Listen müssen geschrieben werden: Schrauben, Schwimmwesten, Wanten, Splinte, Tauchpumpen, Lacke, Farben, Flaggen, Segelnähzeug, Werkzeug, Messingschrauben, Schleifpapier und so weiter und so fort. Dazu noch dieses und jenes, dies und das. Es nimmt kein Ende. Ein Tüftler sollte sein, wer ein Boot hat. Oder zumindest die Bereitschaft mitbringen, zu einem kleinen Tüftler zu werden.

Doch zur Beruhigung: Wenn ich das geschafft habe, schafft es jeder. Ich besaß nämlich, wenn es ums liebe Handwerken geht, drei bis vier linke Hände. Aber auch ich habe gelernt, habe Erfahrungen gesammelt. Sicher, die eine oder andere Schraube brach ab, beim Lackieren saute ich mich ständig von oben bis unten ein, ich kippte Lacktöpfe um, schliff fürchterliche Schrammen in den Rumpf und rief bei den Winterarbeiten wiederholt und entnervt nach dem Bootsbauer, nur um kapitulierend zu erklären: »Ich kann nicht mehr! Ich will nicht mehr! Ich geb's auf! Ich verkaufe alles!«

Es ging doch weiter. Das Boot hielt mich bei der Stange. Das soll ein anderer erst mal schaffen.

Wie hart ist es wirklich?

Das Abenteuer, ein kleines Segelboot zu besitzen (und es zu segeln), reicht von null bis zehn. Denn ja, hierbei ist definitiv alles drin. Manchmal sitzt man beim Ankern an Deck, ein großes, schönes, kaltes Getränk in der Hand, besieht sich stolz das Holz, badet, hört Musik, schaut in die Wolken. Alle Hektik ist verpufft, und das Hören der Nachrichten über den kleinen Weltempfänger bekommt eine traurige, fast tragische Note. Auf dem Boot klingen die Schlagzeilen aus Politik, Wirtschaft und Gesellschaft wie Botschaften aus einer fernen Hölle, der man gerade noch mal entwischt ist.

Es kann aber auch ganz anders kommen. Ich erinnere mich. Einmal geriet ich, nur knapp nördlich einer kleinen Insel, in ein so fürchterliches Gewitter, dass mir vor Schreck das Glas aus der Hand fiel und ich mich auf der Stelle in jedem Büro freiwillig unterm Schreibtisch verkrochen hätte. Der Himmel, eben noch blau und gütig, nahm binnen Minuten ein mattes Schwarz an, dann flogen graue Wolkentürme heran, als würde sich eine lärmende Stadt wie New York übers Meer wälzen – direkt auf einen zu. Dann ging es los. Plötzlich konnte ich keine fünfzig Meter weit mehr sehen, Hagel- und Graupelgeschosse flogen mir waagerecht um die Ohren, das Deck meines kleinen Boots war – obschon mitten im Sommer! – mit den Eiskugeln übersät, derweil der Wind die Welt aus den Angeln hob, das Boot einen wilden Tanz aufführte und der Mast in markerschütterndes Heulen verfiel.

Mit so etwas ist zu rechnen. Segeln hat somit fast alles zu bieten, auch wenn das Revier nur die kleine Ostsee ist. Mal herrscht Hawaii, mal Grönland. Stellen Sie sich also, falls Sie sich tatsächlich mit dem Gedanken tragen, ein eigenes kleines Segelboot zu pilotieren, lieber auf das Schlimmste ein. Sturm, Kälte, Starkwind.

Irgendwann werden Sie es damit zu tun bekommen. Doch wie soll sich ein Nichtsegler das vorstellen?

Suchen Sie am besten während eines herbstlichen Hagelsturms einen Kinderspielplatz auf, setzen Sie sich auf eine große Schaukel und beginnen Sie zu schaukeln. Ihr Lebensgefährte soll Ihnen dabei alle dreißig Sekunden einen vollen Eimer Wasser ins Gesicht schütten, und um den Anflug einer möglichen Seekrankheit zu simulieren, sollten Sie zuvor zwei bis drei vergammelte Fischbrötchen essen und ein Glas Senf mit Salz trinken. Und nun müssen Sie, je nach Dauer des Törns, zwischen zwei und zehn Stunden durchschaukeln. So bitter kann es sein, da draußen auf dem Meer. Wobei wir freilich noch nicht die Wellen und die Angst, zu ertrinken, einkalkuliert haben.

Wer das mag und nichts gegen Schwielen an den Händen und Salzkrusten in den Haaren hat, soll sich ruhig ein Boot zulegen. Ein wirklich schönes Hobby. Die Belohnung nämlich kommt immer. Abends im Hafen. Schwebend auf dem ruhigen Wasser, im Schein der warmen Petroleumlampe sitzend und mit einem eiskalten Drink in den Händen.

Informationen

Wer sich ein eigenes Boot kaufen will, sollte sich vorher schlaulesen. Zum Beispiel in Zeitschriften wie der »Bootsbörse«, da stehen jeden Monat zig Boote drin, die recht günstig zu schießen sind. Freilich sind bei so einem Kauf tausend bis zweitausend Faktoren zu berücksichtigen, aber damit will ich Sie nicht einschüchtern. Sie brauchen einen Experten, der Ihnen anfangs zur Seite steht. Danach gilt: Learning by doing. Kaufen, segeln, leiden. Dann, eines Tages, stellt sich die unermessliche Freude ein, allein auf seinem Boot übers Meer zu segeln.

Und vielleicht wollen Sie ja doch vorher segeln lernen. Es ist ratsam, vorab den so genannten A-Schein, heute »Sportbootführerschein Binnen unter Segel« zu machen. Dieser circa vierwöchige Kurs ist bei jeder Segelschule zu absolvieren, auch im Binnenland an allen Seen. Wer danach auf See segeln will, darf mit dem »Sportbootführerschein See« liebäugeln. Schulen und mehr Informationen finden Sie unter:

www.segeln-segelschule.de
www.dsv.org

KOSTEN

Einen A-Schein zu machen kostet um die 500 Euro mit Prüfungsgebühr. Auch der Sportbootführerschein See kostet in etwa die gleiche Summe. Wenn Sie sich dusselig anstellen, ständig Bojen und Stege rammen und darum zig Extra-Stunden benötigen, wird es natürlich etwas teurer. Und nun zum Boot. Kaum zu glauben, aber günstige Segelschiffe, die tatsächlich seetüchtig sind, zumindest für die Ostsee, sind bereits ab 5000 bis 6000 Euro zu haben. Dafür bekommen Sie zwar keine Superyacht, aber durchaus einen kleinen lieben Kahn, auf dem sich sogar schlafen lässt. Diese Summe ist, wie ich finde, bestens investiert. Sie besitzen dann nämlich ihr persönliches Weltfluchtvehikel, mit dem Sie dem ganzen Irrsinn auf wunderbar leise Weise entschweben können.

Jenseits von Agadez

Lagerfeuergeflüster mit Trekkingtouristen

TÉNÉRÉ-WÜSTE

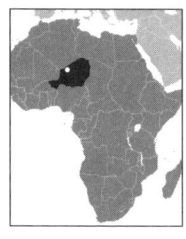

Über das Reisen ist viel sinniert, viel geschrieben worden. Jeder kennt die oft zitierten Worte, längst weise Rede des Volksmunds: *Reisen bildet*. Über den tieferen Sinn des Aufbrechens und Ankommens machten sich schon zahllose Dichter und Denker ihre Gedanken. So schrieb, um ein Beispiel zu nennen, Paul Heyse:

Durchschweife frei das Weltgebiet,
willst du die Heimat recht verstehn.
Wer niemals außer sich geriet,
wird niemals gründlich in sich gehen.

Oscar Wilde verstieg sich zu dieser Erkenntnis: *Reisen veredelt den Geist und räumt mit Vorurteilen auf.* George Bernard Shaw brachte hervor: *Halte dich sauber und hell – du bist das Fenster, durch das du die Welt sehen musst.* Der Schriftsteller Benjamin Disraeli schrieb gedankenschwer nieder: *Das Reisen lehrt Toleranz.* Goethe war gar der Überzeugung: *Du kannst dich nach Belieben in der Welt umsehen, denn die beste Bildung findet ein (gescheiter) Mensch auf Reisen.*

Tiefschürfende Reflexionen sind es, mit denen die schlauen Geister uns versehen haben. Das Reisen gilt in ihren Meditationen als Tugend, ein Daseinszustand, der dem Menschen Wissen beschert und Demut schenkt. Doch lehren uns all die großen Worte noch etwas anderes – nämlich dass all die weisen Dichter und Denker bisweilen auch fürchterlich irren können.

Damit zur Sache.

Die folgende Geschichte spielt in der Südsahara, genauer gesagt in den Weiten der Ténéré-Wüste nördlich der Sahelzone. Hauptdarsteller sind ohne Zweifel sechs deutsche Reisende, Menschen jener Gattung, die heute als Trekkingtouristen durchgehen. Die Aktiven haben sich per Katalog ins absolute Abseits gebucht; über zwei Wochen nomadisieren sie mit acht Tuareg-Führern durch die nigrische Ödnis, wo sie wandern, reiten, zelten und das einfache Leben der Wüstenbewohner erfahren wollen. In den Nebenrollen: Vierzehn tödlich genervt blickende Kamele und Koch Moussa aus Burkina Faso, den zur Zeit ein Hexenschuss quält.

Die deutschen Trekker waren von Niamey, der Hauptstadt des Nigers, aufgebrochen. Danach führte der Weg die Reisenden quer durch die bettelarme Sahelzone, wo die Menschen unter zerrissenen Planen lebten, Wasser meilenweit in Krügen und Tüten trugen und die Hitze damit loslegte, einem die Kehle zuzuschnüren.

Die nächste Station, welche die Abenteurer aus dem fernen Europa passierten, hieß Iférouane, ein Militärposten im

Sandmeer, wo ein paar Straßenverkäufer Holzklimbim verkauften, Soldaten in hellblauer Camouflage standen und die Abenteurer sich mit barfüßigen Kindern fotografieren lassen konnten, um bald wieder in den Staubwolken ihrer Jeeps am Horizont zu verschwinden.

Nach drei Tagen derartiger Anreise waren sie am eigentlichen Ziel angekommen: am Eingang zur Wüste Ténéré, weit und breit das ausgedehnte Nichts, gefüllt lediglich mit Sand und Steinen und einigen Dornenbüschen. Hier nun trafen die deutschen Reisenden auf eine Gruppe Tuareg-Nomaden, hochgewachsene, schlanke Menschen, die seit jeher in dieser Wüste leben und sich ihr angepasst haben. Die Tuareg nehmen seit einiger Zeit Fremde mit und führen sie wohlwollend durch die größte und feindlichste Einöde der Erde.

Denn sie wissen nicht, was sie tun.

Es ist heiß hier draußen in der Wüste, so heiß, dass einem die Sonne den Kopf zersägt. Im Westen schweigen tausend Meter hohe Geröllberge, im Osten branden die Sanddünen heran wie erstarrte Wellen aus gelbem Mehl. Die Trekker sind nun bereits zwei Tage und Nächte in der Wüste unterwegs, jeweils zwei Etappen am Tag legen sie auf Kamelen reitend zurück, zwischendurch wird marschiert. Abends bauen die Helfer der Tuareg, die immer mit zwei Jeeps vorausfahren, die Lager auf und bereiten den Trekkern das Essen zu. Sie legen Teppiche aus und machen ein Lagerfeuer, auf dem der Tee kocht.

So weit, so gut.

Die Truppe der deutschen Trekker pausiert gerade in der Mittagshitze unter einer Akazie, als Expeditionsgruppenleiter

Peter, Abgesandter des Reiseveranstalters, plötzlich den sensationellen Satz in die Runde abfeuert: »Durchfall beginnt im Kopf und endet im Kopf.«

Manfred, einem Ingenieur für Automatisierungstechnik aus Schwetzingen, sind die Yam-Wurzeln, die Koch Moussa am Vorabend serviert hat, quergeschlagen. Der Rat des Expeditionsgruppenleiters gegen die Diarrhoe-Attacke ist so simpel wie genial: »Drei Tage nichts essen, nichts trinken und vor allem – gar nicht daran denken!« Manfred, der Automatisierungsexperte, der mindestens einmal im Jahr zu exotischen Reisen dieser Art aufbricht, um einen »klaren Kopf zu bekommen«, nickt, lupft seinen feuerwehrhelmartigen Sonnenhut vom Kopf und beginnt mitten in der Wüste damit, fünfzehn Postkarten vollzutexten.

Eine fast schon unheimliche Ruhe umgibt das Lager, als plötzlich die Stimme von Karl-Heinz in die Stille kracht. Karl-Heinz ist ein extrem rüstiger Rentner mit dem Mitteilungsbedürfnis eines nicht mehr deaktivierbaren Radioweckers. Karl-Heinz trägt komplettes Safari-Outfit samt atmungsaktiver Wanderboots, Heinz-Sielmann-Matte auf dem Kopf und schmettert los: »Wie einst in Schwarz-Schwarz-Afrikaaaaaa, wir ritten auf den Dromedaaaaaars!«

(Anzumerken ist an dieser Stelle, dass die aufgeführten Zitate unverfälschte Originalzitate sind und dass ich nach drei Tagen an der Seite der Trekkingtouristen aufgehört habe, mir Notizen zu den Tuareg und zur Wüste zu machen, sondern fortan mehr damit beschäftigt war, die sagenhaften Gespräche der Abenteuerreisenden aufzuzeichnen. In dieser Hinsicht besitze ich ausnahmsweise unerschöpfliche Kondition, Nerven aus Stahl, und weit und breit lag kein Knüppel herum.)

Durch den nicht zu überhörenden Weckruf des Wüstenreisenden Karl-Heinz ist nun auch Regina aus ihrem Mittagsschläfchen erwacht; sie hatte eine ganze Zeit lang regungslos auf dem Wollteppich im Schatten gelegen und leise geschnarcht. Regina ist eine Pädagogin aus Remscheid mit ausgeprägtem Nepal-Faible. Sie hat, laut ihren Reiseschilderungen, schon zwölf Himalajatrips hinter sich und kann sehr traurig blicken, wenn sie über den modernen Tourismus spricht und Sätze sagt wie: »Die Routen im Süden Nepals sind total überfüllt, da laufen jetzt schon die Pauschaltouristen durch die Gegend.«

Eine der Hauptbeschäftigungen des modernen Trekkingreisenden scheint es zu sein, während einer Reise über möglichst viele andere Reisen zu sprechen, die er im Laufe seines Lebens absolviert hat.

Hilde, eine Trekkingveteranin mit großer Gletscherbrille, Nepal und dem Himalaja nicht minder zugeneigt, hasst Pauschaltouristen ebenfalls. Sie zippelt gerade an ihrer Gletscherbrille herum, an der der linke Bügel nicht richtig spurt, und sagt mit der Strenge einer bayerischen Offizierin, dass sie Nepalreisen in Zukunft nur noch mit Führern buchen werde, auf die wirklich Verlass sei.

Dann kracht die nächste Anekdote in die Luft. Hilde fährt fort: »Letztes Jahr am Dhaulagiri, die Überschreitung mit dem Helmut Zierl, die war großartig. Kein Mensch, unberührte Natur, und der Helmut hatte sogar die betrunkenen Sherpas im Griff.« Die Sherpas, erklärt Hilde, würden beizeiten ziemlich viel Maisbier saufen. Manchmal würden sich die Träger bei den Anstiegen mit den Trekkern einfach hinsetzen und einschlafen. Da müsse dann schon mal »eine harte Hand ran«, um das im Katalog ausgewiesene Streckenpensum einzuhalten.

Der Automatisierungsexperte blickt von seinen Postkarten auf und nickt. Woraufhin der Radiowecker völlig unvermittelt in die Hitze trompetet: »Auf, auf zum Okavaangoooooooo, mit den Mohren auf dem Koongoooooo!«

Als die Trekker, noch immer auf den ausgelegten Wollteppichen der Tuareg pausierend, anschließend die Höhenanpassung in den bolivianischen Anden diskutieren, kommt Koch Moussa plötzlich schwer vornübergebeugt herangeschlurft und fragt leise, ob die Gruppe nun bereit sei zum Weitermarsch. Die Kamele seien beladen, man wolle nun zur Nachmittagsetappe aufbrechen zum Adrar Chiriet, in Richtung der großen Dünen.

Karl-Heinz, der stark darunter leiden muss, nicht bei der britischen Kolonialisierung dabei gewesen zu sein, ist sofort auf den Beinen. Er gibt der Gruppe noch den Hinweis, jetzt bloß »keine falschen Fehler« zu machen. Dann bricht er in hysterisches Gegacker aus und schreitet schon mal zu Fuß voran, etwas Unverständliches, wahrscheinlich eine Kavalleriehymne, Richtung Ägypten brüllend. Doch muss sich die Wüstenluft aus eigenartigen Molekülen zusammensetzen, denn plötzlich werden die Gesänge von Karl-Heinz ungefiltert herübergetragen. Er muss gerade eine Tüte Survival-Nüsse oder ähnliches aus seinem Hemd gekramt haben, hinten von den Hügeln her jedenfalls hallt es: »Heia, heia, meine Herrn! Greifet hinein ins vooo-ooooooooolle Nüssli-Leben!«

Dann macht sich auch der Rest der Truppe parat, sammelt die Sachen ein, steckt die Trinkflaschen in die Halfter und besteigt die Kamele. Als Letzte wird Regina, die zweite, von einem der Reitkamele hochgewuchtet. Regina, die zweite, ist Bankangestellte, ebenfalls total Nepal-begeistert und trägt ein Ethno-T-Shirt mit der Aufschrift »Shitwan« Nationalpark. Sie spricht das Wort knallhart mit deutscher Phonetik aus und zeigt auf das Motiv: Auf ihrer enormen Brust wölbt sich ein nepalesisches Panzernashorn, das nun auf einem Kamel durch die Wüste des Nigers reitet und dabei auf und ab wackelt.

Und so ziehen die Trekker weiter, auf der täglichen Nachmittagsetappe durch die größte Wüste der Erde, an der Seite der Tuareg.

Noch Stunden später keult die Sonne vom Firmament, als sich dem Treck auf einmal ein kleines Mädchen aus einer nahe gelegenen Nomadensiedlung nähert. Die Kleine trägt ein zerfetztes Kleid, ist barfuß und hat schwarze Haare, die wie ein Strauß Dornen von ihrem Kopf abstehen. Sie bleibt vor den Trekkern in einer gewissen Entfernung stehen, beäugt die Fremden wortlos. Die Trekker stoppen nun ihrerseits, zwecks Kulturaustausch und um Fotos zu machen. Da kommt Regina, die Pädagogin, plötzlich auf eine Idee.

Sie steigt von ihrem Kamel herunter, marschiert frontal auf das Nomadenmädchen zu und drückt der Kleinen eine Tüte Werther's-Echte-Karamel-Bonbons in die Hand. Dann bittet sie die Kleine, dies mit senkrecht in die Luft gestellten Handflächen, kurz in dieser Position zu verharren. Das Nomadenmädchen, leicht irritiert, steht nun also mit der Tüte Werther's-Echte-Bonbons regungslos in der Hitze, derweil die Trekkinggruppe dem Akt höchst interessiert zusieht.

Dann zückt die Pädagogin Regina in rasender Geste die Kamera aus ihrem atmungsaktiven Hemd, weil auf der Werther's-Echte-Tüte ein Preisausschreiben ausgelobt ist, welches besagt, dass, wer das außergewöhnlichste Foto mit einer Werther's-Echte-Tüte macht und einschickt, eine Digitalkamera vom Typ Olympus Camedia C-5050 Zoom gewinnen kann. »Versuchen kann man es ja mal«, sagt die Pädagogin Regina, während im Kongo Hyänen tot umfallen und Afrika brennt.

Anyway. Das Foto ist im Kasten, das Nomadenmädchen sagt kein Wort, starrt regungslos auf die Fremden mit ihren Sonnenhüten. Dann nimmt die Pädagogin dem Mädchen die Tüte ab und verstaut diese wieder in ihrer Bauchtasche. Kindern ferner Länder Bonbons zu schenken ist ein leidiges Thema unter Trekkern; Zucker und schlechte Zahnpflege in der Dritten Welt bieten ausreichend Gesprächsstoff. Erfahrene Trekker schenken lieber Kugelschreiber, Malbücher, Seife, ausgediente Trekkingsocken oder andere Kleinteile ihrer Ausrüstung. Aber bloß keine Bonbons.

Dann schaukelt die Trekkingkarawane weiter, während aus der Ferne erneut eine stramme Suada von K.-H. ertönt, wie er seit kurzem genannt wird. K.-H. ist bereits vorausmarschiert, wie immer, dies in der Regel summend und bei fantastischer Laune.

Moussa, der im Jeep vorausgefahren ist, schleppt gerade zwei Äste zum Lagerfeuer, als die vierzehn Kamele und die sechs Outdoortouristen gegen sechs Uhr endlich das Nachtlager erreichen und die Sonne blutrot hinter die Dünen sinkt. In Rekordzeit sind die Zelte aufgestellt (dies müssen die Trekker selbst erledigen). Die Zelte sind, so weit es der Novize erkennen kann, Top-Produkte. Aluminiumgestänge, geodätische Kuppelform, federleicht. Allerdings ließe bei dem North-Face-Modell die Wassersäule zu wünschen übrig, schimpft Hilde, nichts, absolut nichts für den Himalaja; als Grund für die patzige Materialverarbeitung äußert sie die Vermutung, dass die verfluchten Dinger wahrscheinlich längst in China gefertigt würden.

Vor den Zelten saugen die Dünen nun die letzte Sonne in sich hinein, das Licht die reinste Magie, während die erhabene Wüste schweigt und ein Wunder ist.

Kaum fünf Minuten, nachdem die Zelte aufgebaut sind, versammeln sich zwölf Trekkingsocken in Erwartung des Abendessens um den bereits von Moussa abermals ausgerollten Wollteppich, als der Automatisierungsexperte bemerkt, dass die kleine Campinglampe an diesem Abend fehlt. Manfred, dem ein Frisör mit Sinn für Ironie einen umgekehrten Nachttopf auf den Kopf gemeißelt hat, sagt: »Ich wette, denen ist das Gas ausgegangen.«

Hilde rempelt daraufhin ihren bis dahin eher stillen Ehemann Dieter an, der sofort reagiert: »Mouuuusssssssaaaaaaaaaa!« Koch Moussa aus Burkina Faso, der hinten am Lagerfeuer gerade eine frisch geschlachtete Ziege für die Gruppe auf einen Ast über dem Feuer spießt, steht auf und balanciert nun mit einer kolossalen Salatplatte in beiden Händen auf die wartenden Trekker zu.

Der Gute ist ein Multitalent. Er hat sich die Gaslampe zwischen die Zähne geklemmt und zur Entschuldigung auch noch ein fulminantes Grinsen aufgelegt, weil er nur wenig Französisch spricht. Nun kann man eine riesige Salatplatte jedoch schlecht auf einem vollbesetzten Wollteppich abstellen, zumal, wenn man eine Gaslampe zwischen den Zähnen hängen hat und obendrein an einem Hexenschuss leidet. Wie ein wackliges Gestell sinkt Moussa vor den Trekkern in die Knie, woraufhin der Schein der Gaslampe zwischen seinen Zähnen die Salatplatte in der Wüstennacht aufleuchten lässt. Generalmajor K.-H., der die Platte bereits von weitem gemustert hat, fällt prompt ein Reißer ein: »Merci«, sagt er, blickt kurz und keck in die Runde und schiebt nach – »oder auch *mercy*, wie der Engländer sagen würde.«

Manfred, der Automatenprofi, guckt fragend in die Runde, dann sagt er: »Gib ma' die Lampe her, ich sehe doch von hier, dass der Gashebel schon wieder klemmt.«

Acht weitere Tage ist die Gruppe unterwegs, an denen im Prinzip nur drei wichtige Vorkommnisse hervorzuheben sind. Am Samstag, zwei Tage früher, als ausdrücklich im Katalog aufgeführt, ist Koch Moussa mitten in der Wüste das frische Gemüse ausgegangen, weshalb er Konserven öffnen musste und die Trekkingveteranin ihrem Gatten Dieter befahl, dies in der Kommentarliste an den Veranstalter zu vermerken. O-Ton Hilde: »Das geht gar nicht.« Am Montag verschwand das Panzernashorn (Regina zwei) wie jeden Morgen in den Dünen, hatte jedoch die Klopapierrolle vergessen und rief nun hektisch und wiederholt nach der Pädagogin (Regina eins).

Ansonsten legte die Gruppe ein insgesamt zackiges Tempo vor, einhellig der Meinung, dass die Wüste zwar eine großartige Erfahrung sei, jedoch eindeutig zu wenig Berge für gelegentliche Anstiege böte. Hilde ging zudem in den letzten vier Tagen die 50er-Sonnencreme aus, weshalb Gatte Dieter ordentlich auf die Mütze bekam und die Laune zwischen dem weltreisenden Ehepaar für zwei Tage ihren Tiefpunkt erreichte.

Und als Generaloberst K.-H. sich zum Ende der Reise auf einer Nachmittagsetappe dazu entschied, nicht neben der Gruppe zu Fuß durch die Wüste zu marschieren, sondern sich auf das vorsichtshalber gebuchte Kamel zu schwingen, blieb dieses einfach stehen und wollte partout nicht loslaufen. K.-H., unerschrocken und noch immer bester Dinge, kam nach wenigen Minuten hoch oben auf dem Kamelrücken zu dem Schluss, das die »Mistviecher unzureichend trainiert seien« und auch hier eine harte Hand fehle, um die Tiere in jeder Situation gefügig zu machen.

»Wir rei-heiten gen Sü-ü-üden! Und werden nicht ermühü-den!«

Dann aber noch ein Vorfall, ein finaler Paukenschlag, der der Reise durch die Wüste am Ende die Krone aufzusetzen drohte. Am letzten Expeditionstag kommen die Abholjeeps sage und schreibe zwei Stunden zu spät zum Rendezvouspunkt, woraufhin der Bayer Dieter ausrastet. »Des is soawas von schlampig organisiert, i hoab die Schnauze voll!« Expeditionsgruppenleiter Peter merkt vorsichtig an, dass man sich in Afrika befände, zudem in einer der größten Wüsten der Welt. Doch Hildes Gatte, der für die letzten zwei Wochen 3470 Euro bezahlt hat, um die Welt der alten Wüstenbewohner kennenzulernen, ist nicht mehr zu halten: »Joa! Des is mia scheißegoal! I sag's jetzt no a mal, i hoab die Schnauze voll!«

Eine Stunde später nehmen die Weltreisenden dann endlich ihre Plätze in den Jeeps ein, die sie 1400 Kilometer südlich bis in die Hauptstadt Niamey fahren werden. Moussa bekommt zum Abschied ein Paar alte Trekkingstiefel geschenkt, einen Sony-Walkman und eine Meditationskassette mit dem Titel »Unberührte Wüstenlandschaften«.

Hilde, die Veteranin, vergisst in der Hektik, dem zurückbleibenden Moussa Servus zu sagen, fährt ihren Gatten an und fragt: »Wie heißt noch mal unser Fahrer, der mit den spitzen Schuhen?« – »Mohammed, Mohammed, meine Dame, ganz wie der Prophet!«, antwortet prompt General-Radiowecker K.-H. aus zweiter Reihe, weil er alles hört. Kurz darauf setzen sich die Fahrzeuge in Bewegung, ächzen zurück Richtung Zivilisation und passieren abermals die müllverklebten, bettelarmen Siedlungen der Sahelzone.

Gegen fünf Uhr nachmittags, sie hatte während der Fahrt entweder gedöst oder über die Klimaanpassung in fernen Ländern doziert, fällt Hilde plötzlich auf, dass Fahrer Mohammed den ganzen Tag lang nichts gegessen hat. Der inzwischen leicht gebeutelte Expeditionsgruppenleiter Peter erklärt, dass im Lande seit drei Wochen Ramadan gefeiert würde. Hilde fällt daraufhin prompt ein, dass die Muslime zu dieser Zeit während des Tages nichts essen dürfen, streckt aber weiterhin ihre nackten Füße zum Kühlen über die Mittelkonsole nach vorn, so dass sie Fahrer Mohammed quasi im Gesicht kleben. Zum Glück versteht Hilde kein Wort Französisch, sonst würde Mohammed womöglich auch mal eine Anmerkung springen lassen, nämlich die, dass es bei Muslimen bereits als tödliche Beleidigung gilt, jemandem mit übereinander geschlagenen Beinen auch nur die Schuhsohle zu zeigen.

Doch so, Allah sei Dank, verläuft die Weiterfahrt glimpflich.

Am Abend, nach dreizehn Stunden peinigender Fahrt, erreichen die Globetrotter das Hotel, in dem die Gruppe die restlichen Stunden bis zum Abflug verbringen wird. Und hier endet diese Geschichte.

Zum Abschluss sei lediglich noch gesagt, dass General-Radiowecker K.-H. beim Verlassen des Hotels ein längeres Gespräch mit dem schwarzen Portier führte, obwohl der kein einziges Wort Deutsch verstand, und dass das Panzernashorn am Airport minutenlang von einem Souvenirverkäufer gejagt wurde, der der Trekkerin namens Regina ein vierzig mal fünfzig Zentimeter großes Mahagonikamel andrehen wollte.

Um exakt null Uhr zehn, über dem Niger brütete eine pechschwarze Nacht, bestiegen die sechs deutschen Wüstenreisenden schließlich einen randvollen Airbus von Air France und flogen nach fast drei Wochen Afrika zurück in ihre guten Stuben.

»Nur wenige sind sich bewusst, dass sie nicht nur
reisen, um fremde Länder kennen zu lernen, sondern
auch, um fremden Ländern die Kenntnis des
eigenen zu vermitteln.«

– WILLIAM SOMERSET MAUGHAM

Amen.

Trekkingreisen

Was Sie wissen sollten

Gibt man bei Google das Wort »Trekkingreisen« ein, so spuckt die Suchmaschine in zwanzig Sekunden eine halbe Million Ergebnisse aus. Ich weiß nicht, ob solchen Recherchen zu trauen ist, finde das Resultat aber dennoch erschreckend. Denn selbst, wenn es unpräzise sein mag, spiegelt es doch die Verbreitung dieser Art des Reisens wider.

Inzwischen sind Trekkingreisen sogar in Sibirien, Liberia und in der Arktis zu buchen. Im Himalaja müssen die Routen und Hänge inzwischen derart überlaufen sein, dass selbst die Yaks und Kakerlaken heute zur Minorität gehören.

Kaum ein Fleckchen Erde, wo die Trekker nicht mit entsprechender Ausrüstung und Lebenseinstellung auf Achse sind, um die letzten Winkel der Natur zu durchkämmen. Die Ausrüstung erhalten die Aktiven heute in einschlägigen Outdoorläden. Zu den obligatorischen Reiseutensilien zählen das rapide aufzubauende Zelt, vor allem aber Fleece-Hosen, Fleece-Jacken, Fleece-Socken, Fleece-Ohrstöpsel und ab 3000 Meter wahrscheinlich längst auch Peniswärmer aus Fleece. Ferner stets dabei: Trink- und Thermosflaschen der Schweizer Marke Sigg, die klassische Stirnlampe sowie die legendäre Trekkingsandale aus Gummi, die es heute in zahllosen Varianten gibt. Mit Klett, ohne Klett. Mit Flusssohle, Wüstensohle oder Bergsohle.

Inzwischen existieren auf dem Markt sogar »Handbücher der Trekkingmedizin« sowie Treckingsocken namens »Devil's Peak« und »High Colorado« mit ergonomischer Links-Rechts-Passform, eingearbeiteten Flexchannels und 3D-Ausrichtung für maximierten Tragekomfort.

Es ist so.

Falls Sie jemals zu einer Trekkingreise aufbrechen sollten, müssen Sie sich darüber im Klaren sein, dass die Ausrüstung das A und O ist. Erst danach sollten Sie sich näher mit dem Zielgebiet beschäftigen, in welches Sie zu reisen gedenken. Die Wahl des Zielgebiets wiederum ist ein Kapitel für sich und hängt maßgeblich vom ausgiebigen Studium der Kataloge der Trekkingreisen-Veranstalter ab. Das Angebot ist gigantisch, die Kataloge wiegen in der Regel um die zwei bis drei Kilo und wimmeln vor kleingedruckten Angaben.

Zu berücksichtigen sind dort diverse Reiseleistungen wie Transfers, Sprachkenntnisse des Führers und der Hygienegrad der Berghütten vor Ort. Ferner entscheidend für die Wahl des Reiseziels sind der Hersteller der zur Verfügung gestellten Müsliriegel, eventuell störende Attitüden der Einheimischen im Zielgebiet sowie, ganz wichtig, ob es vom Veranstalter bei Frühbuchung Gratis-Ausrüstungsteile gibt wie etwa einen Packsack für den Schlafsack oder ein Lesezeichen in Indianertürkis für den letzten Ethno-Thriller.

Diese Angaben sollten in etwa genügen, um über den Trekkingtourismus einigermaßen informiert zu sein. Zum Schluss nur noch dies: Selbst wenn Sie nicht zu einer Trekkingreise aufbrechen, rechnen Sie auf jeden Fall damit, zu jeder Uhrzeit und überall auf Erden einer Gruppe stramm marschierender Trekker zu begegnen. Mein Rat: Bewahren Sie in einer solchen Situation die Ruhe. Am besten erst mal eine rauchen und sagen, dass Sie sich verirrt hätten. Anschließend fragen Sie die Trekker nach dem schnellsten Weg ins nächste Fünf-Sterne-Hotel. Dann sind Sie für alle Zeiten unten durch.

Was sie können sollten

Um nicht gleich am ersten Tag in der Wildnis mitleidige bis hasserfüllte Blicke der Trekker zu ernten, sollten Sie zunächst professionell mit ihrer Ausrüstung umgehen können. Dazu zählen das sorgfältige Entkeimen des Trinkwassers durch geeignete Entkeimungstabletten, der korrekte Umgang mit einem Gaskocher, das tägliche Entlüften der Trekkingstiefel sowie das Aufbauen des Zeltes. Letzteres sollten Sie zuvor unbedingt im Garten ausgiebig üben. Falls Sie – so wie es mir mitten in der Wüste unterlief – Ihr Zelt das erste Mal seit Jahren ausbreiten und keine Ahnung haben, wo hinten und vorn ist, wird man Sie für den Rest der Reise nicht mehr ernstnehmen.

Zudem sollten Sie sich vor der Reise ausgiebig mit Amnesty International befasst haben, beim Thema CO_2-Emissionen mitreden und solide über die Probleme der Dritten Welt diskutieren können. Und nehmen Sie bloß ausreichend Bioklopapier mit. Trekker teilen ungern, und spätestens beim Klopapier hört der Spaß endgültig auf.

Wie hart ist es wirklich?

Es gibt kaum Reisen, auf denen eiserne Kondition so entscheidend ist wie auf einer Trekkingtour. Sie gehen schließlich im Pulk und müssen sich dem Tempo ständig anpassen. Wer hier schwächelt und gar zurückfällt, wird auf der Stelle zum schwarzen Peter erklärt und gnadenlos ausgegrenzt. Auch sollten Sie exakt darüber Bescheid wissen, welche Leistungen im Katalog des Reiseveranstalters ausgeschrieben sind. Wer nämlich im Falle eines verspäteten Transfers oder etwa einer unzureichenden Leistungserbringung bei den Mahlzeiten nicht sofort die gemeinsame Regressforderungsliste an den Veranstalter unterschreibt, gilt als Renegat und unerfahrener Snob.

Nun lassen sich solche Fähigkeiten durchaus vorab trainieren. Joggen Sie zudem regelmäßig, lesen Sie die Kataloge, kaufen Sie so viel Ausrüstung wie möglich und tauchen Sie ihren Lonely Planet »Himalaja« zuvor tagelang in schwarzen Tee, damit er schön vergilbt und weitgereist aussieht. Das schindet Eindruck (einen Himalaja-Führer haben versierte Trekker auf jeder Reise dabei; entweder um den letzten Trip dorthin nachzubereiten oder um den nächsten zu planen).

Die entscheidende Fähigkeit jedoch, die Sie für das Abenteuer namens »Trekking« mitbringen sollten, besteht darin, nicht schon am zweiten Tag der Reise zynisch zu werden. Dies ist nicht ganz einfach. Darum vergebe ich für diese Form des Weltreisens auch den Abenteuerfaktor zehn. Härter geht's nicht mehr.

INFORMATIONEN

Ich könnte an dieser Stelle eine Liste mit deutschen Veranstaltern und Agenturen liefern, die Trekkingreisen in alle Welt anbieten. Doch das tue ich nicht. Zum einen würde diese Liste Seiten füllen, zum anderen weigere ich mich, jedwede Verantwortung zu übernehmen. Falls Sie also aufbrechen wollen, marschieren Sie auf eigenes Risiko.

Kosten

Trekkingreisen können ziemlich zu Buche schlagen. Die Veranstalter tun zwar so, als ob würden sie knapp kalkulieren, allerdings dürften die Margen noch immer recht hoch sein. Vor allem, wenn es in die Dritte Welt geht, wo bereits die Impfkosten zuvor in der Heimat schnell das Zwanzigfache des Honorars für die einheimischen Träger übersteigen. Rechnen Sie für eine Trekkingreise mit mindestens 1000 Euro, falls Sie in gemäßigte Zielregionen wie etwa Marrokko oder Libyen aufbrechen. Bei Reisen in die Anden oder gar nach Nepal, Tibet oder Ähnliches müssen Sie ratzfatz mit 3000 bis 5000 Euro kalkulieren.

Ich für meinen Teil würde das Geld jedenfalls anders anlegen. Zwei, drei Nächte in einem Superluxusressort auf den Bahamas etwa. Dabei ist der Reisende die gleiche Summe los, weiß, was er bekommt, und muss nicht ständig so tun, als sei er Mutter Teresa im Thermoleibchen.

Vom Winter verweht

In der eisigen Ereignislosigkeit der dänischen Inseln

FÜNEN

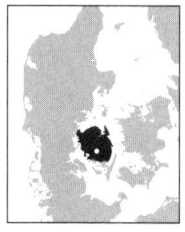

Es scheint, als würde der Fremde in einer Welt ohne Farben nicht besonders schnell fündig werden. Wo sind die Bilder, wo ist das Leben? Alles wie tot. Und doch, irgendein Geheimnis schweigt hinter dem grauen Winter. Hinter dem Land, dem Meer, den Inseln. Aber warum so viele Fragen stellen? Wahrscheinlich braucht Geduld, wer verstehen will. Wie der Kormoran. Seit zwei Stunden steht er regungslos, wie aus Pappmaché gefertigt, auf einem Holzpfahl im Wasser und trocknet seine Flügel im Wind. Kalt ist's.

Dann beginnt es zu schneien. Das Land wird weiß, verblasst. Alles verleibt sich der Himmel ein. Die Ostsee, die Felder, die Bauernhöfe und die gekenterten Bollerwagen im Dorfteich. Alles streicht der Himmel mit grauer Milch. Sonst passiert nichts. Die Ereignislosigkeit wird zum einzigen Ereignis, wenn der Winter über der dänischen Südsee hängt wie durchsichtiges Blei.

Eis auf unserem Schiff. Ein Motorsegler aus Stahl, das Vehikel in die winterliche Langsamkeit hier draußen im Meer.

Die Wanten und Stage sind verklumpt vom gefrorenen Nass, durchsichtige Zapfen und Schnee dekorieren das Deck, den Mast, die Aufbauten der Kajüte. Geisterschiff.

Blick nach draußen durch die Bullaugen. Ærø, Lyø, Drejø, Björnø, Strynø und die anderen schlafen. Zehn kleine Inseln, deren Namen wie die strohblonder Lausbuben klingen, liegen unterhalb Fünens im Meer. Im Sommer malen Wolken, Himmel und Sonne die Inseln kunterbunt an, rapsfeldgelb, minzgrün, das helle strahlende Beige der Felder. Jetzt im Winter ist's nur mehr ein verlassenes Nebelreich. Leergeputzt die Buchten und Strände. Die kleinen Häfen und Anleger versinken im Dunst, im großen Grau, es scheint, als hätten die paar Vögel und Menschen, die hier ausharren, die Welt für sich.

Im Sommer reden sie schon nicht viel. Im Winter aber reden sie fast gar nicht mehr. Lars, Palle, Nils und Steen. Der Maurer, der Kaufmann, der Zimmermann und der Fischer von Lyø. Genau wie die Fische, die das Wasser als Letzte entdecken, haben sie wohl noch nie über ihre Insel gestaunt. Über diesen Strich, der schmal wie eine Handkante über die Kimm blinzelt. Auf dem ein paar Fachwerkhäuser stehen, schläfrige Enten quaken, einhundertdreiundfünfzig Menschen leben und über den ein mürrischer, gleichgültiger Wind fegt.

Wär schön, ein bisschen mehr Dänisch zu verstehen. Viele Vokabeln müsste gar nicht lernen, wer dem Gespräch beim Fünf-Uhr-Bier, beim täglichen Tuborg, folgen will. Vielmehr muss der Fremde sich an die Stille gewöhnen; an das Fauchen des Windes draußen und das Schnurren der Katze, die Luxus heißt, wenn vier, fünf Männer zusammensitzen und gemeinsam über Gott und die Welt schweigen. Minuten, Stunden, fast ohne ein Wort. Was sollen sie sich auch groß erzählen, nach so vielen Wintern auf den Inseln? Nach so viel Gleichmaß und Nichtpassiertem?

Draußen im Sturm pflückt die alte Sørensen ihre Wäsche von der Leine. Fast kann man ihre Gummistiefel im Gartenmatsch schmatzen hören, durchs Fenster dringt kein Geräusch. Lars, Palle, Nils und Steen drehen langsam ihre Köpfe und beobachten die Alte, wie sie den Korb ins Haus trägt.

»Jau, jau«, sagt Lars, der Maurer.

Dann trinken sie alle einen Schluck. Jeden Nachmittag treffen sie sich hinten im Lager von Palles Købmand, dem Kaufmannsladen, der jetzt als Kneipe dient, weil es ja sonst keine gibt auf der Insel. Sie sitzen neben Waschpulverkartons, Glühbirnen, Putzlappen und Brausen, die darauf warten, eines Tages gekauft zu werden. Einmal in der Woche fährt Palle im Winter runter zum Fähranleger, um ein paar bestellte Waren vom Festland abzuholen. Meistens reicht das Fahrrad mit dem Anhänger. Manchmal borgt er sich den Trecker vom Nachbarn.

Palle spricht ein wenig Deutsch. Im Sommer, o ja, fährt er viermal, fünfmal pro Woche runter zum kleinen Hafen, karrt ganze Ladungen in seinen Supermarkt. Im Juni, Juli backt er morgens um fünf vierhundert Brötchen. Dann kommen die Touristen, die Yachten. Kopenhagener, Schweden und viele, viele Deutsche, die Tysker. Dann ist die dänische Südsee eines der meistbefahrenen Segelreviere der Welt. Die Wanten und Fallen klappern, das Leben spielt verrückt. Aber der Sommer ist kurz und meistens weit weg. Jetzt im Februar ist er ganz weit weg, und es herrscht schon Hochbetrieb, wenn Knud, der Postbote, auf seinem Motorroller über die Feldwege geweht kommt.

Und ansonsten? Steht eine schöne, alte, weiße Steinkirche in Lyøby, um die herum manche Eltern, viele Großeltern und sehr viele Urgroßeltern schlafen und in der ein meisterlich gebauter, kleiner Holzschoner unter der Decke hängt, der alten Seefahrertradition wegen. Jahrzehnte, Jahrhunderte waren die Inseln nur mit Schiffen erreichbar. Heute ist dies im Grunde nicht anders.

Einmal am Tag taucht die Fähre mit weit geöffnetem Hydraulikmaul aus dem Nebel auf und spuckt ein paar Autos und Radler aus. Ab Mai stranden die Segler. Aber der Helikopter kommt ja nie, um auf der Wiese mit dem zugewachsenen »H« zu landen. Wer soll hier schon einen Herzinfarkt bekommen? Die Zigaretten sind rar und teuer, und neunzig Jahre Wind und Wetter machen dich so stark, dass du dich am Ende einfach ins Bett legst und einschläfst. Dann tragen sie dich ein letztes Mal um die Ecke zur Kirche.

Keine Sensationen. Nässe steht auf den Feldern, wasserfarbenschwarze Wolken kommen aus dem Nichts und ziehen über die Insel wie grollende Giganten. Nach Flensburg sind es nur achtzig Kilometer Luftlinie, nach Kopenhagen hundertvierzig, aber die gurgelnde Ostsee nagt an Lyø wie am Ende der Welt.

»Habt ihr einen Kindergarten?«

»Ja, ja«, sagt Palle, »gleich neben dem Telefonhäuschen.« Auch im Winter? Nej, nej, da bleiben die Kinder zu Hause. Träumen aus den Sprossenfenstern, holen Holz für die Kamine oder gucken Donald Duck auf Englisch. Tagelang. Im

Winter tollen keine Kinder über die Wege und Wiesen, es sind ja kaum Erwachsene zu sehen. Alles hat sich verkrochen. Nur die paar Häuser und Laternen trotzen stur der Ereignislosigkeit und die Natur sich selbst. Gegen fünf schleicht die Nacht herbei, aber der Fremde sieht kaum Lichter brennen. Die kleine Insel Lyø liegt dann hinterm Mond.

Es öffnet sich nun viel Zeit und Raum für ein paar verrückte Geschichten. Legenden, gewoben aus Fantasie und, vielleicht, Wahrheit. Morbides Gewäsch, fantastischer Tratsch, die über die Inseln geistern.

Da ist der Vorfall mit der Oma auf Strynø. Eines Tages war sie tot, aber sie konnten, weiß der Teufel warum, ihren Pass nicht mehr finden. Wie das den Behörden erklären? Also versteckten sie die Dame in einem alten Wohnwagen auf dem Feld. Doch eines Tages war sie verschwunden. Einfach weg, die tote, steifgefrorene Oma.

Die Wahrheit? Wer kennt die schon so genau?

Da ist der sagenhafte Winter sechsundneunzig. Da fuhren sie mit ihren Treckern um die Wette übers Meer. Die sonst so verschwiegenen Bauern, auf einmal qualmten sie kreischend von Insel zu Insel, auf silbrig vereister Ostsee.

Zudem ist da die Irre mit der Reizwäsche. Lebt, so behaupten einige, auf Bjørnø, auch so ein Fleck im Meer, von Lyø aus gesehen gleich hinten am östlichen Horizont gelegen. Die Irre fabriziert dort still vor sich hin rote Schlüpfer und bizarre Bustiers und verkauft's an eingeweihte Kundschaft. Das erzählen sie sich auf den Inseln.

»Jau, jau«, sagt Nils.

Steen, Palle und Lars nicken. Ja, diese Geschichte kennen sie. Hätten schon von der Irren gehört. Könnte was dran sein. Könnte vielleicht. Vielleicht aber auch nicht. Wer weiß das schon genau?

Dann ist da auch noch die Geschichte der Gebrüder Mortensen. Die beiden leben auf Birkholm, einem Tupfer auf der Seekarte. Sollen etwas skurril sein, die beiden alten Fischer. Seit Mutter und Vater vor zwanzig Jahren gestorben sind, schlafen sie angeblich im Ehebett der Eltern, Seite an Seite. Würden sich auch sonst im Gleichtakt bewegen, wie ferngesteuerte Synchronmenschen. Hebt einer den Arm, hebt ihn der andere auch, sekundengleich. Der eine Mortensen, keiner weiß, ob Nummer eins oder zwei, soll vier Jahre lang kein einziges Wort über die Lippen gebracht haben.

Die allwinterliche Düsternis spinnt ihre Märchen, und die Fischer, Fährleute und dahinschippernden Postboten verteilen sie geduldig auf den Inseln, überliefern sie in die südfünische Ewigkeit, bei vielen, vielen Tubørgs und viel, viel Schweigen.

So weit weg sind all die bunten Magazine, die Tageszeitungen, das Internet. Das Fernsehen freilich hat es auf die Inseln geschafft. Aber was will es gegen das Fünf-Uhr-Tubørg und gegen die Kraft des Märchenerzählens schon ausrichten?

Palle hat diesen Montag acht Stunden in seinem Laden gestanden. Er hat zwei Liter Milch, eine Batterie und sechs warme Sonnenblumenkernbrote verkauft. Sieben Stunden und fünfzig Minuten stand er einfach nur da und hat aus dem Fenster geblickt, auf ein altes Haus, auf dem »Anno 1742« steht, und auf eine Holztafel am Weg, an der ein im Wind wehender Zettel einen neuen Hafenmeister sucht.

Palle hat runde, rote Augen, und manchmal, wenn eine Frage durch den Købmand schallt, sieht er einen reglos und beängstigend lange an, bevor er antwortet. Als müsse sich die Frage erst langsam in sein Gehirn winden, immer tiefer, und dort einen rostigen Schalter umlegen.

Aber dann lächelt er breit aus seinem kleinen, wilden Bart und erklärt dem Fremden den Aal auf dem Foto hinten im Lager. Den hat Steen, der Fischer gefangen, vor zwei Jahren. Der größte Aal, den sie je aus dem Meer geholt haben. So dick wie ein unterseeisches Starkstromkabel, das Vieh. Den Aal haben sie dann in Aspik eingelegt und dem Inselältesten zum Geburtstag geschenkt. Viel Aal in Mengen von Aspik. Zehn, zwölf Einweckgläser voller Fisch und Glibber.

»Jau, jau.«

»Jau, so war das.«

Nach der Anekdote herrscht wieder Stille. Der kleine Kaufmannsladen versinkt in sich selbst, die Regale schweigen, die Dosen, die Brote; draußen heult die Dorfkirche.

Dann, es ist ein Dienstag, kommt der Orkan. Mit fünfunddreißig Metern pro Sekunde drückt der Westwind ostwärts, reißt an den Bäumen und bringt das Meer dazu, sich schäumend und fluchend zu erheben. Wie eine Wand lastet der Wind auf den Laternenmasten, den Häusern, will die ganze Welt mit sich reißen. Die Hotdogbude unten am kleinen Hafen haben sie vernagelt, damit sie nicht davonfliegt. Sie stöhnt und kreischt im Sturm, ein jaulendes Totenhaus. Doch selbst der Orkan kann nichts ausrichten. Nicht gegen diesen Gleichmut. Was ist schon sein kurzes, ohnmächtiges Aufbrausen gegen die Gefasstheit von tausend langen Wintern?

Tags darauf herrscht wieder Stille. Nieselregen und Feuchtigkeit umschlingen den kleinen Hafen, die Inseln, die ganze

Welt. Tiefer Himmel ohne Konturen. Das nahe Fünen und die Insel Bjørnø saufen ab im Grau. Nichts, aber auch nichts passiert. Am Nachmittag kommt Steen aus der Langsamkeit geradelt und macht sein Boot fertig. Fahrrad abstellen, Diesel anschmeißen, Leinen los. Handgriff für Handgriff, so ruhevoll, als sei er längst im Himmel. Dann tuckert er raus zu den Dorschen und Schollen. Draußen auf dem Meer das übliche: Grabesruhe.

Mit fünf Knoten fährt Steen südwärts in den Nebel. Vorbei an Bjørnø im Norden, Avernakø im Westen und Drejø im Süden. Ein paar Untiefentonnen und Fahrwasserbojen lugen aus den Kabbelwellen. Dann löst sich selbst der Horizont im Nichts auf. Steen guckt aufs Wasser. Immer nur aufs farblose, monochrome Wasser. Keine Miene, nur seine ruhigen, roten, glasigen Augen. Was mag er wohl gesehen haben, all die Monate, all die Jahre, die er hier draußen in der Wolkensee verbracht hat?

Dann stoppt der Fischer Steen an einer seiner Reusen, der Diesel stampft tief und ruhig. Steens dicke Hände gehen über Bord, ziehen das Netz triefend aus dem eisigen Wasser. Kein Wort fällt bei der Arbeit, keine Geste lenkt ab. Müdes Gezappel landet bald auf dem Boot, in einer blutgefleckten Styroporkiste, Plattfische in kleiner Zahl, zwei Aale, die sich noch winden und wenig später großäugig erstarren. Dann verschwindet das Netz wieder, gleitet ihm aus den Händen ins Wasser. Steen steht krumm auf dem Boot, die Kälte entlockt ihm keinen Satz, der Fang kein Kopfnicken, kein Zeichen.

Das Bild gefriert, bleibt auf dem Meer zurück.

Vier Stunden später taucht die Insel Ærø am Horizont auf. Auf den dösenden Fachwerkhäusern liegt Schnee wie Puderzucker. Dann zeichnet sich der Hafen in der suppigen Wasserwelt ab, ein Geistergemälde.

Zwanzig Schweine marschieren gerade durch die Kälte auf die Sechzehn-Uhr-Fähre zu und lassen sich nur widerwillig zu ihrer ersten und letzten Seereise überreden. Als ob sie ahnten, dass sie gleich mit zwölf Knoten rüber nach Faaborg gefahren würden, schnurstracks zum nächsten Schlachthof. Mit metallenem Schaben legt die Fähre ab und verschwindet im Farblosen. Zurück bleibt ein Bauer. Er steht am Steg und blickt aufs Meer, mit einem Gesicht wie ein in rote Erde getauchter, zerknautschter Fußball. Schon nickt Ærø wieder ein, versackt. Märchenstunde.

Ob es die ominösen Gebrüder Mortensen wirklich gibt?

»Ja, ja, die gibt es wirklich«, sagt Steen. »Aber selbst, wer rüber fährt nach Birkholm, die wenigsten bekommen die beiden Fischer je zu sehen.« Seien nicht gerade gesellige Burschen, der eine habe seit Jahren kein Festland betreten, der andere ein Kuriosum, ein Fischmensch.

Während Steen erzählt, regnet das Land ein. Bald verstummt alles, selbst die Geschichten erfrieren auf den Mündern und verstecken sich in den Herzen. Worauf können sich die Sinne jetzt noch haften? Vielleicht auf die Gegenstände, die draußen herumliegen. Stille Symbole dafür, wie sich die Menschen hier oben seit jeher mit der Natur arrangiert haben. Alte Bojen am Wegrand, Fischernetze, zerschlissenes Tauwerk, ein rostender Pflug, ein in Moos gekleidetes Wagenrad. Stillleben, die der Kopf nur registriert, weil nichts anderes ihn mehr abzulenken vermag.

Der Bauer steht noch immer, geduldig wie ein Kormoran, im Regen am Steg, als wünsche er seinen Schweinen eine gute Reise. Eine halbe Stunde lang verharrt er, blickt in die

Nebelsee. Als lausche er einem Geheimnis, das sich in dieser leisen grauen Welt verbirgt.

Doch wer weiß das schon genau?

Das Postboot legt ab, wie alle paar Tage. Ein Kahn für vier Mann, mit rostiger Kajüte und blatternarbenen Planken. Die Fahrt nach Birkholm führt durch flaches Wasser, gerade mal eine halbe Stunde dauert's. Südlich der Insel weist eine rote Tonne durch ein Nadelöhr in einen winzigen Hafen. Im Sommer Platz für zehn, zwölf kleine Schiffe, im Winter liegen hier noch vier. Ein Fischerboot, ein kleines Versorgungsschiff und zwei Nussschalen, in denen das Regenwasser schwappt und ein gefrorenes Blatt die Wolken spiegelt.

Birkholm ist eine Wiese im Meer. Allein ein zwei Meter hoher Hügel wagt es, sich von Natur aus gen Himmel zu erheben. Die verlassenen Häuser, die hier stehen, sind an zwei Händen abzuzählen. 1870 lebten hier noch neunundachtzig Menschen, heute sind davon vier ständige Bewohner übrig geblieben. Außer den Vögeln. Das einzige, was sich jetzt im Hafen von Birkholm bewegt, ist eine zerrissene Plastiktüte, die vor dem Toilettenhäuschen minutenlang im Wind tanzt, bevor sie davonfliegt.

Erst nach langem Spähen, weit hinten, unter schwerem Himmel, ist ein Mann zu erkennen. Er steht am Wasser, bückt sich, einmal, zweimal, und blickt aufs Meer. Dann will er fortgehen, doch als er die Fremden sieht, dreht er um und flieht zurück zum Wasser. Zehn Minuten marschieren durch Matsch, durch kältesteifes Grün, dann steht der alte, verkrustete Fischer in ganzer Größe im Wind.

»Herr Mortensen?«

»Jau.«

Krummbeinig kniet er auf einem Teppich kleiner Muschelschalen, hält mit ledrigen Händen eine Reuse. Er blickt nicht auf, dreht sich nicht um, kein Wort. Es folgt ein kurzes, ein sehr kurzes Gespräch mit Mortensen eins oder Mortensen zwei.

Ja, er habe einen Bruder.
Ja, sie fischten das ganze Jahr über.
Nein, nicht viele Menschen hier.
Ja, sehr ruhig.
Nein, keine Fotos. Kein Foto machen.

Dann dreht Herr Mortensen sich um und geht davon. Ohne ein weiteres Wort, über den einzigen Feldweg einer winzigen Insel, auf der Fremde nur stören. Der nasse Himmel senkt sich auf die Felder und aufs Meer und malt ein großes nebliges Aquarell vor die Welt. Der Fischer wird immer kleiner, bis das Bild ihn in sich aufsaugt.

Winter auf den Inseln

Was Sie wissen sollten

Im Sommer sind im südfünischen Inselmeer viele Menschen unterwegs, Radler, Kanuten, Segler. Im Winter aber hängen nicht einmal tote Hunde über den Zäunen, alles leer, verstummt. Sie werden keinen Reisenden antreffen, nicht einmal einen einsamen Vogelkundler; die Zugvögel haben sich alle in den Süden verzogen. Dennoch pendeln, wenn auch reduziert, die Fähren zwischen einigen Inseln. Die können Sie nehmen und sich zu den wilden Fleckchen im Meer aufmachen, die, obschon in der Mitte Europas gelegen, von der Welt abgeschnitten scheinen. Die wenigen Bewohner, die im Winter hier ausharren, werden Sie merkwürdig oder gar befremdet anblicken. Was haben Gäste im Winter hier zu suchen? Im besten Fall wird Ihr Besuch ein Schulterzucken provozieren, vielleicht ein Schweigen; oder einen Fluch, dass Sie wieder verschwinden mögen.

Das Abenteuer liegt hier vor allem in der Suche nach dem Sinn dieser Reise. Ein anachronistisches, ein ungewöhnliches, ein schönes Unterfangen. Warum bin ich hier? Was tue ich hier? Antworten sind nicht leicht zu finden. Doch wer zu den winterlichen Inseln aufbricht, kann das nobelste Motiv überhaupt für eine Reise aufweisen; nämlich keines.

Unterkünfte gibt es auch nicht; keine Pension, kaum ein Gasthaus, das geöffnet hat. Mit Glück ergattern Sie ein Ferienhaus, doch auf den kleineren Inseln existieren auch diese nicht. Vielleicht nehmen Sie ein Schiff, organisieren sich einen Motorsegler, der Sie nicht nur zwischen den Inseln hin- und herschippert, sondern Ihnen in den Häfen auch zum Schlafen dient. Wer im Winter ein Boot chartern will, sollte sich spätestens im Herbst darum kümmern. Stellen Sie Ihre Anfrage erst im Winter, werden Sie bei den Schiffsvermietungen niemanden antreffen. Keine Seele.

Was Sie können sollten

Sie benötigen keine spektakulären, keine ostentativen Fähigkeiten. Dies ist ein stilles, ein in sich gekehrtes Abenteuer, welches vielmehr Geduld erfordert, die Gabe, warten zu können, ohne zu wissen worauf. Es ist wie der Nebel selbst. Er kommt aus dem Nichts, aus dem fragilen Himmel. Dann löst er sich wieder auf, verschwindet jäh, verdampft mit einem Hauch. Darin mag das Geheimnis liegen. Das Flüchtige, das Volatile.

Wenn es Ihnen gelingt, den Sinn im Nutzlosen zu finden, sind Sie hier richtig, auf den Inseln, im Winter, im Gleichmaß der Kälte und der letzten Vögel. Vor allem gefragt ist das Ablegen aller Erwartungen, das Abstreifen all jener Parameter, die die Reiseindustrie den Menschen heute aufzwingt. Dieser Strand. Dieses Hotel. Diese Airline. Diese Rücktrittsversicherung. Nein, nichts von alldem. Stattdessen umhüllt Sie der Nebel, das Schweigen des Wassers und der Welt.

Wie hart ist es wirklich?

Nur wer eine, besser zwei Wochen bleibt, versteht, worum es hier geht. Niemand kann das Leben auf den winterlichen Inseln in sich aufsaugen, der nur ein, zwei, drei Tage über die Wiesen und verlassenen Strände streift. Eine Woche mindestens muss der geduldige Besucher bleiben, schauen, warten, fühlen. Dies gelingt nicht jedem; die Sinne dem Bunten zu entreißen, den gewohnten Reizen zu entsagen. Entzug ist es, was diese Reise zu einem Abenteuer werden lässt. Töricht wäre es, diese Reise mit einem Spektakel wie Fallschirmspringen oder Bobfahren zu vergleichen. Einen Faktor? Er liegt irgendwo zwischen null und zehn, das liegt in diesem Fall ganz am Reisenden selbst. Wer im grauen Nichts die Konturen eines Bildes zu erkennen vermag, wird die Inseln mögen. Wer dies nicht kann, wird nach drei Tagen die Rückreise antreten.

INFORMATIONEN

Von Fynshav auf der Halbinsel Alsen geht eine Fähre auf die erste Insel Ärø, dort landet der Reisende in dem kleinen Ort Søby. Die Insel Ärø bereits ist im Winter sehr verlassen. Von hier aus legt jedoch eine weitere Fähre ab, von der nächsten Insel wieder ein anderes Schiff, das schließlich zu den kleinen und kleineren Inseln dampft, Avernakø, Lyø und so weiter und so fort. Wer sich über die fünische Inselwelt informieren will, klickt zum Beispiel auf die Seite *www.visitfyn.com*. Meiner Meinung nach ist es jedoch von Vorteil, einfach aufzubrechen. Diese Reise verachtet jede Form von Planung, mag keine vorjustierten Erwartungen. Es sei denn, Sie möchten wirklich ein Boot mieten. Dann sollten Sie dies vorab erledigen. Etwa bei *www.aebc-yachtcharter.de*. Dies war der einzige Vercharterer weit und breit, der im Winter nach einigen Gesprächen überhaupt noch ein Boot zu Verfügung stellen wollte.

KOSTEN

Die Fährüberfahrten kosten rund zehn Euro, das ist ein passabler Preis, zudem gibt es an Bord der kleinen Schiffe Würstchen, Brötchen, Kaffee, Cola und kaltes Bier. Hübsch ist eine Überfahrt im Sturm, die Fähren legen noch bei acht bis neun Windstärken ab und versorgen die Inseln. Doch danach ist Schluss, bis der Wind wieder schwächer wird. Falls Sie ein Ferienhaus finden, das im Winter zu haben ist, werden die Kosten recht gering sein. Je nach Saison zahlen Sie zwischen 200 und 400 Euro pro Woche. Wie Sie sich versorgen, wird wohl Ihr Problem sein. Die winzigen Kaufmannsläden auf den Inseln haben im Winter nicht immer regelmäßig geöffnet, die Bewohner fahren meist aufs Festland oder in die Hafenstädte Fünens, um sich für eine Weile zu proviantieren. Aber Sie werden schon nicht verhungern. Notfalls gehen Sie angeln. Die Fischer kennen gute Plätze, und manchmal verraten sie sogar, wo sie liegen.

Bis zum letzten Wipfel

Mit Biologen beim Baumklettern

TAUNUS, HESSEN

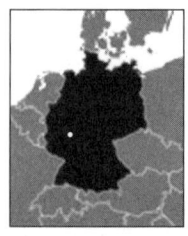

In unseren Mischwäldern, berüchtigt durch Hexen und die Grimms, geschieht noch immer Seltsames. Wanderer, die an diesem stahlblauen Oktobertag durch den Hochspessart marschieren und an dem kleinen Forstweg im Naturwaldreservat Eichhall vorbeikommen, dürften zumindest kurz stutzen.

Im märchenstillen Wald stehen die beiden Biologen Martin Goßner und Ulrich Simon vor einer kapitalen Buche und hantieren mit einem für den deutschen Forstbetrieb eher seltenen Gerät. Martin Goßner hält eine mächtige Armbrust in der Hand. Eine vier Kilo schwere, mit Zieloptik ausgestattete Präzisionswaffe, mit der in den USA Hirsche und Bären erlegt werden.

Ulrich Simon befestigt eine Hochseeangelschnur an einem pfeillangen Stahlbolzen. Die Angelschnur läuft über eine Hochseeangelrolle, die unten an der Armbrust montiert ist. Die Schnur ist zweihundert Meter lang und so dick und reißfest, dass sich damit bequem Schwertfische fangen ließen. Der Gesang eines Buntspechts hallt durchs Unterholz, aus den Kronen der Bäume fällt zarter Sonnenschein wie lichtgewordene Poesie.

»Ich bin soweit«, sagt Simon und reicht Goßner den Stahlbolzen, der mit einer schweren konischen Spitze bestückt ist. Goßner, roséfarbene Vorfreude auf den Wangen, legt den Bolzen auf, bringt die Armbrust auf Spannung, zielt steil nach oben, hält den Atem an. Ein Zischen geht durch den Wald, dann blickt Goßner prüfend nach oben.

Schon der erste Schuss sitzt.

Der Bolzen ist einmal quer durch den Wipfel der Buche gerauscht, hat sich nahe dem Himmelreich über einen dicken Ast gelegt und zieht die abgewickelte Angelschnur anschließend mit seinem Eigengewicht nach unten. Wir schauen nach oben. Die Buche, die wir uns ausgesucht haben, ist ein großer Baum.

Goßner und Simon lieben den Wald. Sie bringen nun mehrere Kletterseile zum Vorschein. Seile der Stärke zehn, die sich kaum dehnen und sonst von Speläologen zum Erforschen von Höhlen eingesetzt werden. Goßner und Simon ziehen das erste Seil mit der Angelschnur nach oben über den Ast. Es folgen schnelle Handgriffe, Sackstich- und Achterknoten und ein paar zackige Kommandos: »Hier noch ein bisschen ziehen! Halt, da oben ist noch ein Ast im Weg!«

Im Handumdrehen sind mehrere Seile gesichert und ziehen sich wie schmale weiße Spuren an der Buche entlang nach oben. Immer höher, bis man den Kopf nicht mehr weiter in den Nacken legen kann. Goßner sagt, dass wir jetzt soweit wären.

Es sind weit und breit keine Wanderer zu sehen, aber wenn welche hier wären, würden sie garantiert folgende Frage stellen: »Was in Gottes Namen haben Sie vor?« Goßner und Simon würden unisono antworten: »Auf den Baum klettern!« Die Wanderer würden kurz hinaufblicken, schweigen und die Köpfe schütteln.

Baumklettern nennt sich die verschärfte Variante, heimische Wälder zu erkunden. Natürlich kommt Baumklettern aus den USA, heißt dort *Recreational Treeclimbing* und entwickelt sich in Zeiten globaler Klimakatastrophen gerade zu so einer Art ökologisch hochkorrektem Funsport. Immerhin besteigt man ohne Benzin Bäume. »Sicher, es geht hier auch um Sport«, sagt Goßner. »Aber uns ist vor allem wichtig, Wissen und ein Gespür für den Wald zu vermitteln. Die meisten können heute doch nicht mal mehr eine Buche von einer Eiche unterscheiden.«

Martin Goßner hat die kleine Firma *Loricula* gegründet, benannt nach einer ein bis zwei Millimeter großen Wanzenart, die in Baumkronen lebt und deren Weibchen sich durch einen dicken Hintern, einen kleinen Kopf und eine lange Nase auszeichnen. Hauptberuflich untersuchen Goßner und Simon die Biodiversität in Baumkronen und prüfen das Vorkommen verschiedener Anthropodengruppen, etwa Wanzen und Spinnen, für Forschungsprojekte.

Seit einiger Zeit aber nehmen die beiden auch Gäste mit hoch in die Bäume. Sportler, Freizeitkletterer, Manager, ganze Familien haben Goßner und Simon schon in die Wipfel geführt. Zur Förderung motorischer Fähigkeiten gehen die beiden ab und zu sogar mit Therapeuten und Kindern die Bäume hoch. Trotzdem ist es angemessen, das Baumklettern in Deutschland noch immer als Pioniersport zu bezeichnen.

Goßner und Simon breiten jetzt das Klettergeschirr auf dem Waldboden aus. Helme, Steigklemmen, Karabiner, Klettergurte, Fußschlaufen, Abseilachter. Es folgt eine kurze Einweisung in die Technik. Wichtig sei erstens: dem Baum vertrauen. Zweitens: dem Seil vertrauen. Drittens: dem Gurt vertrauen. Außerdem: Beinarbeit, keine Armarbeit! Die mache einen sofort fertig.

Der Stamm unserer Buche ragt steil nach oben, kaum Verwindungen, Schlenker. Auf den ersten zwanzig Metern ist der Stamm kahl, ohne Äste, ohne jeglichen Halt. Wie ein Schornstein. Erst in fünfundzwanzig Meter spreizt sich der Wipfel. Ein Dickicht aus Ästen, Zweigen, Blättern. Jeder Novize, der vorhat, gleich den Baum zu erklimmen, stellt die Frage: »Wie hoch klettern wir überhaupt?« Die Höhe von sehr mächtigen Bäumen ist schwer einzuschätzen. Fest steht, dass unsere Buche so hoch ist, dass die exakte Höhenangabe für all jene, die jemals von ihr herabstürzen sollten, nur noch von marginaler Bedeutung sein wird.

Simon sucht sich jetzt einen Stock, der seiner Armlänge entspricht. Dann nimmt er den Stock in die Hand, stellt ihn im rechten Winkel zu seinem ausgestreckten Arm auf und marschiert rückwärts nach hinten. Simon trianguliert. Mit der Stockspitze peilt er den höchsten Kletterpunkt an. So kann er die Höhe auf den Boden übertragen und braucht die Distanz nur noch abzuschreiten.

»Schlichte Geometrie«, sagt Simon und trianguliert eine Kletterhöhe um die vierzig Meter. Das sind vier Zehn-Meter-Sprungtürme im Freibad übereinandergestapelt. Goßner und Simon merken noch an, dass die ersten Meter die schwierigsten sein werden und dass der Kletternde ab rund zwanzig Meter das Gefühl für die Höhe verlieren würde. Mit dem Nach-unten-Schauen, das müsse jeder selbst wissen. Simon sagt, es gäbe da aber noch einen Punkt, der ihm am

Herzen läge. »Bäume sind ein Universum für sich. Der hier stand schon im Wald, da war noch nicht mal meine Uroma geboren. Ich verspüre bei dem Gedanken eine große Ehrfurcht.«

Wie alt mag die Buche sein? Simon geht über den moosigen Boden. Ganz nah schmiegt er sich an die Rinde der Buche, legt seine Arme eng um den Stamm. Das sieht ein wenig so aus, als würde er den Baum in den Arm nehmen und küssen. »Über drei Meter Umfang«, konstatiert er, geht einige Schritte zurück, mustert den Baum noch einmal kurz. »Gut zweihundertfünfzig Jahre alt.«

Das Anlegen des Klettergeschirrs dauert nur fünf Minuten. Dann fädeln wir die Steigklemmen ein und hängen fest an den Seilen. Schon auf dem ersten Meter fühle ich mich wie ein nasser Seesack, der mit Blei gefüllt ist und obendrein völlig dilettantisch gepackt wurde. Die Knie krachen gegen den Stamm. Unkontrolliertes Drehen um die Längsachse. Ich kippe hinten über. Meine Hände krallen sich am Seil fest, was natürlich überflüssig ist, da ich sicher im Sitzgurt hänge. »Beinarbeit!«, ruft Simon. »Immer schön in die Steigschlinge treten, aufrichten und dann die obere Steigklemme ein Stückchen nach oben schieben.«

Goßner braucht für die ersten zehn Meter normalerweise nur eine Minute. Mit mir dauern die ersten zehn Meter über eine halbe Stunde. Zentimeter um Zentimeter krebsen wir nach oben. Leicht nach achtern gekippt, baumele ich im Bodenlosen, schabe am Stamm der Buche entlang. Beim Aufrichten knallt meine Nase gegen die Rinde. Die Rinde riecht irgendwie alt, modrig, ein bisschen nach totem Hasen. Von schräg oben höre ich: »Beinarbeit!«

Simon ist Doktor der Biologie. Zunächst hatte er sich intensiv mit Kiefern in Brandenburg beschäftigt, speziell mit dem Vorkommen von Spinnen in bis zu zwei Meter Höhe. Bald stellte sich jedoch die zwingende Frage: Was passiert eigentlich im Lebensraum Baum weiter oben?

Simon machte Pläne. Er schaute sich eine Seilklettertechnik von Forschern ab, die Urwaldriesen im tropischen Regenwald besteigen. Seine Doktorarbeit verfasste er schließlich über die Vertikalverteilung von Spinnen an brandenburgischer Kiefernrinde – diesmal in bis zu fünfundzwanzig Meter Höhe. Nachdem Simon, inzwischen siebenundvierzig, viele Monate in den Wäldern abgetaucht war, schrieb er seine Dissertation. Das Werk trägt den Titel »Untersuchung der Stratozönosen von Waldspinnen und Weberknechten an der Waldkiefer« und beginnt mit einem Gedicht des bengalischen Dichters und Philosophen Rabindranath Tagore:

Die Erde hält als Lohn für ihren Dienst
den Baum an sich gefesselt
Der Himmel fordert nichts
und lässt ihm Freiheit

Martin Goßner, fünfunddreißig, studierte zunächst Ameisen in Borneo, um herauszufinden, wie sich die Biodiversität in wirtschaftlich genutzten Wäldern gegenüber naturbelassenen Primärwaldresten verändert. Zurück in Deutschland traf er Ulrich Simon und verschrieb sich fortan der Erforschung von Kleinstlebewesen in Baumwipfeln.

Die beiden trainierten hart, schauten sich Klettertricks von Profis ab. Sie waren schon in über fünfzig Meter hohen Douglasien unterwegs, die so hoch sind, dass man bei Wind in den biegsamen Kronen durch die Gegend wirbelt wie Kletteraffen in den Baumriesen des Kongo. Goßner und Simon fragen, ob ich das Wort »Tarzan« vermeiden könne, wenn ich über sie schreibe.

Nach einer Dreiviertelstunde sind wir auf rund zwanzig Meter Höhe angelangt. Am bisher kahlen Stamm zweigt jetzt der erste Ast ab, an dem sich meine Hände sofort instinktiv festkrallen, als ginge es um Leben und Tod. Blick nach oben. Ein großes, verworrenes Dach aus Blättern tut sich auf. Die meisten Blätter sind noch hellgrün. Weiter oben werden einige gelb, andere schon rot und braun.

Es ist die schönste Zeit. Es sind die Wochen, in denen der Wald im werdenden Herbst sein goldfarbenes Kleid anlegt. Doch bald werden die Blätter ihre erste und letzte Reise antreten. Den federleichten Sinkflug vom Licht- ins Schattenreich, wo sie am Boden zu Laub werden und schließlich langsam wieder zu Erde. Goßner hängt einen halben Meter weiter links im Bodenlosen und fragt: »Weißt du eigentlich, warum Bäume ihre Blätter abwerfen?« Nein, ich weiß es nicht. »Um selbst zu überleben«, erklärt er. Es folgt Biologieunterricht, Phase eins, nunmehr in rund zweiundzwanzig Meter Höhe.

Bäume gäben durch ihre Blätter täglich Hunderte, Tausende Liter Feuchtigkeit in die Luft ab. Ja, Bäume schwitzten regelrecht. Doch nun nahe der Winter, der erste Frost. Der Boden werde hart, Regenwasser erstarre zu Eis oder bleibe als Schnee liegen. Das Wasser sickere dann nicht mehr hinab zu den Wurzeln, erklärt Goßner weiter. Trüge der Baum jetzt noch Blätter, würde er weiter Wasser ausdünsten – ohne jedoch Neues aufnehmen zu können. Der Baum müsste verdursten. Sterben! Darum also der alljährliche Laubregen. Der goldene Herbst ist in Wahrheit ein Überlebenstrick der Bäume. Unsere Buche ist nichts anderes als ein Survivalkünstler. Ein schweigsames Wunder der Natur.

Blick nach unten. Auf dem Waldboden, tief unten und nur noch ein Punkt, ist Ulrich Simon zu erkennen. Er sichert uns. Ich klettere indes immer weiter nach oben und nehme nur gelegentlich Goßners Ausführungen über biotopische Besonderheiten wahr.

Auf geschätzten achtundzwanzig Metern öffnet sich erstmals der freie Blick über die Nebenwipfel. Es ist, als tauche man jäh aus einem Blättermeer empor. Der Spessart dehnt sich mit seinen Tälern und Hügeln in der schon leicht schräg stehenden Sonne. Wir blicken auf Bäume, so weit das Auge reicht. Hier erstreckt sich eines der größten Laubwaldgebiete Deutschlands, vierhundertfünfzig Meter über dem Meeresspiegel gelegen, hohe Wildschweindichte.

Auf dreißig Meter Höhe beginnt Goßner plötzlich, Borken, Flechten und kleinste Moospolster auf den Ästen abzutasten. Goßner liest im Wald. Er entdeckt Schmetterlingslarven, dann eine *Psocoptere*, die davon lebt, Algenbewuchs auf kleinen Zweigen abzugrasen. Goßner entdeckt überall Spuren kleinster Kreaturen. Erspäht Blätter, die Lochfraß aufweisen, Randfraß und Skelettierfraß, eindeutige Indizien dafür, dass sich hier kürzlich noch Käfer und Krabbeltiere sattgegessen haben.

In fünfunddreißig Meter ruhen wir kurz aus. Dann stemmen wir uns in den Steigschlingen abermals weiter nach oben, verkeilen uns zwischen zwei armdicken Ästen und sitzen nun auf neununddreißig Meter Baumhöhe, mitten im Wipfel unserer mächtigen Buche. Ich habe eine Stunde und sechzehn Minuten gebraucht, zwei Blasen an den Fingern und bin glücklich.

Goßner ist in seinem Element. Er identifiziert sofort Blattroller, kleine Insekten, die Blätter zu einer Röhre rollen, die oberen Kanten mit einem Sekret verkleben und anschließend im Schutz der Röhre leben. Hier oben existieren Gallmücken, die einen Stoff in die Blätter induzieren, wodurch das Blatt wie auf Befehl ein Gewebe bildet, das dann schützend um die Eier der Gallwespe herumwächst.

Der Biologieunterricht im Wipfel nimmt seinen Lauf. Wir entdecken in der Höhe lebende Asseln, Tausendfüßler, Larven von Totholzkäfern. Bäume sind, wie gesagt, Universen, man könnte sagen: eigene Planeten. Auf ihnen existieren Lebensgemeinschaften, deren Geheimnisse der Mensch noch gar nicht kennt.

Goßner erzählt von Wundern der Evolution, von Rüsselkäfern, die so raffiniert sind, dass sie ein winziges Loch in eine Eichel fressen und dort ein Ei legen. Das hat zwei Vorteile. Im Inneren der Eichel ist die werdende Larve zum einen bestens geschützt. Zum anderen findet sie dort genügend Nahrung und frisst die Eichel quasi von innen auf. Aber es kommt noch viel besser. Im Herbst lässt sich die Larve in der nunmehr hohlen Schale vierzig Meter tief hinunterplumpsen, um anschließend als Puppe monatelang im Waldboden zu überwintern. Erst danach schlüpft der kleine Rüsselkäfer. Frisst, lebt und klettert den Baum hoch. Ein Geniestreich.

Was hat die Natur da wieder ausgeheckt? Sonderbare Vorgänge, die sich nur ein Fantast ausdenken kann. »Bäume«, resümiert Goßner, »sind eine unermessliche Schatztruhe.« Dass wir verknotet, verkeilt und unter maximaler Körperspannung fast vierzig Meter hoch in einer Baumkrone klemmen, scheint der Doktor der Forstwissenschaften endgültig vergessen zu haben.

Wir blicken in die Sonne. Die Welt in den Wipfeln wird rosa, fliederfarben, dunkelblaue Nacht bahnt sich an, durchwirkt von Blätterflirren. Ein schönes Aquarell, Waldfrieden. Dennoch bin ich heilfroh, nicht die Variante »Baumklettern mit Übernachten« gebucht zu haben. Bieten Goßner und Simon schließlich auch an. Wie man hier oben allerdings schlafen soll: ein Rätsel. Wobei Goßner absolut zuzutrauen wäre, zwei Hängematten ins Geäst zu knoten und auf einem Ast kauernd Salami, Brot und Thermoskanne auszupacken. Der Mann hat Monate in Bäumen verbracht. Meine linke Wade krampft. Ich wechsele die Position, drehe mich, klebe bäuchlings auf einem Ast.

Ob ich jetzt runter wolle, fragt Goßner. Sicher, irgendwann müssen wir ja wieder runter. Von unten sind Rufe zu hören, vermutlich von Ulrich Simon stammend, aber wir verstehen nichts. Der Wald schluckt den Schall. Vielleicht sind wir auch einfach nur zu hoch.

Dann führe ich, penibel und exakt wie zuvor einstudiert, mein Seil durch den Abseilachter. Und nun kommt wieder einer dieser Momente, in denen der Kletterer dem Seil, dem Gurt, dem Baum und dem lieben Gott vertrauen muss. Ich hangele mich langsam von meinem Ast herunter. Rutsche mit dem linken Oberschenkel nach, löse mich zögernd aus meinem Klammergriff, glitsche vom Ast – und baumele nun völlig frei neben dem Stamm. In Mietshauskategorien gerechnet gut fünfzehn Stockwerke über der Erde.

Nun gilt es. Fahrstuhlfahrt nach unten. Ich lasse das gespannte Seil kontrolliert durch den Karabiner hinter dem

Rücken laufen und gleite hinab. Hier und da knalle ich gegen einen Ast, doch die Talfahrt gelingt, macht sogar Spaß, Fliegen, Baumsausen. So muss sich ein Anker fühlen, der auf den Meeresgrund sinkt.

Fünf Minuten später sind wir zurück auf dem Waldboden. Wir blicken noch einmal hinauf. Unsere Buche schweigt, rührt sich nicht. Dann glüht ihr Wipfel ein letztes Mal im Sonnenlicht auf. Zwanzig Meter weiter, im Dunkel des Abends, tapert Simon durch den Wald. Er hat irgendeinen seltenen Mistkäfer vom Boden aufgelesen, sich das Tier auf die Hand gelegt und ruft uns eilig herbei.

Ob wir den violetten Panzer sehen würden? Ob wir nur diesen wunderschönen Panzer sehen würden!

Baumklettern

Was Sie wissen sollten

Noch gibt es in Deutschland keine Vereine, die den Sport anbieten. Vielleicht liegt es daran, dass diese Disziplin normalerweise nur unter Baumbeschneidern, Forstprofis und verrückten Freeclimbern bekannt ist. Einige Biologen und Baumkletterer aber bringen inzwischen Gästen die Technik bei und führen Erwachsene und Kinder auf Bäume in dreißig bis vierzig Meter Höhe. Und das ist schon ziemlich hoch. Zwischen April und Oktober finden Kurse statt, es können aber auch Termine auf Wunsch vereinbart werden, bei passendem Wetter das ganze Jahr über.

Ich denke, es ist auch hier sinnvoll, vorab eine Versicherung abzuschließen, die »ungewöhnliche Risiken beim Sport« abdeckt. Falls etwas passieren sollte und Sie sich beispielsweise die Handwurzel zertrümmern, sollte die Kasse vorher Bescheid wissen. Stellen Sie sich dabei auf ein längeres Gespräch ein. Als ich bei meiner Kasse anrief, reagierte der Sachverständige etwas irritiert. Was ich denn in Bäumen verloren habe? Ob ich mir das wirklich antun wolle? Dann surfte er im Computer herum und blätterte in seinen Unterlagen, fand aber keinen Risikosport, unter dem mein Unterfangen rubriziert werden konnte. O-Ton: »Mir sind ja schon Tieftaucher und K2-Besteiger untergekommen, aber so etwas hat noch keiner unserer Kunden versichern wollen.« Nun ja.

Was Sie können sollten

Zunächst zum Thema Schwindelfreiheit. Zwanzig Meter sind hoch. Doch diese Höhe sollten Sie – am Seil hängend und frontal nach unten schauend – mühelos meistern, ohne Bauchflattern zu verspüren. Im Grunde sollten Sie eine Hängepartie in dieser Höhe sogar genießen können, denn danach geht es die gleiche Strecke ja noch mal nach oben. Ich schlage vor, Sie suchen zuvor ein Freibad auf, stellen sich direkt an die Kante des Zehners und schauen senkrecht nach unten. Warten Sie, bis das Wasser ruhig und glatt ist, dann können Sie die fünf Meter bis zum Beckengrund noch hinzurechnen. Nun sind wir zwar erst bei fünfzehn Metern, aber da sollten Sie völlig entspannt und ohne Kribbeln hinunterschauen können. Ohne sich irgendwo festzuhalten, versteht sich. Wer das packt, ist meiner Meinung nach *fit for treeclimbing* und kann auf der Stelle buchen.

Was die Kletterei selbst betrifft, brauchen Sie null Vorkenntnisse, die Technik fürs Baumklettern ist recht schnell erlernt. Immer schön den Schiebekarabiner oder wie das Ding heißt mit einer Hand nach oben schieben und dann wie gesagt: Beinarbeit! Vielleicht sollten Sie vor dem Aufstieg noch zwei bis drei Wochen Skigymnastik machen oder täglich stundenlang Kniebeugen trainieren. Das hilft, damit nach einer halben Stunde am Seil die Beine nicht gleich wie Milchschaummixer zu vibrieren beginnen. Denn ja: Baumklettern geht massiv in die Beine!

Wie hart ist es wirklich?

Bei dieser Art des Abenteuers hängt der Faktor von Beinmuskulatur und Höhenangst ab. In meinem Fall, also bei wenig Höhenangst, aber unzureichend trainierter Beinmuskulatur, würde ich den mittleren Faktor fünf ansetzen. Obwohl. Wenn ich mich an die letzten zehn Meter erinnere und daran, wie meine Beine schlotterten, wäre es vielleicht sinnvoller, eher eine sechs zu vergeben. Das passt. Nun können Sie in etwa selbst bestimmen, welcher Faktor zu Ihnen passt. Hören Sie dabei auf Ihre innere Stimme, belügen Sie sich nicht selbst und misstrauen Sie wohlwollenden Tests in glänzenden Sportmagazinen, die Ihre Fitness übereifrig nach oben korrigieren.

Ganz offen: Wenn Sie Höhenangst haben, Faktor nach oben ziehen. Wenn Sie wenig ausgeprägte Beinmuskulatur haben, Faktor noch weiter nach oben schrauben. Wenn Sie aber sowohl unter Höhenangst als auch unter unzureichend trainierten Beinen leiden, verzichten Sie besser aufs Baumklettern und ziehen die Weinreise nach Bordeaux in Betracht. Die beginnt auf Seite 90, und dafür müssen Sie lediglich genügend Aspirin einpacken.

INFORMATIONEN

Die Agentur für Kronenforschung und Baumklettern *Loricula* arbeitet eng zusammen mit den Forstbetrieben und klettert meist im Heimatrevier Talhauser Forst bei Freising. Auf Wunsch und nach Absprache kann das Klettern aber auch in anderen Regionen stattfinden, etwa im Bayrischen Wald oder im Spessart. Die Kletterkurse beginnen mittags und dauern bis 17 Uhr. Teilnehmerzahl: ab sechs Personen pro Kurs (Intensivkurse oder Kurse mit weniger Personen nach Absprache). Für einen Aufpreis reisen die Biologen aber auch zu Ihrem Lieblingswald, um dort einen Baum Ihrer Wahl mit Ihnen zu besteigen. Um extreme Baumriesen zu finden, müssten Sie mit den Biologen wahrscheinlich ins Ausland aufbrechen. Goßner sprach des Öfteren von fantastischen Mahagoniriesen im Kongo. Höhe: an die 80 Meter. Und ich bin mir sicher, Goßner würde sofort aufbrechen.

Kontakt: Loricula
Schussenstraße 12
88273 Fronreute

Inhaber:
Dr. Martin Goßner (Dipl.-Biol.)

E-Mail:
martin.gossner@loricula.de
Internet:
www.loricula.de
Tel. 0 75 02/91 33 19

Weitere Adressen zum Baumklettern:

www.mobiles-baumklettern.de
www.baumklettern.ch

KOSTEN

Fürs Baumklettern müssen Sie zum Glück nicht allzu tief ins Portemonnaie greifen. Verglichen mit Preisen für Fallschirmsprünge oder Bungee-Stürze von Talsperren muss man hier für Gänsehaut und strammen Adrenalinfluss nur wenig zahlen. Erwachsene 40, Kinder 35 Euro. Das finde ich passabel. Wer tatsächlich im Baum übernachten will, sollte diese Anfrage rechtzeitig an die Biologen richten. Schließlich müssen dann vorab Hängematten besorgt werden, Urinbeutel, Instant-Coffee, Thermosocken, Stirnlampen und ähnlich professionelle Outdoor-Utensilien. Ich würde mir das mit der Wipfelübernachtung allerdings gut überlegen. Mein Tipp: Schlafen Sie erst mal eine Nacht in Ihrem Bücherregal, eingeklemmt irgendwo oben bei den Abenteuerromanen. Wenn das klappt, können Sie von mir aus buchen.

Der Tanz der weißen Segel

Am Start zur größten Dhau-Regatta der Welt

PERSISCHER GOLF

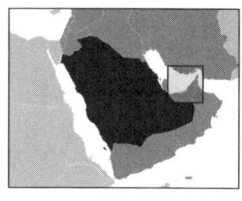

Diese Geschichte über das Meer beginnt unromantisch und mitten in der Nacht. Sie beginnt unten am Strand von Al Jumeirah, Dubai, neben zerschlissenen Netzen, Fischerhütten und den Katzen, die wie fellbehangene Skelette neben der Kaimauer schleichen. Sie beginnt mit dem Gestank ausgenommener Rochen, Barsche, Haie. Und sie beginnt mit der Kunst, überall und unter allen Umständen schlafen zu können.

So auch hier, in diesem Betonverschlag am Meer, bei krächzendem Fernseher und hellem Neonlicht. Ebrahim, Rashid, Mohamed, Khalil und Abdullah schnarchen in den Ecken. Neben ihren weißbetuchten Leibern stehen von schwarzem Tee verkrustete Gläser auf dem schmutzigen Teppich, auf dem sie um Mitternacht noch saßen und über den Wind und die richtige Taktik diskutierten.

Es ist drei Uhr nachts, es ist warm. Die See schickt einen öligen, salzigen Geruch herüber, und wer dieser Geschichte einen Hauch märchenhaften Orients abgewinnen will, muss nach oben blicken. Da thront der Himmel, mattschwarz und sternhagelvoll.

Ebrahim, Rashid, Mohamed, Khalil und Abdullah haben noch eine Stunde, dann wird es unter Geschrei losgehen, durch die seidig weichende Nacht weit hinaus auf den Persischen Golf. Kurs Nordost, 320 Grad, acht Stunden Fahrt, bis die Sonne vom Himmel stößt; bis die Männer nach fünfzig nautischen Meilen Sir Bu Naair Island erreichen, eine einsame Militärinsel in der Glut, ein Haufen aus Sand, Steinen und verblichenen Korallen weit draußen im Meer.

Nur einmal im Jahr dürfen sich Zivilisten der Insel nähern, jedes Jahr im Mai, kurz bevor der Sommer alles in einen Brutkasten verwandelt. Es ist die Zeit, wenn das stahlglitzernde Dubai sich seiner Traditionen besinnt und das größte Dhau-Rennen der Welt austrägt.

Hunderte Boote treffen sich vor der Insel, über zweitausend Männer sitzen auf ihren Renn-Dhaus und Begleitbooten, spielen Karten, kochen auf offenen Flammen, lachen, feixen und springen kreischend ins Wasser; sie werden fachsimpeln, Segel flicken, Rümpfe polieren und auf Wind hoffen. Eine verrückte Party auf dem Meer, und am Samstag wird sich ereignen, was ein englischer Journalist einmal als einen der erhabensten Momente im Sport beschrieben hat: der Start der schnellsten Dhau-Flotten Arabiens. Jener Moment, in dem über hundert riesige Lateinersegel sekundenschnell gesetzt werden, urplötzlich dem Meer entschlüpfen und wie weiße Vögel über das Blau gleiten.

Das Spektakel findet auf den Befehl seiner Majestät statt, Scheich Hamdan bin Rashid Al Maktoum, des *Deputy Ruler of Dubai*. Nachdem sich die Emirate die modernen Sportevents dieser Welt einverleibt hatten, den Tennis- und den

Golfzirkus, wollte der Scheich auf die eigenen sportlichen Traditionen aufmerksam machen. Er ließ Pferderennen und die Vollblutzucht aufleben, rief Regatten auf den schlichten Ruderbooten aus, die einst die Fischer nutzten. Vor allem aber wollte er die Kunst der alten Perlentaucher und arabischen Seefahrer vor den Augen der Welt inszeniert sehen. Das Dhau-Segeln.

Der Herrscher Al Maktoum verteilte Geld, viel Geld, um all jene zu locken, die diese Art des barschen Segelns noch beherrschen. Erst dümpelten nur wenige Dhaus verlassen vor den Marinas, aber es wurden mehr. Heute segeln über hundert der schlanken, schnellen Holzboote aus allen Emiraten unter der beißenden Sonne um die Wette, an Bord Alte, Junge, ganze Generationen. Es sind keine Rennen auf modernen Booten, die Sponsorenlogos auf Kohlefaserrümpfen durch die Meere spazierenfahren. Dies ist noch altes Segeln, es riecht nach Hanftauen, Holz und Muskelarbeit.

Ebrahim Al Tayer regt sich als Erster in dieser Mittwochnacht. Er erwacht mit mürrischem Gesicht, schlafdumm gießt er sich einen Tee ein. Er redet nicht, kniet barfuß auf dem Teppich, mit seinen braunen runden Füßen. Unter Schmatzen verschwindet eine Dattel in seinem Mund. Dann räumt er das Segel beiseite, auf dem er eben noch schlief, ein Berg aus weißem raschelnden Tuch.

Ebrahim Rashid Saeed Al Tayer tritt vor seine Hütte, er wirft einen Blick rüber zum Hafen, wo Männer wie dunkle Schatten Kühlboxen auf ein knarzendes Schiff verladen, Mehlsäcke, Sandsäcke, Wasser, Colakisten, Hammelfleisch, Taue, Batterien; alles was sie brauchen für die nächsten drei, vier Tage auf See.

Al Tayer schweigt. Dann sagt er aus seinem grauen Schnauzer: »Der Wind wird kommen. Er wird gegen Mittag kommen, eine Brise aus West, und so wird er auch morgen und übermorgen kommen. Ein guter Wind für das Rennen.« Al Tayer spuckt aus, in seinen Latschen und seinem weißen Disdasha-Gewand, so steht er da im Sand vor den Hütten.

Bevor es losgeht, will er seine Schönheiten noch einmal inspizieren. Und hier bringt diese Geschichte ihre Hauptdarsteller ins Spiel, die nackten und eleganten Vehikel, um die sich alles dreht. Noch liegen sie wie flache, hölzerne Gerippe unter palmblattgedeckten Dächern in der warmen Nacht, bereit zum Wassern. Zwei Inder lungern auf der angrenzenden Werft herum, sie haben die Renndhaus in den letzten Stunden noch einmal geputzt, die Masten vertäut, die Rahbäume gesichert, die letzten Planken verspachtelt.

Und so sehen die Schönheiten aus der Nähe aus: achtzehn Meter lange, ungemein schneidige Bootsrümpfe aus klar lackiertem, leichtem Maranti-Teak, geschnitten aus den Bäumen der indischen Malabarküste. Die Boote sind vier Meter breit, gerade mal 1,40 Meter Tiefgang, von innen nackt und schnörkellos. Kein Luxus, keine Polster, keine Reling, kein Messing. Das Heck ziert kein vergoldeter Name, sondern ein Plumpsklo aus Brettern. Segelboote? Eher Flundern sind das, längliche, zum Bug hin keilartig zugespitzte Schüsseln, die über das Meer rutschen und fliegen, sobald ein Hauch Wind sie erwischt.

Noch liegen die Segel verschnürt auf den Booten, aber wehe, die Brise wird sie erfassen. Dann blähen sich große Bäuche auf den Booten, von denen jeder die Fläche eines Tennisplatzes hat. Mächtige Windfänger auf kahlen Untersätzen, die die Segler mit fünfzehn Knoten über das Meer treiben. Zu Hunderten werden die Lateinersegel während des Rennens auf dem Meer tanzen. Ein Schwarm blütenweißer, anmutiger Segel.

Al Tayer geht durch die arabische Nacht über die kleine Werft, er geht zur Nummer 11, sie haben die Startnummer mit weißer Farbe auf den Rumpf gepinselt. Es ist ein gutes Boot, sein schnellstes, sagt Al Tayer. »Der Trick ist, die Boote leicht zu bauen. Manche wiegen eintausendachthundert Kilo, dieses hier nur eintausendsechshundert, Welten. Es muss das richtige Holz sein, die Planken nicht zu dünn, nicht zu dick.«

Al Tayer spuckt aus. Wie spät ist es? »Eh, Rashid! Sind die Sachen schon auf dem Begleitboot?« Die Antwort erreicht ihn nicht, Al Tayer ist längst unter den Rumpf gekrochen, um die Stöße zu kontrollieren, die die indischen Zimmermänner in der Nacht noch mit Epoxy dichten sollten.

Im Alltag arbeitet Al Tayer bei der Einwanderungsbehörde, da arbeiten auch sein Neffe, sein Onkel, seine Onkel zweiten, dritten und vierten Grades, seine Vettern, Söhne, Freunde. Doch in diesen Tagen haben sie frei, um Dubais Vergangenheit zu zelebrieren. Al Tayer segelt seit vielen Jahren, schon sein Vater fuhr auf den alten Dhaus. Ein schönes Hobby, ein teures Hobby. Bis zu hunderttausend Euro kostet so ein Boot. Hier am Golf weiß man nie so recht, wer unter seinen staubigen Latschen goldene Sohlen trägt.

Al Tayer geht in die Knie, über ihm wölbt sich die ausladende, glatte Fläche des Bootsrumpfes. Perfekte Rundungen, zum Heck schmal auslaufend, am Bug ein steiler Steven, der lotrecht durchs Wasser schneidet. Der Konstruktionsplan des Boots existiert einzig in Al Tayers Kopf, keine Mathematik, keine Formeln, keine Computer. Allein die Erfahrung und das Auge des *Emjaddemi*, des Kapitäns, bestimmen, wie die Renn-Dhau gebaut wird.

Bootsbau nach Bauchgefühl, so machten es schon die Perlentaucher, die einst monatelang auf See waren und von Bahrain bis in den Oman segelten. Al Tayer taucht jetzt unter seinem Boot hervor, es ist Zeit für das Morgengebet. Um halb fünf singt der Muezzin die Stadt in den anbrechenden Tag, der in blassem Gelb dem Horizont entkriecht. In seiner Hütte bückt sich Al Tayer auf seiner Matte gen Mekka, taucht die Stirn ins Gebet, danach müssen sie los.

»Rashiiid! Khaliiil! Wo seid ihr? Habt ihr die Ruder eingepackt? Die Schwimmwesten? Wir brauchen mehr Sandsäcke!« Al Tayer ist wach. Es ist nach fünf, die Zeit, da es unter Geschrei losgeht, raus auf den Golf, der noch immer wie ein dunkles Tuch vor dem Strand liegt.

Schiffsleute, Köche und Segler sind im Hafen eingetroffen. Bis zu zwanzig Mann Besatzung segeln beim Rennen auf den motorlosen Regatta-Dhaus, die jetzt unter Ächzen und Geschrei ins Wasser geschoben werden. Eine große Motor-Dhau wird die beiden Segelboote des Al-Tayer-Clans zur Insel schleppen, und dieses dieselrotzende Monstrum ist Wohnschiff für vierzig Mann, schwankende Gebetshalle, Schlafsaal, schwimmende Kantine und schaukelnde Toilette, das alles in einem: Eine seegehende Villa Kunterbunt, die jetzt mit stotterndem Motor und leichter Schräglage auf den Persischen Golf hinauswankt. Am Schlepptau, dreißig Meter hinter dem Boot, die beiden Regatta-Dhaus der Al Tayers.

Auf dem Oberdeck biegen sich die Spätaufsteher gen Mekka, wehende Gewänder im linden Wind, am Bug schmeißt der

Koch den Möwen blutiges Fischgedärm in die Mäuler, es wird für alle Reis und Makrelen zum Frühstück geben. Am Heck stapeln sich die Kisten, Steckdosen und Kabel liegen herum, Bojen, Taue, Müll. Wasser schwappt über Deck. Auf einem Teppich neben der Ankerwinde, die nackten Füße im Gesicht eines Pakistani, döst Mandouri, der Schiffsjunge. Er hört arabischen Pop, iPod, knallgrün, letzte Generation.

Es sind jetzt noch sechs Stunden bis Sir Bu Naair. Der Kahn von Al Tayer ist nicht der Einzige, der aus der Nacht schleicht, unterwegs zur Insel, wo die Regatta starten wird. Sie kommen aus Bahrain, Abu Dhabi und Qatar; Motorboote, Begleitboote, hundert, zweihundert in der Dünung rollende Schiffe, voll beladen, die Dhaus für die Regatta im Schlepp. Einige werden schon da sein, der Rest morgen vor Anker gehen. Es wird ein Fest, ein Gelage, und sie werden das *Nahham* singen, das Lied der Perlentaucher.

Um halb sieben am Morgen bläht sich die Sonne am Himmel auf, das Meer wird blau, und um acht schnauft der Seelenverkäufer durch eine sengende spüligrüne Weite.

Nach sechs Stunden Fahrt taucht die Insel Sir Bu Naair an der Kimm auf wie eine hellbraune Handkante. Beim Näherkommen sind ein paar Militärbunker zu sehen, sonst nur Sand, Geröll, umsäumt von grünem Meer. Etwa einhundertfünfzig Boote sind schon da, ankern dicht an dicht in einer weiten Bucht. Stimmengewirr fliegt über die Decks, überall wuseln Menschen, Motorboote rasen übers Meer. Die ersten haben ihre Renn-Dhaus schon aufgetakelt, segeln erste Schläge, stellen ihre Mannschaften zusammen und testen das Material. Halten die Taue? Sind die Masten korrekt gestellt? Die Boote gut getrimmt?

Am frühen Abend macht sich Al Tayer fertig, seine Dhau mit der Nummer elf zieht bald durchs Wasser, die Segel wie gewölbte Dreiecke im Wind stehend. An Bord vollzieht sich eine wilde Choreographie, fünfzehn Männer sitzen auf der Kante, um das Boot flach auf dem Wasser zu halten. Plötzlich Gebrüll, haltloses Gezeter, alle wirbeln durcheinander. Vier Mann an den Bug! Vier nach Lee! Sechs setzen unterdessen das zweite Segel, hängen sich an die Fallen, um das Tuch rasend schnell emporzuwuchten.

Erneut Geschrei. Kapitän Al Tayer pöbelt wie ein Rohrspatz, während er hinten an der Pinne sitzt. Vom Bug schreien zwei Mann zurück, Tampen laufen über hölzerne Rollen und Flaschenzüge, Dutzende schwere Sandsäcke werden über das Deck gewuchtet. Je nach Wind sorgen sie in der Schiffsmitte oder weiter außen im offenen Rumpf für Ballast. Bei Leichtwind werden die Säcke voller Wüstensand kurzerhand über Bord geschmissen, um das Boot schneller zu machen.

Abdullah, der *Rope catcher*, tänzelt mit Turban und einem Bein in der Luft an der Rumpfkante herum, um eine Schot zu fangen, die in hohem Bogen vom dreißig Meter langen Rahbaum herunterschwingt. Kehliges Arabisch fliegt über das Boot, das jetzt immer schneller durchs Wasser zischt. Über zehn Knoten macht es bei müden zwei Windstärken, selbst eine Hightechyacht beim America's Cup müsste sich anstrengen, um hier mitzuhalten.

Al Tayer steht jetzt aufrecht am Heck, sein Gewand weht in der Brise, neben ihm die ledernen Gesichter zweier Alter, siebzig, achtzig, wie viele Jahrzehnte mögen sie schon gesehen haben? Dann schickt er das nächste Kommando über die Lippen, ein dahingeschmissener Fluch. Al Tayer knurrt, meckert, setzt sich wieder hin, während zehn Männer im vermeintlichen Chaos hin und her flitzen, ihre Plätze einnehmen und nun wie eine Kette aus Turbanen an der Kante des Boots kauern.

Das Segeln dieser Boote ist nicht leicht. »Es muss schnell gehen, vor allem beim Start und Setzen der Segel«, erklärt Al Tayer. »Du musst geschickt sein, die Wellen kennen und das Geheimnis des Holzes.« Das Boot biegt und krümmt sich auf ganzer Länge, wenn es durch die Wellen geht, achtzehn Meter Holz, die schreien und quietschen und unter Last qualvoll zum Leben erweckt werden. Hinzu kämen das Erahnen des besten Kurses zum Wind, das Wissen um den Trimm des mächtigen Segels, das bei den Manövern zittert, sich bald wieder mit Wind füllt und über dem Boot thront wie eine schräg am Himmel hängende weiße Kuppel.

Dann herrscht Ruhe. Alle Mann sitzen, niemand regt sich. Ein leises Fauchen entströmt den Segeln, und das Boot schießt mit zwölf Knoten durch die schwitzende Wasserwelt. »Wenn der Wind so kommen wird, ein Strich aus Westnordwest, dann wird es ein gutes Rennen geben.« Al Tayer sagt's, kniet auf blankem Holz, »Insch' Allah«.

Abends. Die Boote sind in die Bucht zurückgekehrt. Gelb sinkt die Sonne, der Wind schläft ein, und bevor die arabische Nacht alles verschluckt, liegen die Schiffe in fragilen Silhouetten auf dem platten Meer. Dann wird alles schwarz. Hier und da lodern Feuer in der Nacht, auf den Schiffen wird gekocht, Barrakudas, Snapper, Fleisch und Reis. Sie hocken auf Mehlsäcken und Schiffsbalken, einige schlafen auf Matten und unter freiem Himmel, andere sitzen bis spät in die Nacht, spielen Karten, quatschen und erzählen vom

Himmel und den Sternen. Auf den Schiffen ist jetzt Märchenstunde, Araber erzählen viel und gern, zweitausend Männer und keine Frau, da sind die Märchen besonders schön.

Noch zwei Tage bis zum Rennen, dann werden sie jene Strecke absegeln, die sie *Al-Qaffal* nennen, den Weg des Heimkehrens, fast hundert Kilometer von der Insel bis nach Dubai. Früher war dies die letzte Etappe der Perlentaucher, nachdem sie Monate auf See gewesen waren und von fernen Ufern zurück zu den wimmelnden Märkten an den heimischen Küsten kamen.

Auf einem der Schiffe sitzt Abdullah Sabah, neunundsiebzig oder achtzig, so genau weiß er es nicht, Sabah ist noch einer der echten Perlentaucher von früher. Sein Bart ist groß und grau, er muss ihn Methusalem höchstpersönlich abgeschraubt haben, und wenn er erzählt, leuchten seine trüben Augen aus dem zerfurchten Gesicht so gut sie noch können.

Ja, Junge, wir waren bis zu vier Monate auf See. Sind nach Bahrain gesegelt, auf den alten Dhaus, den Album Sambuks, *bis zu den kleinen Inseln weit im Golf. Ich war damals ungefähr achtzehn, fünf Jahre bin ich getaucht. Wir haben große Steine in den Händen gehalten und haben uns von ihnen in die Tiefe ziehen lassen, zehn, zwanzig Meter. Eine Taucherbrille? Nein, wir sind mit den bloßen Augen getaucht! Das hat uns diese schönen entzündeten Augen beschert, und als wir heimkamen, haben wir die Kinder mit unseren roten Augen erschrocken und verjagt.*

Noch ein Tag bis zum Rennen, und dieser Tag wird eine kuriose Mischung aus Alt und Neu werden, aus großer Hitze und sehr großer Hitze. Sie werden zehn Ziegen am Strand die Kehlen durchschneiden, eine Festmahl halten und die

Augen der Ziegen essen. Sie werden literweise Tee trinken, süßer als jede Pralinenfüllung, werden vor den Flammen sitzen und auf Schiffen schlafen, bei deren Anblick jeder deutsche Kapitän beten würde.

Mit TV-Kameras bestückte Hubschrauber werden über den Segelschiffen fliegen, und dann wird draußen in der Bucht eine Yacht einschweben, die aussieht wie ein Raumschiff der Zukunft, schneeweiß, verspiegelt, verglast, mit sechs goldenen Badezimmern, von denen jedes einzelne teurer ist als ein Penthouse am Berliner Wannsee. Sie haben die Yacht beordert, für alle Fälle, man weiß schließlich nie, ob der *Ruler*, seine Hoheit Scheich Al Maktoum, nicht doch vielleicht einfliegt, ein, zwei Stunden, um ein Auge auf seine Regatta zu werfen.

Es ist sechs Uhr morgens, Samstag, der Tag des Rennens. Einhundertsechs Renn-Dhaus liegen vor Anker, knapp hinter der Startlinie. Auf Boot 98 herrscht Chaos, der greise Skipper zetert, schreit das halbe Boot zusammen. Die letzten Leinen müssen vertäut werden, die Segel jetzt richtig liegen, der Anker parat zum Aufholen. Auf der 47 ist ein Mann über Bord gesprungen, eine Boje bergen. Ringsherum eine Hundertschar an Begleitschiffen, alle erwarten den Startschuss. Es ist sieben und die Sonne hängt gefräßig am Himmel.

Um Viertel nach sieben fällt der Schuss, dies ist die große Szene, die schönste der Regatta, und sie dauert nur zwei, drei Minuten. Fast auf einmal schnellen über hundert Segel aus dem Meer, als würde die See überall weiße Fächer ausklappen. Ein Schauspiel, ein Ballett zur See, als die Boote dicht an dicht gen Osten ziehen wie weiße Wasservögel. Nur das allgegenwärtige Geschrei, das von den Booten über das

Meer kommt, lässt ahnen, dass die Männer harte Arbeit verrichten, in den Seilen hängen, ziehen, reißen, trimmen und die Sandsäcke schleppen.

Auf der 11, dem Boot von Al Tayer, hängt sich die Crew außenbords, um die Dhau zu stabilisieren. Sie lehnen an der Bordkante, weit überm Wasser, bunt gewandete Leiber in Schwimmwesten, T-Shirts, Kappen, Turbanen und um die Köpfe gewickelten Tüchern. Der Wind ist gut, er kommt einen Strich mehr aus Nordwest, so wie es Al Tayer gesagt hat. Es ist ein Wind wie aus einem Fön, die Dhaus segeln, fliegen jetzt aufs Meer Richtung Dubai. Zehn Minuten dürfen die Augen den Anblick genießen, dann löst sich das Feld auf, verliert sich kilometerweit auf dem Golf.

Rund um das Boot von Al Tayer ist bald nur noch Wasser. Mit acht Knoten segelt es gen Osten und biegt sich durch die Wellen. Die Stunden verstreichen zäh, die Gespräche der Männer verenden in der Hitze. Ab und zu geht ein Eimer an einem Seil über Bord, um ein Spur kühlendes Salzwasser über einen schwitzenden Körper zu gießen. Nur bei den Manövern rasen die Männer auf dem Boot herum, reißen an den Fallen und Schoten, um das große Segel beim Halsen mitsamt dem Rahbaum über den Bug zu ziehen. Danach fallen alle wieder an Deck.

Im Schatten des großen Segels ist es eine Spur kühler, direkt neben der Schattenkante aber frisst sich die Sonne in den Lack und ins Holz und verwandelt das Deck in eine heiße Fläche. Der alte Al Tayer sitzt ohne ein Wort am Heck, im weißen Licht, er blickt in das Segel, in den Wind, aufs Meer. Dann schreit er unvermittelt: »Los, ey, ihr da vorn! Geht aus dem Schatten, setzt euch wieder auf die Kante!«

Hier draußen auf See, dem heißesten aller Meere, will die Zeit niemals vergehen. Die Hitze macht die Zeit zum Feind, wer hier nicht ausreichend trinkt, wird lethargisch, trocknet binnen weniger Stunden aus. Wasserflaschen mit zerfledderten Etiketten werden durch die braunen Hände gereicht, die Araber trinken und schauen mit müden Augen auf das silbriggrüne Meer. Einige Datteln machen die Runde, ein paar Fladen Brot, mehr nicht; sie beherrschen diese Kunst noch immer, die Enthaltsamkeit, das asketische Aushalten in der Hitze.

Al Tayer fällt zurück, die meisten anderen Schiffe sind weit voraus und kaum noch zu sehen. Neun Stunden treibt das Boot durch die Weite, während der Persische Golf gleichgültig um das Schiff schwappt wie geschmolzenes Metall. Dann verebben auch die letzten Gespräche, eine schweigende Truppe von sechzehn Männern, die der brütenden Luft harrt, das Segel in der aufkommenden Flaute nur mehr ein träges Schlackern.

So treiben sie dahin, gen Dubai, wie früher.

Doch diese Geschichte über das Meer endet nicht mit dem Hitzetod und nicht mit dem Sieger, der die Strecke nach fünf Stunden geschafft hat, während die Letzten erst nach zehn, elf Stunden erlöst werden; diese Geschichte endet nicht mit einem Pokal und auch nicht mit dem Preisgeld, welches die ersten zehn Boote unter sich aufteilen dürfen.

Diese Geschichte endet mit einem Bild.

Als sich die hölzerne Dhau vom alten Al Tayer endlich der Küste nähert, scheint das Meer zu dampfen, und es sind nur noch wenige Meilen, als sich in dem graublauen Dunst auf einmal Dubai abzeichnet wie eine monströse Fratze.

Eine irrwitzige Front aus Eisen und Stahl, die geisterhaft dem Dunst entsteigt, immer größer, gewaltiger. Eine massive Wand aus Hochhäusern frisst sich in das Bild; Antennen, Plattformen und sich drehende Kräne, die in hundert, zweihundert Meter Höhe die Zukunft unablässig aufeinandertürmen. Hochstraßen und glitzernde Fassaden tauchen vor den Booten auf, eine Phalanx aus gen Himmel strebenden Türmen, Häusern und Wolkenkratzern, wie mit Keulen und Peitschen aus dem Sand getrieben.

Es ist das Manifest des Rausches und der Gier, und dann vernehmen die Ohren in anschwellenden Kurven das Dröhnen, Hämmern und Bohren der größten Baustelle, die die Wüste je gesehen hat.

Und so endet diese Geschichte über das Meer. Mit dem Antlitz des Öls und dem leisen Tanz der alten weißen Segel.

Dhau-Segeln

WAS SIE WISSEN SOLLTEN

Segeln ist eine der ältesten Fortbewegungsarten, die es gibt. Und die Dhaus dürften mit die ersten Vehikel gewesen sein, die schon vor einigen tausend Jahren den Wind nutzten, um über die Meere zu fahren. In Ostafrika, Indien, Sri Lanka und im arabischen Raum, wo diese Schiffe schon früh zum Einsatz kamen, haben andere Boote die Dhau jedoch längst verdrängt, und wenn dieser Bootstyp noch irgendwo im Einsatz ist, dann treiben keine Segel das Boot mehr voran, sondern schnöde Motoren. Das Rennen vor Dubai dürfte darum eine der wenigen Möglichkeiten sein, heute überhaupt noch auf einer der wunderschönen Dhaus zu *segeln*.

Es sieht geradezu bezaubernd aus, wenn die eleganten Lateinersegel sich im Wind blähen, riesige Tücher über schlanken Rümpfen – ein herrlicher Anblick. Zudem sind diese Boote sehr schnell, wenn auch nicht sonderlich seetüchtig. Denn natürlich wurden diese Typen von Renn-Dhaus modifiziert; sie dienen nicht mehr zum Lasttransport.

Allerdings ist diese Regatta kein Rennen, das Gäste oder Segler in irgendeiner Form buchen können. Das Abenteuer besteht also zunächst darin, überhaupt erst auf die Schiffe zu kommen, sich so lange durchzufragen, bis einer der Besitzer oder Kapitäne sich bereit erklärt, einen mit aufs Boot zu nehmen. Vielleicht während einer Probefahrt, vielleicht gar während der Regatta selbst. Dafür jedoch sind Sie auf sich allein gestellt. Kein Reisebüro, keine Abenteueragentur, die Ihnen dabei hilft oder Tipps geben kann.

Wir gingen unten an den Schuppen am Strand von Dubai entlang, dort wo die Fischer sind und keine Touristen, und sprachen mit den Arabern, zeigten uns interessiert. Wir kamen über mehrere Tage hinweg immer wieder, knüpften Kontakte, stellten Fragen und besahen uns die Dhaus, die dort, von indischen und pakistanischen Bootsbauern bewacht, unter Palmdächern lagerten.

Nach vielen Gesprächen, endlosem Warten und Stunden des Teetrinkens in den Hütten, wurden wir schließlich eingeladen, mitzukommen. Der Schlüssel zu diesem Abenteuer – dem herrlichen Segeln weit draußen auf dem Persischen Golf, der hier ja eigentlich als Arabischer Golf zu bezeichnen ist.

Was Sie können sollten

Zunächst müssen Sie ausreichend Zähigkeit besitzen, um sich tagelang von einer Hand zur anderen reichen zu lassen. *Frag diesen, frag jenen Mann. Geh zu dem, geh dort hin. Ruf hier mal an. Komm morgen wieder. Insch' Allah. Salam aleikum, aleikum salam.* So in etwa lauten die Ratschläge der Fischer und indischen Bootsbauer, um dann vielleicht endlich einen der arabischen Dhaukapitäne überhaupt erst zu Gesicht zu bekommen. Dann beginnt das Geduldsspiel. Und das Teetrinken. Seien Sie dabei aufgeschlossen und freundlich, dieses Abenteuer ist nicht für Geld zu haben. Eine Einladung auf die Dhaus ist die einzig erhältliche Eintrittskarte.

Falls Sie es dann auf eines der Boote geschafft haben, sollten Sie zunächst seetauglich sein. Auf den schwanken Begleitschiffen drei, vier Tage auszuharren (auf diesen wohnen die Männer vor der Regatta) ist nichts für empfindliche Mägen. Dies nicht nur wegen des Seegangs und der rollenden und schlingernden Seelenverkäufer; auch die Gerüche und das Essen an Bord dieser wackelnden Dampfer sind für Europäer gewöhnungsbedürftig. Reis, Makrelen, Hammelfleisch, gekocht und gebraten in großen Pötten und Pfannen, sind für die gesamte Mannschaft gedacht, frisch ausgenommene Tiere und Fische fliegen über Bord und über die Reling, wo Scharen gieriger Vögel kreisen, um sich die blutigen Reste einzuverleiben.

Gegessen wird mit den Händen, eine Dusche gibt es selbstverständlich nicht an Bord, und die Toilette ist eine arabische Toilette ohne Klopapier, ohne einen Anflug europäischer Hygienestandards oder gar eines Waschbeckens. Im Klartext: Wer sich den Hintern auf See mit Papier abwischen will, sollte sich vorab entsprechend ausrüsten. Und natürlich muss eine Toilette für vierzig Mann reichen. Doch diese Toilette sollten Sie nutzen. Auf den Rhenn-Dhaus nämlich wird es nur noch einen Donnerbalken geben, ein Brett mit einem Loch, hoch exponiert auf dem Achterschiff verschraubt, unter blauem Himmel und sengender Sonne.

Die Sonne sollten Sie natürlich auch vertragen können. Temperaturen von 45 Grad plus sind Ende Mai keine Seltenheit, zudem reflektiert das Meer, seinerseits sportliche 38 bis 40 Grad heiß, die von oben heranschießende Hitze nochmals. Das alles in Verbindungen mit den köstlichen Mischgerüchen an Bord, den sich gen Mekka neigenden Männern und den hier und da schon mal über Deck schwappenden Fischresten, machen insgesamt den Reiz dieses kleinen arabischen Segeltörns aus.

Zu guterletzt sollten Sie nicht zimperlich sein, wenn es um den Schlafkomfort geht. Von der Vorstellung eines normalen Bettes nämlich können Sie sich sofort verabschieden. Schlafen dürfen Sie, während Sie auf See sind, auf einem Handtuch, einer Matte, auf einem Kartoffelsack oder auf den aufgeschossenen Trossen auf dem Achterdeck. Die Devise: Einfach irgendwo ein freies Plätzchen an Bord ergattern, Matte hinlegen und eine Runde ratzen. Araber können überall schlafen, zu jeder Tages- und Nachtzeit. Wir schliefen übrigens immer oben auf dem Deck, das stahlhart und nur teils von einem zerschlissenen Sonnensegel geschützt war. Und selbst nachts war es noch so heiß, dass man mit blankem Oberkörper unter den Sternen ruhen konnte.

Wie hart ist es wirklich?

Verschiedene Faktoren beeinflussen dieses Abenteuer. Eine entspannte Urlaubsreise jedoch werden Sie hier garantiert nicht erleben. Es ging schon beim Verrichten des Morgengeschäfts los, auf einigen Trips immer wieder eine heikle Angelegenheit. Nach dem ersten frühmorgendlichen Kaffee auf dem Begleitschiff war das einzige Bord-WC bereits stark frequentiert und bei vierzig Morgenländlern auch entsprechend in Anspruch genommen, wenn Sie verstehen. Als ich das winzige Bord-WC endlich betreten durfte, entschied ich spontan, umzudrehen, ins Meer zu springen, die fünfhundert Meter zur Insel zu schwimmen und mir dort ein stilles Örtchen in den Sanddünen zu suchen. Allerdings hatte ich auch dabei ein ungutes Gefühl im Bauch. Sir Bu Naair Island ist eine Militärinsel, wer wusste, ob nicht jeden Moment ein Soldat mit Maschinengewehr neben mir stünde und mich ob meines Tuns zur Minna machen würde.

Nehmen wir jetzt noch die ständige Hitze hinzu, das Schlafen auf knochenhartem Untergrund und die Tatsache, dass auf den Schiffen Alkohol absolut tabu ist, erscheint es mir angemessen, mindestens einen Faktor von vier bis fünf für ein mäßiges bis mittelhartes Abenteuer anzusetzen.

Obendrein gut zu wissen: Auch dies ist übrigens ein Ausflug, auf dem es kein Zurück gibt. Wer über hundert Kilometer weit draußen auf dem Persischen Golf auf einem schaukelnden Rostkahn weilt, muss durchhalten. Und vergessen Sie alle Vorstellungen von sauberem, klarem Meer, in dem sich nett planschen lässt. Das Meer war über und über mit Algen durchzogen, seltsamen Aussonderungen irgendwelcher hitzeresistenten Planktonpopulationen. Zudem sagte man mir, dass Seeschlangen keine Seltenheit seien. Fazit: Fünf Tage Dhau-Regatta in Arabien sind exotisch und bieten wirklich schöne Szenen – mit Erholung aber hat dies rein gar nichts zu tun.

INFORMATIONEN

Die Regatta findet meist im Mai statt. Wer mit dem Gedanken spielt, auf einem der Boote dabei zu sein, sollte mindestens zwei Wochen vorher anreisen und sich auf die Suche nach einer Mitfahrgelegenheit machen. Wie gesagt: Dieses Abenteuer ist nirgends buchbar, auch gibt es keine Tagestrips oder Ähnliches, um das Rennen und Treiben vor der Insel Sir Bu Naair Island zu beobachten. Ganz oder gar nicht – so lautet hier das Motto. Zum Thema Alkohol, welches allein schon wegen der täglich ratsamen Desinfizierung des Magens nicht unwichtig ist: Wir hatten zwei Flaschen Rum in professionelle Thermosflaschen gefüllt, eine für den Fotografen, eine für mich. So machten wir es uns nachts auf dem Sonnendeck gemütlich. Zum Glück fragte niemand, ob wir einen Schluck Tee abgeben könnten. Ich weiß nicht, was sich ereignet hätte, wäre auch nur ein Tropfen des edlen Rums in die Kehle eines Arabers geflossen. Wahrscheinlich wären wir über Bord geschmissen worden, im hohen Bogen zu den Haien.

KOSTEN

Wenn Sie tatsächlich auf eines der Boote eingeladen werden, liegen die Kosten bei null. Die Araber sind ehrenhafte und sehr gastfreundliche Menschen, sogar für das Essen durften wir keinen Cent beisteuern. Die beiden Weißen an Bord zu verköstigen war Ehrensache. Theoretisch müssen Sie also nur den Flug nach Dubai zahlen und die Übernachtungen bis zur Regatta. Für die gebotenen Erlebnisse eine annehmbare Belastung der Geldbörse. Andere Menschen geben für ein gehobenes Wellnesswochenende die gleiche Summe aus. Aber tragen sie solche Märchen zurück nach Hause?

Die überaus erträgliche Leichtigkeit des Seins

Beim Parabelflug im Kotzbomber über der Nordsee

NORDDEUTSCHLAND

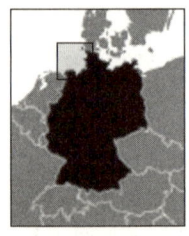

Nicht alle Abenteuer beginnen in Porz-Wahnheide bei Köln, in einem schlichten Backsteinhaus, Zimmer null sieben, auf einer Pritsche, ohne Hemd, nur mit Unterhose und Socken bekleidet. Der Arzt tritt an mich heran, horcht mein Herz ab, das Stethoskop kalt auf der Haut. Der Fliegerarzt des Deutschen Zentrums für Luft- und Raumfahrt schaut in meine Ohren, fährt mit seinen Fingern über meine Wirbelsäule, haut mit einem kleinen Hammer auf meine Knie. Die Schienbeine klappen, eins nach dem anderen, nach oben.

Im nächsten Raum besteige ich ein Fahrrad, absolviere, was als EKG bekannt ist, Strippen auf der Brust, auf meinem Herzen. Zettel sind danach auszufüllen, Listen mit Wehwehchen und Krankheiten, die ich gehabt oder nicht gehabt habe; Neonröhren schicken helles Licht in den Flur, Linoleumboden, Bilder an der Wand, zwei Schwestern, die von Zimmer zu Zimmer gehen, Blutproben tragend.

Wie oft habe ich vom Weltraum geträumt? Die Flüge zum Mond, das schwarze Universum, in dem die Erde hängt wie an unsichtbaren Fäden, ein Ball im Nichts. Dieser uralte Menschentraum, das Metaphysische, das Schweben im Raum; ausgerechnet diese Arztpraxis sollte mich dieser Sache so nahe wie möglich bringen.

Nicht alle Abenteuer entfalten sich im World Conference Center, dem ehemaligen Bundeshaus zu Bonn, in einem verlassenen Vortragsraum, in dem hundert Stühle stehen, eine große Leinwand hängt und das Licht nüchtern ist. Es ist September, draußen regnet es, die Republik nistet sich im werdenden Herbst ein.

Abends. Die ersten geladenen Menschen betreten den Saal, ausgewählte Wissenschaftler, Politiker, einige Prominente, Studenten, Journalisten. Es herrscht eine Stimmung aus Spannung, Vorfreude und Neugier, die Gesellschaft weiß, was bevorsteht.

Morgen wird die illustre Runde einen Airbus A-300 der französischen Firma Novespace betreten. Ein Flugzeug, das speziell für Parabelflüge umgebaut wurde und im Innenraum einem Irrenhaus gleicht, zumindest jener Version der idealen Klapsmühle, wie sie sich das offenbar normal tickende Volk ausmalt. Der Innenraum des Flugzeugs ist eine große, weißgepolsterte Gummizelle. Bis auf fünfzig Passagiersitze wurden alle anderen ausgebaut, dafür im vorderen Teil der Maschine Vorrichtungen für Experimente eingebaut. Teilchenerhitzer, Zentrifugen, Mikroskope, all das für diverse Versuche, die auf diesen Flügen stattfinden – während die Schwerkraft der Erde ausgehebelt ist und Kugelschreiber frei in der Kabine umherschweben wie in einem Traum.

Streng betrachtet der reinste Aberwitz. Vor allem: Wie ist das möglich?

Der Airbus, diese geflügelte Aluminiumröhre, wird morgen mit Höchstgeschwindigkeit fliegen, mitten über der Nordsee und im freien Luftraum. Dann werden die Piloten, graue Overalls und blaue Abzeichen tragend, das Flugzeug steil nach oben reißen, um es anschließend mitten im Himmel durch eine gezielte Parabelkurve zu jagen. Am Ende des Manövers werden die Piloten die Maschine steil nach unten treiben, im Sturzflug.

Der Airbus wird, derart durch den Himmel parabelnd, dreizehnmal hintereinander ein delikates Manöver fliegen. Ein Manöver, welches die Passagiere eines Ziviljets dazu treiben würde, auf der Stelle eine Whiskyflasche zu leeren, zu beten, zu kotzen oder zu schreien.

Wie darf man sich dieses Manöver vorstellen? Das Flugzeug fliegt sozusagen einen mächtigen Buckel im Himmel, so als würde es über ein gewaltiges Hindernis rasen wollen. In anderen Worten beschreibt das Flugzeug eine Bahn wie ein Ball, den einer im hohen Bogen in die Luft geschmissen hat. Seine Flugbahn folgt einer simplen Rechnung, einer Gleichung, die die Wurfkraft ins Verhältnis zum Gewicht des Balls setzt sowie zur Anziehungskraft der Erde. Wird der Ball schön geworfen, fliegt er elegant nach oben durch die Luft, lenkt bald in eine gleichmäßige Kurve ein und saust alsbald immer steiler zurück zu Boden.

Der Ball ist unser Flugzeug.

Am Scheitelpunkt der Flugkurve, in achttausendfünfhundert Meter Höhe, wird sich die Geschwindigkeit des Airbus auf dreihundertsiebzig Kilometer pro Stunde reduzieren. Die Maschine kippt nun langsam vornüber, prescht in einem siebenundvierzig Grad steilen Winkel wieder nach unten, bis die Piloten sie gütigst abfangen.

Das Ungeheure geschieht: Während der Parabelkurve wird die Schwerkraft aufgehoben. Die Passagiere heben ab, segeln haltlos durch die Kabine, schweben. Im Cockpit ist es auf zwei Instrumenten Grün auf Schwarz abzulesen. Null g – die Schwerelosigkeit. Ein Zustand, in dessen Genuss sonst nur Astronauten kommen, die mehrere hundert Kilometer über dem Planeten fliegen und mit achtundzwanzigtausend Stundenkilometern unterwegs sind, um nicht vom Firmament zu krachen.

Im Konferenzsaal zu Bonn herrscht Stille, als die Piloten eintreten. Am Vorabend der Flüge findet eine Sicherheitseinführung statt, Pflicht für alle Passagiere an Bord.

Ein Vorredner begrüßt die Gäste, erklärt Hintergründe zur Forschung in der Schwerelosigkeit, wichtigste Aufgabe der Parabelflüge. Bei den Missionen wollen Forscher grundlegende Lebensfunktionen besser verstehen, um etwa neue Diagnostikmethoden und Therapien in der Medizin zu entwickeln. Die Wissenschaftler wollen begreifen, woher Pflanzenkeime tief im lichtlosen Boden wissen, wo der Himmel ist, in welche Richtung sie wachsen müssen, um an die Leben spendenden Strahlen der Sonne zu gelangen. Orientieren sie sich an der Schwerkraft? Und könnten Astronauten trotzdem, etwa auf langen Marsflügen, Petersilie oder Kresse im Weltraum gedeihen lassen?

Die nicht forschenden Passagiere müssen sich um derlei Latein nicht kümmern. Sie dürfen den Freiraum der Maschine genießen, ein paar Runden losgelöst durch die Gegend schweben.

Stéphane Pichené und Jean-Claude Bordenave sind Testpiloten, ein halbes Leben haben sie in Kampfjets gesessen, sie werden den Airbus morgen fliegen. Die beiden richten sich an die Gäste, feste, nüchterne Stimmen.

»Während des Steigflugs werden Sie zunächst mit 1,8 g, also fast dem doppelten Körpergewicht, auf den Boden der Maschine gepresst«, sagt Pichené, Kurzhaarschnitt, schlank wie ein Gartenschlauch. »Danach folgt jenes Manöver, das wir mit dem Kommando ›Injection‹ über die Bordlautsprecher ankündigen werden.« Injection. Gemeint ist der Einschuss in die Parabelkurve, jener Moment, in dem Passagiere und Wissenschaftler an Bord eine Nulldiät am eigenen Leibe erfahren. Mit einem Schlag sind sie sämtliche Kilos los.

Technisch geschieht Folgendes. Nach zwanzig Sekunden extremen Steigflugs hängt die Maschine in einem Winkel von siebenundvierzig Grad unter vollem Schub am Himmel, die Schnauze steil gen Sonne gerichtet. Anschließend nehmen die Piloten abrupt den gesamten Turbinenschub weg. Mit seinem enormen Schwung fällt der Airbus jetzt noch weitere Tausend Meter nach oben, um auf achttausendfünfhundert Meter Höhe schließlich in eine nach unten offene Parabel hinabzukippen.

Dies ist der Moment, in dem Menschen in sehr großen Achterbahnen zu schreien beginnen, kreischen, weinen oder nur noch die Augen schließen. Ein hohles, ein aberwitziges Gefühl. Der Magen bleibt nicht, wo er hingehört, er erhebt sich, die Organe fliegen davon, die Leber, die Nieren, der Darm. Der Körper hebt von innen ab, so ist es zu beschreiben, der gefühlte komplette Bodenverlust.

Bei den Parabelflügen aber führt der Spaß weiter, denn das Abheben vollzieht sich physisch befreit, ohne Gurte, ohne Sitz, und vor allem: Es hört nicht auf. »Während jeder Parabel werden wir zweiundzwanzig Sekunden fast völlige

Schwerelosigkeit erleben«, erklärt Pichené. Am Ende seiner Ausführungen legt sich ein schales Grinsen auf das Gesicht des Testpiloten, er hat die Geschichte schon oft erzählt, oft miterlebt, er fügt noch hinzu: »Glauben Sie mir, es wird eine sehr neue Erfahrung für Sie sein.«

Der Sicherheitschef und der Flugarzt von Novespace haben das Wort. Ersterer, Alain Jean, trägt einen orangefarbenen Overall, kein Lächeln, er rät allen Passagieren, während der ersten von dreizehn geflogenen Parabeln angeschnallt sitzenzubleiben; das Gehirn müsse sich erst an den Zustand gewöhnen. Danach dürfe jeder nach Belieben im gepolsterten Raum der Maschine umherspazieren. Wobei das Umherspazieren zwangsläufig im Umherschweben enden würde. Alain Jean lächelt jetzt kurz, auch er kennt diese Vorträge.

»Vermeiden Sie hektische Bewegungen, wenn Sie den gepolsterten Boden verlassen und davonschweben«, sagt er. »Sonst rotieren Sie unkontrolliert durch die Kabine.«

Es spricht als Nächstes der Flugarzt, er sagt, dass von fünfundvierzig Passagieren während der ersten Parabel durchschnittlich sechs Gästen übel werde, vier weiteren bei der zweiten Parabel. Was dabei genau passiert, sei schnell erklärt, sagt der Flugarzt, er verzieht keine Miene, redet monoton weiter. Während der Schwerelosigkeit spielen die Sinne verrückt, die Augen registrieren: alles normal. Das Innenohr aber signalisiert: Hier stimmt etwas nicht, du wiegst nichts mehr!

Das, so der Arzt, führe zu einem neurosensorischen Konflikt, den, nun ja, einige nicht so sehr mögen. Ratsam sei das Einnehmen einer Medikation, die morgen vor dem Flug verteilt würde. Der Arzt räuspert sich in die Stille des Saals:

»Vermeiden Sie heute Abend schweres Essen, schlafen Sie ausreichend, trinken Sie keinen Alkohol.«

Die Einweisung ist beendet, es ist acht Uhr abends in Bonn, als sich Piloten, Mannschaft und Gäste zum gemeinsamen Abendessen einfinden. Ein großes Büffet, Musik, es gibt Spaghetti, Shrimps, Salat; welch absurde Ouvertüre zu diesem uralten Menschentraum.

In einer dunklen Nacht stehe ich an den Klippen und wage, nach zartem, aber anschwellenden Mut, das Unglaubliche. Ein beherzter Schritt in die Leere, in die Luft. Alsbald löse ich mich von der Erde und sie sich von mir, unter mir weit das Meer, darüber die nachtsilbrigen Wolken. Und nichts, nichts mehr zwischen uns.

Der Flugplatz von Köln-Bonn am nächsten Morgen, über Deutschland fließen weiße Wolken durch einen stahlblauen Himmel. Um kurz vor acht treffen die Passagiere ein, sie werden zu einer Wartehalle am Terminal West gebracht. Die Gäste erhalten blaue Overalls, einige werden mit Sensoren und einem kleinen Sender bestückt. Die Forscher wollen Puls und Blutdruck messen – wie reagieren Menschen, die die Schwerelosigkeit das erste Mal erleben?

Alain Jean, der schweigsame Flugarzt, verteilt die Pillen gegen die Weltraumkrankheit. Blick aus der Halle, hinaus aufs Vorfeld, da steht die Maschine. Ein riesiger, schneeweiß lackierter Airbus, auf dem der Schriftzug prangt, den sonst keine Airline der Welt trägt, Zero g.

Die Wissenschaftler sind schon an Bord, als die Passagiere einsteigen, die Forscher sitzen, liegen, knien vor ihren Versuchsvorrichtungen, komplizierten Apparaturen, die fest am Boden der Kabine verschraubt sind und nun für den Flug bereit gemacht werden. Vakuumpumpen, Levitationsanlagen, Stahlgehäuse mit Leitungen, Ventilen, filigranen Sensoren.

Um Punkt neun werden die Türen des Airbus geschlossen. Langsam rollt die Maschine zur Startbahn und hebt mit vollem Schub ab, um in einer weiten Kurve nach Norden abzudrehen. Eine knappe Stunde dauert der Flug, dann hat der Jet den freien Luftraum über der Nordsee erreicht. Die Maschine fliegt mit achthundertfünfundzwanzig Kilometern pro Stunde, tief unten zieht ein Frachter seine Bahn, draußen strahlende Sonne.

Noch zehn Minuten. Zehn Minuten, bis mir das Herz in die Hose rutschen wird, Unten und Oben sich auflösen werden. Zehn Minuten, bis ich wie auf einer Wolke getragen davongleite und dann, in etwa wie ein Heliumballon, ein sonderbares, in höchstem Maße erhebendes Gefühl erleben darf, welches mir noch nie, nie widerfahren ist. Noch acht Minuten.

Auf einer Flughöhe von sechstausend Metern streifen die beiden Testpiloten Pichené und Bordenave ihre Handschuhe über. Sie verdunkeln die Seitenfenster im Cockpit des Airbus, damit keine Reflexionen den Blick auf die Instrumente stören. Sie befestigen jetzt zwei spezielle Verlängerungen an den Steuerhörnern. Mit dem einen Aufsatz wird der Kommandant gleich die Längsachse der Maschine kontrollieren, der Pilot mit dem anderen die Querachse. Die folgenden Manöver verlangen Präzision.

Die beiden Piloten gehen eine letzte Checkliste durch, surren mit den Sitzen in Position. Testpilot Pichené sagt: »Alle Systeme klar, wir sind so weit.« Noch vier Minuten.

Die Piloten werden die Steuerknüppel gleich stark an sich heran ziehen, bis der Airbus auf siebentausendsechshundert Meter Höhe klettert. Sie werden die Maschine anschließend in die erste, penibel kalkulierte Parabelkurve einlenken, das Flugzeug dann weitgehend sich selbst überlassen. Nur winzige Steuerkorrekturen sorgen dafür, dass die Maschine eine möglichst optimale Kurve fliegt – und anschließend kopfüber Richtung Nordsee hinabschießt.

Durch die Lautsprecher kommt der Countdown zur ersten von dreizehn Parabeln, die Passagiere sitzen, die Forscher liegen, keiner spricht mehr, zu ungewiss die Erwartungen an das Ereignis.

Der Lautsprecher krächzt. »Pull up!«

Die Maschine richtet sich auf, düst nach oben. Selbst beim Sitzen in den Passagierstühlen fühlt sich jede Bewegung nun in etwa so an, als hätte man zwei Seesäcke voller Blei an den Füßen hängen. Eine übermächtige Kraft legt sich auf den Kopf, auf den ganzen Körper. Zwanzig Sekunden dauert dieser Steigflug, dann schicken die Piloten im Ton eines gelangweilten Schalterbeamten jenes Kommando durch die Lautsprecher, auf das alle warten, »Injection«. Das Einfliegen in die Parabel selbst.

Der Versuch, die folgenden Geschehnisse zu beschreiben, ist ein relativ sinnloses Unterfangen, wird in diesen Sekunden doch ein Gesetz aufgehoben, auf dessen Grundlage sich seit vier Milliarden Jahren sämtliches Leben auf der Erde entwickelt hat. Dann wird es hohl.

Neben mir macht ein Passagier den Kugelschreiberversuch, derweil mein Magen den Körper verlassen will und ich von einem Tausendmeterbrett springe. Der Kugelschreiber aber fliegt, wie in einem Comic, einen Meter über dem Sitz.

Nicht minder verrückt die überstehenden Enden der Anschnallgurte, auch sie vollführen auf einmal einen pantomimischen Tanz in der Luft, richten sich auf wie beschwörte Schlangen, zeigen nach oben. Bilder, die die Augen noch nie gesehen haben, oder doch, in Übertragungen aus dem All vielleicht, aber gefühlt haben es die eigenen Hände noch nicht.

Ich greife nach dem Kugelschreiber, stubse ihn an, drehe ihn, lasse ihn los. Das Spielerische geschieht, das Träumerische. Der Kugelschreiber steht vor meinen Augen in der Luft.

Die Menschen, die Gegenstände an Bord, alles besitzt nun das theoretische Gewicht null. Wir sind noch immer angeschnallt in den Sitzen, dies ist die erste Parabel, aber ich löse mich dennoch, treibe zwei, drei Zentimeter über dem Polster, nur in Position gehalten durch den Gurt.

Die Piloten fangen die Maschine ab, kurzzeitig herrschen wieder 1,8 g, während wir mit Macht in die Sitze gepresst werden. Es ist wie die Umkehr der Freiheit, der Rückfall in die Schwere, doch dauert es lediglich zwei, drei Minuten, schon diktieren die Lautsprecher den nächsten Countdown in die Kabine, zehn, neun, acht, dann das Kommando, der Steigflug, der nächste Schuss in die Schwerelosigkeit.

Die Passagiere stehen, kriechen nun in der weißen Gummizelle herum, alles wird auf den Boden gedrückt, gepresst, gebogen. Doch dann geschieht es, das Flugzeug rast in den Buckel, in die riesige Kurve am Himmel.

Ein Passagier neben mir verlässt den Boden der Maschine. Segelt empor. Ist bald irgendwo unter der Kabinendecke unterwegs. Gleich daneben gleitet der Politiker Ulrich Kelber bäuchlings durch die Luft, die Arme weit von sich gestreckt. Die Passagiere kreisen, hampeln im leeren Raum herum.

Stehen kopfüber zwischen Himmel und Nordsee. Stoßen sich an der Seitenverkleidung ab, sausen wie von Geistermund gepustet einmal quer durch den Innenraum. Die Passagiere haben keinen Kontakt mehr, weder die Füße, die Beine noch die Arme berühren irgendetwas.

Ein erstes Lächeln legt sich auf die Gesichter. Die Gäste begreifen langsam, was hier geschieht. Das Lächeln wird größer. Es verschwindet nicht mehr. So muss sich der Weltraum anfühlen.

Nach den ersten vier, fünf Parabeln werden alle sicherer; keiner hat bisher einen Strahl in eine Tüte geschickt. Die Flugversuche werden gewagter. Otto Fricke, einer der geladenen Politiker, oszilliert in der Vertikalen, kopfüber, direkt neben dem seitlich verdreht dahindriftenden Flugarzt Alain Jean. Zwei Reporter fahren Fahrrad, auch dies mitten in der Luft sitzend, während die Sicherheitsmannschaft sich anschickt, bei der nächsten Parabel auch noch einen Ball ins Spiel zu bringen.

Mitten durch die Maschine fliegt das Rund, dies jedoch in nie erlebter Flugbahn. Das Ding saust überall hin, nur nicht zu Boden, Gekreische ist zu hören, Politiker kichern, Journalisten spielen Luftfußball. Allerorten ist heiteres Herumgleiten zu beobachten, mal unter der Decke, mal längsseits neben den Netzen, die die Passagiere am Davonschweben ins Heck des Fliegers hindern. Erst wenn die Piloten den Airbus abfangen, plumpsen alle wieder zurück auf das Polster, weiche Landung auf dem Hosenboden, als hätte jemand plötzlich auf den Schalter für die Schwerkraft gedrückt.

Welche extremen Flugmanöver die Maschine absolviert, ahnt erst, wer einmal zurück auf die Sitze geht und einen

Blick aus dem Fenster wirft. Während Steig- und Sinkflug hängt der Airbus derart steil am Himmel, dass der Horizont wegzukippen scheint. Die Piloten blicken dabei nicht ein einziges Mal aus den Cockpitfenstern, obschon am Ende der Parabel im Sturzflug aus ihren Fenstern nichts mehr zu sehen ist als Meer. Um die Kurven so präzise wie möglich zu fliegen, kleben die Augen von Kapitän, Pilot und den beiden Flugingenieuren auf den wichtigsten Instrumenten, dem künstlichem Horizont, dem Gravitationsmesser und der Stoppuhr.

Die Maschine heult erneut auf, ein fauchendes Geschöpf, das sich aufbäumt und die Sonne anzischt. Wie viele Sekunden verstreichen? Wie weit dehnen sich diese Momente, in denen Hände und Füße nichts mehr berühren müssen, keine Last mehr tragen, der Körper leichter als die Luft selbst? Groß wird die Zeit, diese verrückte Träumerei.

Über mir hängt der Mond, weißer Bruder der Erde, ich habe Flügel. Und doch bedarf es keines Schlages, ich falle nicht, stürze nicht. Aufgehoben ist alles Schwere, die ewige Haft am Boden. Alles Erlernte erlischt, unter mir das Meer, darüber der nächtliche Himmel, die durchsichtigen Wolken, die Sterne. Derart gleite ich durch die Weite, durch den Weltenraum, schaue in die Ferne ohne ein Blinzeln, schaue und schaue und werde nie wieder landen.

Es ist nachmittags, als die Maschine wieder auf der Piste des Flughafens Köln-Bonn niedergeht. Draußen scheint die Sonne, Deutschland im Herbst.

Parabelflug

Was Sie wissen sollten

Parabeln, wie es die Piloten und Raumfahrer nennen, ist im Grunde ein Vorbereitungstraining für echte Astronauten, die demnächst ins All starten. Die NASA und die Russen kamen als Erste auf die Idee, einen leergeräumten Jet solche Kurven fliegen zu lassen, bevor sie in den sechziger Jahren ihre Astronauten in den Orbit schickten. Die Raumfahrer sollten vorab wissen, wie es ist, nichts mehr zu wiegen. Wie bewege ich mich? Wie manövriere ich durch die Kapsel?

Und nein, es ist nicht übertrieben, nicht geschönt, tatsächlich schwebt der Parabelnde völlig befreit durch die Maschine. Der deutsche Astronaut Thomas Reiter, ebenfalls auf meinem Flug anwesend, sagte, dass kein Zustand der Schwerelosigkeit im Weltraum so nahe kommt wie jener beim Parabelfliegen. Der einzige Unterschied sei, dass es im All länger andauert, beziehungsweise gar nicht mehr aufhört.

Doch selbst die zweiundzwanzig Sekunden pro Parabel sind genug, um Manöver auszuprobieren, sich an den Zustand zu gewöhnen, zu kreisen, wie ein fliegender Affe unter die Decke zu klemmen oder sich auf den Kopf zu stellen. Jede Bewegung gerät spielerisch, leicht, Sekunden sind es, in denen jeder zum Kind wird. Der Zustand hat etwas Rauschhaftes.

Auch wenn es generell nicht erlaubt ist, habe ich es trotzdem ausprobiert. Ich ging vor einer der späteren Parabeln zurück zu meinem Sitz, befestigte den Gurt – schnallte mich aber während der Kurve wieder ab und drückte mich mit einem zarten Schubs auf die Lehnen ab. Ich hob aus dem Sitz heraus ab, saß plötzlich, noch immer in üblicher Sitzposition, mitten in der Luft, trieb gemächlich gen Kabinendecke. Ein sagenhaftes, ein unbeschreibliches Gefühl. Die Referenz zu den Sitzen machte es noch viel absurder. Es gibt derzeit übrigens keine Möglichkeit, dem Astronautendasein als normalsterblicher Mensch näherzukommen als beim Parabelfliegen. Kein Simulator, keine Zentrifuge kann diesen Zustand erzeugen. Und für rund zwanzig Millionen Euro nehmen die Russen betuchte Gäste mit auf einen echten Flug ins All zur Internationalen Raumstation. Eine verlockende Alternative. Nur leider nicht bezahlbar.

Was Sie können sollten

Den Zustand der Schwerelosigkeit mag nicht jeder. Immerhin befinden Sie sich im freien Fall, allerdings fällt das Flugzeug um Sie herum mit, weshalb Sie keinen Gegenwind verspüren, sondern sich schwerelos fühlen; nichts anderes geschieht beim Parabeln. Einige leiden schon nach der ersten Himmelskurve an Brechreiz, bei manchen bleibt es nicht nur bei dem Reiz. Die NASA nennt die Flugzeuge für solche Manöver, KC-135-Jets, darum auch »Vomet Comets«, Kotzkometen. Ich rate dringend dazu, vor dem Flug das angebotene Medikament, ein so genanntes Antimetikum, einzunehmen, und nicht den harten Kerl zu markieren. Sich den Flug durch Übelkeit zu verderben wäre einfach zu schade.

Zur Vorbereitung sollten Sie einen Rummelplatz aufsuchen, auf dem eine Achterbahn mit mindestens vier Loopings steht. Diese großen Achterbahnen sind in der Regel hoch genug, wenn der Wagen von hoch oben in die Senkrechte hinabfällt, wird dieses fiese, hohle Gefühl im Bauch ausgelöst. So fühlt es sich an, genau so und ganz lange. Sie sollten die Fahrt in der Achterbahn mindestens sechs- bis zehnmal wiederholen und in der Lage sein, sich stets auf die nächste Fahrt zu freuen. Dann dürften Sie ein Kandidat fürs Parabeln sein.

An Fitness genügt ein normales, gesundes Maß. Sie sollten einfach nicht sofort kollabieren, wenn die Schwerkraft beim Steigflug und beim Abfangen der Maschine plötzlich mit doppelter Kraft auf den Organismus einwirkt. Wie sich das anfühlt, können Sie übrigens sehr einfach zu Hause testen. Heben Sie eine Tür aus den Angeln, legen Sie sich anschließend auf den Boden und die Tür wie ein Brett oben auf sich drauf. Nun soll ein Freund, der Ihrem Gewicht entspricht, sich auf die Tür stellen. Zweimal zwanzig Sekunden lang. So lange dauern die Steigflüge und das Abfangen bei jeder Parabel. Wer schweben will, muss eben auch leiden können.

Wie hart ist es wirklich?

Es ist nicht hart, nicht schwer, nicht brutal. Es ist leicht und wunderbar! Gewöhnungsbedürftig sind lediglich die ersten Steigphasen, wenn der Kopf sich schwerer anfühlt als selbst bei schwersten Katern. Zudem entsteht der Eindruck, als würde einem kurz die Luft wegbleiben, die Lungen müssen schließlich auch doppelt stark nach Luft saugen. Ansonsten aber würde ich den Parabelflügen maximal einen Härtefaktor von zwei bis drei verleihen, zu groß ist das Vergnügen, dieses fantastische Umhersausen in der Kabine zu erleben, frei und federleicht.

Nun reizt und beflügelt mich alles, was mit Fliegen, Höhe und Stürzen zu tun hat. Wer dies nicht mag oder gar schon normales Fliegen, etwa in einem kleinen Propellerflugzeug, scheut, sollte defintiv aufs Parabeln verzichten. Er wird sonst durch die Hölle gehen. Und es gibt kein Zurück. Grünblaue Passagiere an Bord bringen die

Piloten noch lange nicht dazu, Pausen einzulegen und gar zu landen. Wer hier A sagt, muss auch B sagen.

Wackelkandidaten sollten zudem auf keinen Fall während der Parabeln aus einem Fenster schauen oder sich im Cockpit aufhalten. Der Anblick ist zwar atemberaubend, doch nicht jeder wird sich daran laben. Sieht man aus den Seitenfenstern neigt sich der Horizont brutal nach vorn, dann wieder nach hinten. Die Cockpitperspektive aber ist noch weitaus erschreckender. Während der letzten Phase der Himmelskurve taucht die Horizontlinie plötzlich von unten in den Pilotenfenstern auf, schießt wie ein rapide steigender Pegelanzeiger nach oben und verschwindet am oberen Cockpitrand – während der Betrachter, von seinen Sinnen getäuscht, den Eindruck hat, die Maschine würde nun zu einem negativen Überkopf-Looping ansetzen und sich mit vollem Tempo überschlagen. Ein reizender Anblick. Und nein, Sie sitzen gerade nicht in einem IMAX-Kino.

INFORMATIONEN

Parabelflüge in Deutschland und Frankreich finden in der Regel unter Ausschluss der Öffentlichkeit statt. Nur geladene Passagiere dürfen ab und an mitfliegen, meist zu Forschungszwecken oder um darüber zu berichten. Anders in den USA und in Russland, dort dürfen auch Normalsterbliche mit an Bord. Im Rahmen eines Astronautentrainings können Passagiere in der Star City bei Moskau eine Iljuschin 76 MDK besteigen, den größten existierenden Parabeljet. In den USA bietet eine Firma namens »Go zero g« die Flüge in einer ausgeräumten Boeing 727 an. Die Parabeln mit zahlenden Gästen werden über Florida, Kalifornien, Las Vegas und sogar über Honolulu geflogen.

Kosten

Das Härteste an diesem Abenteuer ist der Preis. Kerosin, Wartung, Personal: Der Betrieb der speziell umgebauten Maschinen ist nun einmal sehr teuer. In Russland ist der Spaß mit 2500 Euro pro Person noch halbwegs günstig – dieser Preis gilt aber nur, wenn fünfzehn Leute die Maschine buchen. Fliegen nur sechs mit, muss jeder schon 5750 Euro zahlen. Ziemlich happig. Wer sich dennoch informieren will, sollte diese Seite besuchen: *www.bestrussiantour.com* (Space Adventures).

Ordentlich Geld nehmen auch die Amerikaner: 4950 Dollar pro Person für einen normalen Flug, 6800 für das Platin-Paket, bei dem zwei Extra-Parabeln geflogen werden, bestes Catering geboten wird und Sie anschließend ein T-Shirt und einen obligatorischen Coffee Mug bekommen, samt Sticker und Diplom. So sind sie, die Amerikaner. Machen aus allem perfektes Marketing, selbst aus einem Kotzkometen. Wen es interessiert, klickt auf: *www.gozerog.com*

Rendezvous in der Tiefe

Tauchgang zu einem vergessenen U-Boot-Wrack

MALTA

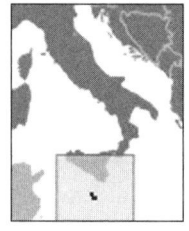

Die Sonne war viermal über Malta aufgegangen, bis der Wind sich gelegt hatte, die Wellen zu einer sanften Dünung erloschen waren und die Bedingungen stimmten. Es war frühmorgens, in der Stadt torkelten die letzten Betrunkenen aus den Bars und fielen in die Betten oder in die nächste Wettstube, Engländer in der Regel, Engländer mit alkoholroten Köpfen und billigen Tätowierungen auf den braungebrannten Leibern.

Ich sah die Madonnen vor den schiefen Steinhäusern und den vielen Kirchen, die Malteser sind außergewöhnlich gläubige Menschen, aber Gebete würden jetzt nicht mehr helfen. Wir fuhren die Straße zum Meer runter und zu dem kleinen Hafen, wo die Tauchstation lag mit den Kompressoren, die die Aluminiumflaschen füllten. Die Entscheidung war gefallen.

Drüben, auf der anderen Seite der Enge, lag die Insel Gozo, von hier aus ein Buckel aus hellem Stein, davor das Meer, das gegen die Felsen schwappte und sich gurgelnd erhob.

Der Hafen war sehr klein, und die Fischer, die wegen des Sturms die letzten vier Tage drinnen geblieben waren, machten ihre Boote klar. Männer mit Goldketten und alten T-Shirts, nur einer trug einen Wollpulli und rauchte, ohne die wippende Zigarette ein einziges Mal aus dem Mund zu nehmen.

Die paar Hütten, die an der Hafenkante standen, waren bunt und schienen durch den heftigen Wind verbogen, hier und da knarzten Türen. Überall lagen Netze herum. Eine dieser Hütten war die Tauchstation, die wir ansteuerten und vor der wir schließlich hielten.

Der maltesische Tauchlehrer, der in der klapprigen Tür stand und wartete, war hager, trug ausgewaschene Jeans und weiße Turnschuhe. Seinen Kopf zierten Stoppeln. Wir hatten in den letzten vier Tagen alles geplant. Die Tiefe besprochen, die Tauchgänge zur Vorbereitung diskutiert. Wir hatten uns über die mit reinem Sauerstoff gefüllten Flaschen unterhalten, die beim Wiederaufstieg zur Dekompression in sechs Meter Tiefe an einer Leine hängen würden. Auch hatten wir über den senkrechten Abstieg an der Shotline, der Abtauchleine, im offenen Meer gesprochen.

Natürlich hatten wir über das U-Boot geredet.

Zum Schluss, am gestrigen Abend, hatte ich dem Tauchlehrer ein zweites Mal versprechen müssen, niemals seinen Namen zu erwähnen und diesen in keinem Bericht niederzuschreiben. Was wir vorhatten, war im Grunde verboten – obschon es einige Taucher immer wieder taten.

Das Wrack des U-Boots lag in sechzig Meter Tiefe. Dorthin hinab zu tauchen musste mehr oder weniger stillschweigend und auf eigenes Risiko geschehen, obwohl unsere Zertifikationen den Tauchlehrer und mich als fortgeschrittene Sporttaucher auswiesen. Vierzig Meter Tiefe jedoch sind es, die selbst für versierte Aquanauten die unterste Grenze darstellen. Keine Versicherung zahlt, niemand zeigt Verständnis, wenn der Taucher in noch größere Tiefen vordringt und plötzlich an gewissen Problemen leidet. Als da wären: Tiefenrausch, Halluzinationen, Taucherflöhe, Ohnmacht, Hirnschäden, Lungenrisse, Embolien oder gar der Gesundheit noch weitaus unzuträglichere Symptome.

Es musste das U-Boot sein. Sechzig Meter. Der freie Fall in den Meereskeller.

Ich sah deutlich das Leuchten, dieses gierige Flackern in den Augen des Tauchlehrers, der schon öfter dort unten gewesen war. Auf manche Menschen übt die Tiefe einen Sog aus, sie wollen weiter und weiter hinunter. Die blaue Leere, ein Wrack oder eine nicht endende Steilwand im Meer ziehen sie förmlich nach unten, an oder über eine unsichtbare Grenze hinaus.

Es ist müßig, dieses Phänomen zu erklären, es ist ein Jucken, ein verrücktes Spiel, vielleicht hat es auch mit dem Leben zu tun, mit dem Tod oder mit ähnlich Unergründlichem. Psychologen wissen dies bestimmt am besten, aber Psychologen wissen sowieso alles, diese Märchenentlüfter.

Es sei gesagt, dass sich einige Taucher auf hundert Meter Tiefe oder gar mehr begeben. Doch atmen sie andere Gemische. In ihre Lungen strömen Nitrox oder Trimix. Diese Atemluftmixturen sind mit Stickstoff, Sauerstoff oder Helium angereichert, so vermeiden die Taucher Dekompressionskrankheiten und Sauerstoffvergiftungen, auch können sie länger in größeren Tiefen bleiben. Diese speziellen Luftgemenge jedoch sind teuer und kompliziert herzustellen, sie müssen exakt berechnet sein, verlangen spezielle Erfahrung und entsprechendes Material.

Wir planten, für das U-Boot stinknormale Pressluft zu benutzen. Also jene Luft, die die Malteser auch atmen, wenn sie in die Kirche gehen, am Strand liegen oder schlafen. Unsere Luft jedoch würde – wie beim gängigen Tauchen üblich – mit etwas über zweihundert Bar Pressdruck in den Flaschen stecken, die wir uns auf den Rücken schnallen wollten. Doch zu diesem U-Boot begab man sich nicht einfach so.

Den gestrigen Tag hatten wir zur Vorbereitung genutzt, waren vorab zu einigen Wracks in geringeren Tiefen getaucht. »Es kann nicht schaden, sich ein wenig einzutauchen, bevor wir morgen die sechzig Meter machen«, hatte der Tauchlehrer gesagt. »Außerdem können wir hier in die Wracks einsteigen, da gewöhnst du dich daran, in dunkler Umgebung zu tauchen und eine andere Referenz zu haben, also ein altes, rostiges Stahldach über dem Kopf zu spüren, wenn wir unten sind.«

Ich vertraute dem Tauchlehrer, aber nur bis zu einem gewissen Grad. Auch Tauchlehrern ist niemals wirklich zu trauen.

Es war ein wohlwollender Tag mit klarem Himmel, das Meer floss in leichter Bewegung gen Osten, von Abermillionen blitzenden kleinen Wellen überzogen. Unten an der Steilküste wartete bereits der Engländer Ned Middleton, ein Unterwasserfotograf, der die vielen Wracks vor Malta und ihre Geschichte gut kannte, auf uns. Wir legten die Anzüge an und tauchten zunächst zu der HMS *Maori*.

Eine grünblaue Geisterstunde am Meeresgrund vor Marsamxett Harbour. Nur das dumpfe Rauschen der ausperlenden Atemblasen aus den Pressluftflaschen war zu hören. Modrige Luken schauten aus dem Sand, Luken, durch die früher Matrosen gekrochen waren und Geschosse gehievt hatten.

Was hier unten in der Tiefe seit Jahrzehnten vor sich hinrottete, waren nicht nur gesunkene Schiffe. Es waren Zeugnisse der Historie, nasse Gräber mit teils blutiger Vergangenheit. Beim Wracktauchen ist das Tauchen selbst darum nur der eine Part. Versierte Wracktaucher wühlen vorab in Geschichtsbüchern, stöbern in Marinearchiven, tasten sich in eine vergessene Vergangenheit.

Die *Maori*, das Schiff, das sich vor unseren Masken abzeichnete, lief 1937 vom Stapel, ein britischer Zerstörer der Tribal-Klasse. Es sollte stürmische Zeiten durchfahren. Beim Ausbruch des Zweiten Weltkriegs lag das Schiff im ägyptischen Alexandria, patrouillierte bald durch die Nordsee und wurde mehrfach von deutschen Bombern attackiert. Später eskortierte die *Maori* Konvois der Alliierten durch den Nordatlantik, griff Rommels Nachschublinien im Mittelmeer an, und genau dies war auch jenes legendäre Boot, dem es 1941 gelang, den Radarkontakt zu Deutschlands berühmtestem Schlachtschiff, der *Bismarck*, wiederherzustellen, bevor dieses endgültig versenkt wurde und über zweitausend Männer mit sich riss.

His Majesty's Ship *Maori* lag später mit der zweiundzwanzigsten Zerstörerflottille der *Force K* am Eingang von Maltas Dockyard Creek. 1942 wurde es von deutschen Fliegern schwer unter Beschuss genommen, als eine Bombe den Maschinenraum traf, Wasser einbrach und das Schiff heckwärts für ewig auf Tiefe ging. Nun darbte das altehrwürdige Wrack nördlich von Fort St. Elmo vor sich hin, bis zu siebzehn

Meter unter Normalnull, auf sandigem Boden, zersetzt und bereits halb vom Meer zerfressen.

In fünfundzwanzig Meter schwammen wir später in ein weiteres Wrack hinein. Mit leichten Flossenschlägen trieben wir durch das ehemalige Ruderhaus, durch einen Gang, vorbei an den rostigen Kabinen der damaligen Besatzung. Ein zermodertes Badezimmer war zu erkennen, wo sich Matrosen einst wuschen, pinkelten. Noch weiter tauchten wir hinein, schwebten bald mitten in diesem winzigen Badezimmer, das seit Jahren voller Salzwasser stand. Ein Spuk.

Am Ende des Gangs der Gleitflug aus dem Wrack hinaus, über den Bug. Stahlplatten und Trossen lagen kreuz und quer, anschließend landeten wir neben dem Wrack auf dem Boden der See, in achtunddreißig Meter Tiefe.

Ein Mönchsfisch, Drachenköpfe, einige Lippfische und langflossige Meerjunker zogen vorbei. Auch wucherten erstaunlicherweise Pflanzen, das Wrack lebte. Es zu betauchen hieß, Verderben und Gedeihen Seite an Seite zu erleben. Denn kaum sinkt ein Schiff, bemächtigt sich die Natur seines Werdegangs.

»Wenige Stunden nach dem Untergang siedeln sich erste Algen an und umhüllen das Metall des Wracks«, hatte Ned Middleton erklärt. »Sobald sich die ersten Algen festgesetzt haben, lagern sich Larven und Fischeier am Wrack ab, es folgen Polypen, Weichkorallen, je nach Strömung und Wassertemperatur schon nach einigen Monaten. Dann finden die ersten kleinen Fische Nahrung, nach einigen Jahren folgen die größeren Jäger, Thunfische, Barsche, Barrakudas.« Unten im Meer fanden sich Middeltons Ausführungen bestätigt. Es war beeindruckend: Ich sah, wie aus einem Haufen Schrott ein neuer Lebensraum entstanden war.

Wir waren zur Vorbereitung für das U-Boot auf vierzig Meter runtergegangen. Die Grenze für Sporttaucher. Die Sicht nach oben hatte sich längst in einer Sphäre aus amorphem Grün, diffusem Blau aufgelöst. Von den Strukturen der Wellen keine Spur mehr, selbst der Schatten eines großen Tauchboots wäre von dort unten nicht mehr auszumachen gewesen. Wir waren schon tief, sehr tief.

Beim Auftauchen hatte ich mich darauf konzentriert, ruhig zu bleiben, im Meer zu versinken. Ich konnte noch immer die Zeit auf der Taucheruhr ablesen, die Druckanzeige auf dem Finimeter. Ich ging ein, zwei einfache Rechenaufgaben durch, buchstabierte im Geiste das Wort Maori rückwärts. Es funktionierte, alles normal.

Manche Taucher überkommt ab zwanzig, dreißig Meter Tiefe eine gewisse Hektik, eine Angst, die sich des Nervenkostüms bemächtigt. Doch gerade das ist nicht gut, der Taucher tut, was er nie tun sollte. Er atmet zu schnell, steigt unkontrolliert auf oder schwimmt ziellos durch die Gegend – entfernt sich von seinem Tauchpartner, der bei Versagen des eigenen Geräts immer die letzte Reserve an Luft mit sich führt. Doch bei Wracks kommt noch etwas anderes hinzu.

Einige Tage zuvor, oben an Land, auf dem alten Sofa eines Cafés sitzend, hatte mir der Engländer Jonathan Thomas, Präsident der Malteser Tauschschulen, einiges über das Betauchen von Schiffsleichen erzählt. Es gäbe normale Wracks und dann gäbe es »wahre Wracks«, so hatte es dieser runde

Jonathan Thomas beschrieben, und auch seinen Augen entströmte dabei ein nervöses, ein fiebriges Leuchten.

Wracks sind Vehikel mit einem unerklärlichen Eigenleben, sie haben oft eine besondere, eine seltsame Ausstrahlung. Es gibt schöne Wracks und hässliche Wracks, wobei es darauf ankommt, wie sie liegen, in welchem Maße sie bewachsen und in welchem Zustand sie sind. Natürlich spielt ihre Geschichte eine große Rolle. Das Wissen darum, was auf diesen Schiffen geschah, wie und warum sie sanken. Es ist immer von Vorteil, möglichst viel über ein Wrack zu wissen. Es verändert den Tauchgang, es erzeugt andere Bilder.

Was die Wracks dann jedoch entfachen, sind rare Stimmungen, Impressionen, regelrechte Filme, die im Kopf des Tauchers spielen. Jeder mag etwas anderes empfinden, wenn er sich einem solchen Schiffskadaver, der vom Meer verschluckt wurde, nähert. Doch ein Grad an Unheimlichem ist immer im Spiel. Wracks sind Zeugen des Untergangs, kapitale Sinnbilder des Vergänglichen. Wer zu einem Wrack hinabtaucht, taucht nicht nur nach unten, er taucht rückwärts in der Zeit.

Wir hatten die Tauchgänge an jenem Tag beendet, waren bei der Basis gewesen, und der maltesische Tauchlehrer hatte mich zu meinem Hotel gebracht. Bevor wir uns trennten, gab er mir noch ein paar Ratschläge mit auf den Weg.

»Du solltest heute Abend keinen Schluck Alkohol trinken«, sagte er.

»Das habe ich nicht vor«, erwiderte ich.

»Du solltest nichts Schweres essen, morgen ein gutes Frühstück und viel Wasser, wir wollen gegen zehn aufbrechen.«

»Wie lange werden wir mit dem Boot brauchen bis zum Wrack?«

»Etwa eine halbe Stunde, dann muss Sammy das U-Boot auf seinem Echolot finden, aber niemand kennt sich besser aus als er.«

»Woran merkt er, dass die Shotline das Wrack trifft?«

»Er weiß es einfach, bisher hat er es immer getroffen.«

»Wie lange kennst du Sammy schon?«, fragte ich, weil ich wissen wollte, mit wem wir rausfahren würden.

»Ich kenne ihn seit vier Jahren, er ist Fischer, er ist sein halbes Leben rausgefahren, aber jetzt arbeitet er ab und zu für mich, wenn ich Gäste zu den Wracks bringe.«

Ich nickte.

»Sieh zu, dass du ausreichend schläfst. Sei morgen um acht vor dem Hotel, ich hole dich dort ab.«

Damit verabschiedeten wir uns, und der Tauchlehrer, dessen Name ich nicht schreiben werde, fuhr in seinem Pick-up davon.

Ich aß an diesem Abend gebratenen Tintenfisch mit Zitrone und Reis und trank einen halben Liter stilles Wasser. Mein Hotelzimmer war klein und lag zu einem Hinterhof, die Tapete hing an einer Stelle traurig von der Wand. Ich las noch in meinem Buch und dachte hin und wieder an das U-Boot. Um halb elf schlief ich ein und träumte von nichts.

U-Boote. Sie haben eine spezielle Aura, etwas Dämonisches. U-Boote sind sagenhafte Zeugnisse menschlichen Wagemuts und kühner Ingenieurskunst. Kaum ein anderes Gefährt belegt so gut, auf was Menschen sich einzulassen bereit sind, wenn es um strategische Überlegenheit geht, um Krieg. In welch anderem Gefährt schon muss sich der Mensch auf so beklemmende Weise in ein anderes Element begeben? Tagelang, wochenlang unter Wasser, blind, umstrickt und umschlungen von Ventilen, Rohren und kaltem, nackten Stahl.

U-Boote sind wahnwitzige Geschöpfe, Wunder in vielerlei Hinsicht. Mit einem Interesse für Technik, Menschen, Geschichte, Heimtücke und Gewalt muss sich diesen kuriosen und fürchterlichen Unterseefahrzeugen nähern, wer ihren Reiz, ihre wahre Faszination begreifen will.

Ich war noch nie zu einem gesunkenen U-Boot getaucht. Eine Aufregung durchströmte mich, als ich am nächsten Morgen erwachte. Wegen des Objekts. Und, sicher, wegen der Tiefe.

Als wir unten zum Hafen kamen, stand Sammy schon am Boot und lud die Flaschen und das restliche Equipment in das kleine Tauchboot. Kapitän Sammy war ein gelernter Fischer mit zäher, rauer Stimme, jede seiner Silben schien über ein Reibeisen zu kriechen, bevor sie seine Lippen verließ. Er trug eine blitzende Goldkette um den braunen Hals, seine Haare waren schwarz und zerzaust, und er war unrasiert und rauchte.

Wir prüften noch einmal, ob alles an Bord war, die Tauchsachen und die Zeichnung des U-Boots. Wir hatten ausreichend Wasser und eine kleine Kiste mit Sandwichs und Keksen dabei. Gegen zehn legten wir ab, und Kapitän Sammy scheuchte das Boot durch die Dünung. Vorne im Cockpit neben dem Gashebel klebte ein kleines Bild von Jesus Christus, von dem Sammy behauptete, dass er die Fischer auf dem Meer beschütze. Er sagte sonst nicht viel, stand am Steuer, fuhr stoisch aufs Meer.

Das GPS zeigte einen Kurs von vierzig Grad, die Sonne stand schon hoch, es war ein guter Tag, der besser nicht hätte sein können. Der Tauchlehrer stellte seinen Tauchcomputer ein und blickte gelegentlich aufs Wasser, wir saßen hinten im Boot, gaben uns dem Rhythmus der Fahrt hin und ließen uns den fauchenden Wind über die Haut wehen.

Ich blickte auf die eingeschweißte Zeichnung des U-Boots. Unser Ziel trug den Namen HMS *Stubborn*, ein britisches Unterseeboot der S-Klasse, 1946 gesunken. Im Zweiten Weltkrieg sicherte das Boot die Biskaya und war bei der gewagten Operation »Source« beteiligt, um das deutsche Schlachtschiff *Tirpitz* im norwegischen Kaafjord zu torpedieren. Im Juli 1943 entdeckte die *Stubborn* in der Biskaya drei von der Feindfahrt heimkehrende deutsche U-Boote, jene gefürchteten grauen Wölfe, die nun von Zerstörern flankiert waren. Vermutlich handelte es sich um die deutschen Boote *U 180*, *U 518* und *U 530*. Die *Stubborn* schoss einen Fächer, doch die Torpedos trafen nicht. Später fuhr die *Stubborn* bis nach Bali und Westaustralien, um japanische Schiffe anzugreifen. Ein erhabenes, noch gut erhaltenes Wrack, das jetzt drei Seemeilen im Nordwesten vor Malta dem Salzwasser trotzte. In bis zu neunundfünfzig Meter Tiefe.

Nach etwas über zwanzig Minuten Fahrt stoppte Kapitän Sammy das Boot und fuhr Kreise ins Meer. Seine Augen hafteten auf dem GPS und dem Echolot, auf dessen kleinem Schirm sich eine schwarze Linie abzeichnete. Die Linie stellte den Meeresgrund dar, ein Ansteigen von Konturen würde melden, dass direkt unter uns das Wrack läge. Nur wenige kannten die genauen Koordinaten des U-Boots, und nur wenige konnten die Shotline so zielsicher in die Strömung werfen, dass das Grundgewicht nur Meter neben dem Wrack landen würden.

Bei Tauchgängen dieser Art im offenen Wasser war es entscheidend, an der Leine ins Meer hinabzugleiten, um am Ende des Abstiegs das Wrack zielgenau zu erreichen. Ein langes Suchen dort unten wäre sinnlos. Zu hoch der Luftverbrauch in solcher Tiefe, zu hoch die Risiken eines verzögerten Aufstiegs. Kapitän Sammy musste es vorab für uns richten.

»You can go«, sagt er, als er die Leine zum zweiten Mal ausgeworfen hatte. Das Gewicht war schnurstracks auf Tiefe gegangen, oben markierte eine Boje die Stelle des Abtauchpunkts.

Es dauerte weitere zehn Minuten, bis wir bereit waren, Anzüge und Flaschen angelegt hatten und uns die Lungenautomaten in den Mund steckten. Ich rückte die Maske zurecht, prüfte ein letztes Mal den Druck in der Flasche, die Schnallen an Tarierweste und Bleigurt. Der Tauchlehrer sah mich an, ich nickte, dann ließen wir uns beide rückwärts von der Bordkante ins Mittelmeer fallen.

Das Wasser ist klar und kalt, gerade mal sechzehn Grad zeigt der Tauchcomputer an diesem Tag Mitte April an. Unten wird es noch kälter sein. Beim Blick durch die Maske hinab ist die einzige Referenz die dünne, weiße Nylonleine, die sich ab zehn Meter im endlosen Blau verliert. Dann entlassen wir die Luft aus der Tarierweste, sinken kopfüber in den Meeresraum.

Mit zunehmender Tiefe treiben wir immer schneller hinab, das Blau wird dunkler, die Oberfläche nur noch eine milchige Schicht, die sich weiter entzieht. Jeder taucht jetzt in seinem eigenen Kopf, ist ganz bei sich. Nichts umgibt uns als Wasser. Blankes, offenes Meer. Kein Unten, kein Oben. Wir sind weit weg von allem.

Der Tiefenmesser zeigt zwanzig Meter, doch die Zahlen nehmen stetig zu, fünfundzwanzig, dreißig, fünfunddreißig. Mein Blick haftet auf den digitalen Ziffern, um uns herum sausen Schwebeteilchen und Meeresflusen empor, weißer dünner Regen, der nach oben entwischt, derweil wir zügig fallen und die Shotline durch unsere Hände glitscht.

Noch immer ist nichts zu sehen, kein Meeresgrund, kein U-Boot, obschon die Augen längst begonnen haben, das Ziel des Fluges orten zu wollen, eine Kontur zu erkennen, irgendeine dunkle Form, die sich in der Düsternis abzeichnet. Vierzig Meter. Der Blick, die Sinne sind jetzt ebenso nach innen gerichtet. Was geschieht mit mir? Erkenne ich Anzeichen einer aus den Poren kriechenden Panik? Atme ich normal? Ruhig bleiben. Wie tief sind wir? Ich prüfe die Druckanzeige, sie zeigt hundertneunzig Bar.

Es ist jetzt der Moment, in dem eine Angst in mir aufsteigt, sich mit jedem Meter Tiefe ausbreitet, lastend und herrschsüchtig. Die Tiefe wirkt wie eine Schraubzwinge. Aber da ist auch ein seltsames Staunen, über die Situation selbst, über das surreale Bild vor den Augen und die Erwartung, das Wrack in diesem nebligen Aquarell zu erkennen. Ein wenig ist es, als würde der Taucher von einer Glocke intensiver, drückender Empfindung umhüllt, in der selbst er hinabtaucht, hinein in eine innere Mongolei.

Wir sinken tiefer und tiefer.

In achtundvierzig Meter endlich bricht das U-Boot schemenhaft aus dem Nichts. Die Konturen werden schärfer, doch erst in über fünfzig Meter Tiefe, wie ein herkulischer Wal, entfaltet das Wrack seine Größe.

Eine zweiundsechzig Meter lange Stahlröhre mit tausend Tonnen Verdrängung liegt da mit leichter Backbordneigung auf dem Grund. Dann kommt die *Stubborn* immer näher, ein Koloss, und jetzt werden Details erkennbar, die Bodenplanken, die Flutschlitze, die Heckflossen.

In zweiundfünfzig Meter bremsen wir den Sinkflug, schweben nur zwei Meter neben dem Stahlrumpf. Wir prüfen den Flaschendruck, meine Uhr signalisiert eine getauchte Zeit von fünf Minuten. Der Wasserdruck hier unten beträgt über sechs Bar, mehr als das Sechsfache des Oberflächendrucks. Ich buchstabiere rückwärts, es gelingt noch immer.

Wir werden höchstens acht Minuten am Wrack haben, keine Sekunde länger. Dabei ist uns der freie Aufstieg zur Oberfläche schon jetzt versagt. Wir werden zuvor einen Dekompressionsstopp einlegen, zehn Minuten aus den Sauerstoffflaschen atmen müssen, die Sammy in sechs Meter Tiefe an die Shotline hängen wird. Blieben wir länger hier unten oder tauchten direkt auf, würde der Stickstoff, der sich durch den Druck in Blut und Körpergewebe angesammelt hat, unkontrolliert ausperlen, so wie das Gas in einer Sprudelflasche. Embolien, Blasen in Gehirn und Rückenmark könnten die Folgen sein, dann könnten Schwindel, Brechreiz oder Lähmungen eintreten.

Wir tauchen noch näher an das Wrack heran, das rostige Metall nur noch Zentimeter vor den Masken. Ein tellergroßes Loch klafft im Backbordschanzkleid des Turms, durch die Einstiegsluke fällt der Blick ins Innere, sogar die Schäfte, durch die einst die Periskope und die Unterwasserzieloptiken surrten, sind zu erkennen. Rötliche und weiße Placken,

Seepocken und allerlei Bewuchs überziehen das Boot, es herrscht eine große Ruhe, und beim Gleiten über den Aufbau ragt auf einmal der lange, schlanke Bug hervor wie eine spitzer, stählerner Keil, der mitten in die graue Wasserwüste zeigt, als könne das Boot jeden Moment zu neuem Leben erzittern.

Vier Minuten sind wir jetzt schon unten, umschweben die stählerne Röhre wie Astronauten bei einem Weltraumspaziergang. Dann tauche ich noch ein Stück hinab, setze mich auf den Grund, sechzig Meter, und beschaue mir das Wrack eine Weile in aller Ruhe.

Auf einmal geschieht es. Ich vergesse, wo ich bin. Sehe plötzlich, in trüben Sequenzen, die Männer vor dem geistigen Auge, wie sie zusammengepfercht in ihren Kojen kauern, mit angstvollen Blicken in der Zentrale, höre das Dröhnen der Diesel, die Wasserbomben, das Ächzen des Metalls unter dem enormen Druck, das Platzen von Lungen und Schädeln.

Die Zeit gerinnt. Der einsame Moment auf dem Meeresgrund scheint zu gefrieren, obschon es nur Sekunden sind, in dem sich die Geister melden und der Wahnsinn der Geschichte tastbar wird.

Der maltesische Tauchlehrer entschwebt zwei Meter über mir. Er blickt mich durch seine Maske an. Zwei Augen, die nicht zwinkern. Ich schaue noch einmal zum U-Boot. Dann erstarrt das schauderhafte Bild und fräst sich für immer in meinen Kopf.

Blick nach oben. Sechzig Meter Ewigkeit. Es ist Zeit für den Aufstieg, zurück zur Sonne.

Wracktauchen

WAS SIE WISSEN SOLLTEN

Wracks zu betauchen ist eine Angelegenheit für sich und unter Tauchern eine Spezialdisziplin. Normale Sporttaucher besuchen zwar auch gerne mal in seichtem Wasser liegende Wracks, sofern das Revier diese Möglichkeit bietet. Jene Freaks aber, die sich dieser Passion verschrieben haben, gelten als sonderbar, wenn nicht gar als verschroben oder etwas verrückt. Woran mag das liegen? Nun ja, die stählernen Schiffsleichen am Meeresgrund sind zwar beeindruckend, bieten aber doch eine ganz andere Art der Faszination als etwa bunte Korallen oder hübsche Tropenfische. Morbide Kästen sind das, die stets unheimlich aussehen, derb, verrostet und irgendwie tödlich. Sich gerade dafür zu begeistern steht eigentlich ganz im Gegensatz zum Meer als Schauplatz lebendiger und fröhlich anmutender Flora und Fauna.

Wobei sich an einigen Wracks üppige Korallen angesiedelt haben und gerade hier besonders viele Fische schwimmen. Echten Wracktauchern aber geht es darum nicht. Sie suchen eher den submarinen Horrorfilm, der sich vor ihren Augen abspielt. Zugegeben, eine eigenwillige Leidenschaft. Vor allem wenn die Aktiven zu halben Historikern mutieren, wochenlang in Archiven verschwinden und alte Kriegsbücher wälzen, bevor sie sich in ihre Gummianzüge zwängen, um auf Tiefe zu gehen.

Ich kann diesen speziellen Reiz jedoch verstehen. Ich habe sogar einmal eine Gruppe von Tauchern begleitet, die in der Irischen See zu einem hundertzehn Meter tief liegenden Wrack vorgedrungen sind, die Expedition monatelang vorbereitet hatten und zigtausend Euro dafür ausgaben. Wahrlich spezielle Menschen, die an kaum etwas anderes dachten als Tauchen und Wracks.

Jeder Einzelne trug beim Tauchen fünf Flaschen am Leib, eine Ausrüstung, die pro Mann achtzig bis hundert Kilogramm wog und durchaus mit dem Weltraumanzug von Neil Armstrong konkurrierte. An Land konnten sie mit ihrem angelegten Equipment kaum aufrecht stehen. In diesem Fall spricht man von sogenannten Techdivern, und diese Form des technischen Tauchens ist nur etwas für Spezialisten. Selbstverständlich bin ich in der Irischen See nicht zu dem tiefen Wrack abgetaucht. Für mich wäre dies blanker Selbstmord gewesen.

Aber bereits sechzig Meter Tauchtiefe werfen die Frage auf, ob man noch ganz bei Trost ist. Selbst in speziellen Tieftauchkursen, etwa des Tauchsportverbands Padi, lernen die Aktiven das Tauchen in lediglich achtzehn bis maximal vierzig Meter Tiefe. Darunter ist Schluss. Die Risiken nehmen schlagartig zu. Ich rate darum jedem dringend davon ab, sich in größere Tiefen zu begeben.

Ich weiß nicht, warum ich es tun wollte. Ich glaube, dass es daran lag, dass ich mir meiner Sache sicher war und bei Panik jederzeit umgekehrt wäre. Doch ich werde seltsamerweise nicht aufgeregt, wenn ich unter Wasser bin. Ich werde ruhiger.

Viele Wracks liegen in geringeren, durchaus gängigen Tiefen, und der Besuch dieser alten Schiffskadaver lohnt allemal. Viele Tauchbasen bieten Ausfahrten zu diesen Zielen an, und es schadet nicht, sich selbst einmal ein solches Wrack aus der Nähe anzusehen.

Was Sie können sollten

Am besten besitzen Sie einen Tauchschein für Fortgeschrittene oder noch besser eine spezielle Zertifizierung zum »Wreckdiving«. Das hört sich viel spektakulärer an, als es ist. Ich glaube, die Tauchverbände wollen hier in erster Linie das Kursangebot erweitern, um einen möglichst bunten Strauß an Erlebnissen unter Wasser anzubieten. Doch werden bei einem solchen Spezialkurs durchaus nützliche Tipps zum Betauchen von Wracks vermittelt. Wie sind Risiken zu vermeiden? Wie recherchiere ich Hintergründe? Wie sichere ich mich an einer Shotline? Welche besondere Ausrüstung benötigt der Taucher? Wie dringt er in ein Wrack ein und vor allem – wann lässt er es besser bleiben?

Enge, verwinkelte und schwer zugängliche Wracks sollten Sie sich nur von außen beschauen. In Wracks einzusteigen ist stets eine heikle Angelegenheit und sollte nur an der Seite von sehr erfahrenen Tauchern geschehen. Zu ungewohnt und beklemmend wirkt es anfangs, wenn beim Tauchen plötzlich eine Stahldecke die Sicht nach oben raubt, rostige Schotten Sie seitlich einkeilen. Es ist, als tauchten Sie in einem Käfig, aus dem Sie nicht mehr herauskommen.

Zudem sollte gut mit der Tarierweste umgehen können, wer hier taucht. Die Tarierweste dient dazu, den Schwebeflug unter Wasser so auszubalancieren, dass der Taucher lediglich durch leichtes Aus- und Einatmen behutsam sinkt beziehungsweise steigt. In vielen Wracks bedecken loses Sediment, Schichten aus Millionen Schwebeteilchen die Böden. Touchiert er hier den Grund oder wirbelt mit den Flossen lose Fragmente auf, findet sich der Wrackbesucher auf einmal umschlungen von einer düsteren Wolke – und sieht nichts mehr. Und diesen Blindflug im Meer, mitten in einem Wrack, will niemand erleben. Bei verzwickten Einstiegen ist es darum unbedingt ratsam, sich an einer Leine zu sichern, um den Weg nach draußen stets wieder zu finden.

Auch sollten Sie eine Art Unterwasser-Yoga beherrschen, dabei Flossen tragend, in einem engen Neoprenanzug steckend und eine schwere, sperrige Metallflasche auf dem Rücken mit sich schleppend. Die Sache ist nämlich so: Oft muss der Taucher auf engem Raum wenden, durch ein schmales Schott tauchen oder sich durch einen Schornstein schlängeln. Biegsam wie Gummi sollte sein, behände wie eine Katze sich bewegen, wer da in voller Montur zu einem Dreh- oder Wendemanöver ansetzen muss, um das Wrack wieder zu verlassen.

Ansonsten kracht die Flasche gegen die Wrackwände, die Schläuche der Lungenautomaten können sich verheddern oder Sie traktieren den Tauchpartner mit Flossen, Armen und Beinen, während Sie im Wrack rotieren und haltlos navigieren. Man denke nicht an den Elefanten im Porzellanladen, wohl aber an einen Wal im Schuhkarton. So kann es sich anfühlen.

Vielleicht steigen Sie in Ihrem verdunkelten Badezimmer einmal in die Badewanne, holen tief Luft und tauchen unter. Nun legt Ihr Lebenspartner ein großes Brett auf die Badewanne, so dass Sie nicht mehr hochschnellen, sondern nur noch mit tulpenartig geschürzten Lippen in dem kleinen verbleibenden Zwischenraum nach Luft saugen können. Derart in Ihrer Badewanne eingepfercht, sollten Sie mindestens fünf Minuten aushalten und sich mehrfach um die eigene Achse drehen können. Dann dürften Sie der geborene Wracktaucher sein.

Wie hart ist es wirklich?

Der Abenteuerfaktor hängt hier ganz vom Wrack, von der Tiefe und ferner davon ab, ob Sie in das Wrack einzusteigen gedenken. Wracktauchen kann etwas Leichtes, geradezu Genießerisches besitzen, wenn Sie etwa eine stolze Schiffsleiche in zehn, fünfzehn Meter Tiefe besuchen, sich diese gemütlich von außen besehen und in warmem, klaren Meer schwimmen. Hierfür eine drei, vielleicht eine vier als Schwierigkeitsgrad.

Übler wird es, wenn sich die Begleitumstände verschlimmern. Das Wasser wird kälter, die Sicht schlechter, der Neoprenanzug dicker, die Tiefe größer, die Grundzeit kürzer, der Abstieg schwieriger, das Wrack verwinkelter. Wer sich auf einen solchen Tauchgang einlässt, sollte sich auf eine acht bis neun einstellen. Allein schon, weil viele einem den Vogel zeigen, wenn man von solchen Unterfangen erzählt. Die typische Reaktion lautet: »Das macht doch keiner freiwillig! Du spinnst ja! Selbst schuld, wenn da etwas passiert!«

Informationen

Malta gilt als eines der besten Tauchreviere im Mittelmeer. Wegen der felsigen Inseln und fehlenden Einspülungen, etwa durch Flüsse, ist das Meer ziemlich klar mit Sichtweiten bis zu sechzig Meter. Über dreißig Wracks können von Sporttauchern rund um die Inseln betaucht werden, wobei viele schnell und einfach per Einstieg vom Land zu erreichen sind. Die meisten Wracks liegen in Tiefen von zwanzig bis vierzig Meter. Tauchen ist hier das ganze Jahr möglich, wobei das Wasser im Winter bis auf dreizehn Grad abkühlen kann. Das ist ziemlich frisch, und Sie müssen mit dicker Haube, Handschuhen und Füßlingen tauchen und werden sich dabei fühlen wie ein in Latex verschnürtes Bündel Knochen.

Über vierzig Tauchbasen bieten auf der Inselgruppe Kurse, geführte Tauchgänge und Bootsausfahrten zu weit über sechzig Spots an. Das ist schon ein ganz ordentliches Angebot. Infos zum Tauchen auf Malta finden Sie zum Beispiel auf diesen Seiten:

www.scubadivingmalta.com
www.tauchen-auf-malta.de
www.madsharkmalta.com
www.divedeepblue.com

Weitere Infos zum Tauchen, zu Schulen, Kursen, Spots sowie Meeresflora und -fauna auf Malta stehen im Internet auch unter:

www.visitmalta.com

Malta ist natürlich nicht der einzige Ort ist, wo sich gut nach Wracks tauchen lässt. Vor vielen Tauchbasen liegen gesunkene Schiffe – von der Ostsee bis Tahiti –, und die Schulen unternehmen regelmäßig Ausfahrten zu diesen Spots. Auch gibt es berühmte Plätze, wo das Wracktauchen regelrecht zum Kult geworden ist. Einer heißt Scapa Flow in Schottland, ein anderer Truk Lagoon in der Südsee. Dort liegen ganze Flotten auf dem Grund der Meere, es schmeckt nach Bomben und Krieg, und regelmäßig durchtauchen in Neopren steckende Menschen die hier rottenden Zerstörer, Schlachtschiffe, Minenleger und teils sogar Flugzeuge, in deren alten Cockpits man sich tauchenderweise noch hinein setzen kann. Eine so schöne wie skurrile Vorstellung: Pilot spielen – in Tauchermontur auf dem Grund des Meeres sitzend.

Kosten

Einen Tauchschein zu machen kostet heute um die 450 Euro, mal mehr, mal weniger, je nachdem, was die Schule verlangt. Die Prüfung bei einem Fünf-Sterne-Tempel in den Korallengründen vor Moorea abzulegen gerät sicher deutlich teuer als den Sport etwa in den Tangwiesen vor Scharbeutz zu erlernen. Der Schein für Fortgeschrittene schlägt noch einmal mit 200 bis 400 Euro zu Buche. Die meisten Tauchbasen nehmen für einen Wracktauchgang dann jedoch nicht mehr als für normale Tauchgänge, also je nach Revier und Leistung zwischen 30 und 50 Euro.

Teurer wird es, wenn Sie das komplette Equipment leihen müssen – oder falls Sie mit einem Profi zu einem sehr tiefen und entlegenen Wrack tauchen möchten. Aber wer will das schon? Mit normaler Pressluft zu einem sechzig Meter tief liegenden U-Boot weit draußen vor Malta jedenfalls tauchen nur Hasardeure oder Bekloppte. Oder Reporter in Geldnot.

Zu den Geschichten

Viele der vorliegenden Geschichten sind als Auftragsarbeiten während diverser Reisen entstanden. Sie erschienen in verschiedenen Publikationen wie etwa *DIE ZEIT, Frankfurter Allgemeine Sonntagszeitung, Süddeutsche Zeitung* oder in Magazinen wie *Best Life, Fit for Fun, Lufthansa Magazin, Merian* und *Yacht*. Für dieses Buch sind die Reportagen vom Autor entsprechend geändert und bearbeitet worden. Auch werden hier Geschichten hinter den Geschichten erzählt, Anekdoten und Informationen, die in der Regel nicht gedruckt werden. Einige Stories entstanden auf eigene Faust und sind hier das erste Mal zu lesen.

Zitatnachweise

S. 51 Und schließlich muss ich an Alexander von Humboldts Reisegefährten Bonpland denken, der vor über zweihundert Jahren als einer der ersten Weißen den Regenwald am Amazonas betrat und rief: »*Ich komme von Sinnen, wenn die Wunder nicht bald aufhören!*« Deutsche Literaturzeitung, Band 105

S. 90 *Seele des Menschen, wie gleichst du dem Wasser!/ Schicksal des Menschen, wie gleichst du dem Wind!* Johann Wolfgang von Goethe, Goethe's Werke, Bände 1–2, Cotta'sche Buchhandlung, Stuttgart und Tübingen, 1827, S. 57

S. 90 *Ich habe getrunken, nun trink' ich erst gern!/Der Wein, er erhöht uns, er macht uns zum Herrn.* Johann Wolfgang von Goethe, Goethe's sämtliche Werke, Band 1, Cotta'scher Verlag, Stuttgart und Tübingen, 1850, S. 127

S. 247 *Da steht man hundert Fuß hoch über dem stillen Deck, es ist, als schreite man auf Riesenstelzen über die Tiefe.*

Man verliert sich ganz an die Unendlichkeit der See. Nichts regt sich als die Wellen, träumerisch entrückt treibt das Schiff seinen Weg, schläfrig weht der Passat, und alles sinkt in Schweigen und Vergessenheit. Diese tropischen Tage sind von einer wunderbaren Ereignislosigkeit.
Herman Melville, Moby Dick, Diogenes, Zürich, 1977, S. 177

S. 259 *Durchschweife frei das Weltgebiet,*
willst du die Heimat recht verstehn.
Wer niemals außer sich geriet,
wird niemals gründlich in sich gehen.
Paul Heyse, Paul Heyse Gesammelte Werke, Band 1, Kinder der Welt, Cotta'sche Buchhandlung Nachfolger, H. Klemm, 1924, keine Seitenangabe

S. 259 *Reisen veredelt den Geist und räumt mit Vorurteilen auf.*
Oscar Wilde, Harenberg Lexikon der Sprichwörter & Zitat, Brigitte Beier, Harenberg, 1997, keine Seitenangabe

S. 259 *Halte dich sauber und hell – du bist das Fenster, durch das du die Welt sehen musst.*
Bernard Shaw, Zitatenhandbuch, Eberhard Puntsch, Moderne Verlagsgesellschaft 1984, keine Seitenangabe

S. 259 *Das Reisen lehrt Toleranz.*
Benjamin Disraeli (1804–1881), britischer Premierminister

S. 259 *Du kannst dich nach Belieben in der Welt umsehen,*
denn die beste Bildung findet ein (gescheiter) Mensch
auf Reisen.
Johann Wolfgang von Goethe, Goethe's Sämtliche
Werke, Cotta'sche Buchhandlung, Stuttgart und
Tübingen, 1894, Wilhelm Meisters Lehrjahre,
Fünftes Buch, Drittes Kapitel, Seite 11

S. 271 *Nur wenige sind sich bewusst, dass sie nicht nur*
reisen, um fremde Länder kennenzulernen, sondern
auch, um fremden Ländern die Kenntnis des eigenen
zu vermitteln.
William Somerset Maugham, aus: Hugo Hartung,
Mit Dichtern reisen, Reise-Winke von Goethe bis
Kafka, Süddeutscher Verlag, München, 1964,
keine Seitenangabe

S. 297 *Die Erde hält als Lohn für ihren Dienst*
den Baum an sich gefesselt
Der Himmel fordert nichts
und lässt ihm Freiheit
Rabindranath Tagore, ein bengalischer Dichter und
Philosoph, gelesen auf: http://www.harald-von-der-stein.de